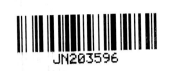

階層意識のダイナミクス

なぜ、それは現実からずれるのか

数土直紀
SUDO Naoki

Dynamics of Class Identification:
Why does not it correspond to the real world ?

勁草書房

まえがき

本書のテーマは、階層意識、より限定していえば階層帰属意識になります。これまで、自由や、権力といったことをテーマにして研究をおこなってきたので、人によっては私がこのようなテーマの研究をすすめていたことを意外に思われるかもしれません。しかし、意識がどのようなメカニズムによって社会から影響を受けているのかを明らかにするこのテーマは、今までの研究の延長線上で、でも新しいことに挑戦したいと思っていた私にとり、ごく自然な出会いだったように感じています。

権力は、社会に秩序（order）をもたらす作用であると同時に、人々の間に順位（order）をもたらす作用でもあります。したがって、社会における自分の順位（order）に関する意識、すなわち階層帰属意識は、もっとも権力の影響を被りやすい社会意識だといえるはずです。しかし実際には、そうであるはずの階層帰属意識は現実の階層的利害を正しく反映しておらず、そのことでもって階層をめぐるイシューが巧妙に隠蔽されてもいます。詳しくは本論に譲りますが、私はこのことがとても重要な問題であると感じずにはおれませんでした。

私は、そのような現象が“人々は個人を超越した何か神秘的作用（権力、システム、制度など）によって誤った社会イメージを抱かされている”から生じるのだというような説明をとるつもりはまったくありませんでした。そのような現象の背後に何らかの（合理的な）メカニズムが存在するはずであり、そのメカニズムがもたらしたさまざまな変化を明らかにすることで、私たちの社会イメージが修正され、問題解決の手がかりをえられるはずだと考えました。それが私にとって“階層（帰属）意識のダイナミクス”を明らかにすることだったのです。

こうした試みが成功したのか、失敗したのか、その判断はもはや読者の皆様に委ねざるをえません。完全な成功はありえないにしても、本書が多少なりともこの問題の解決に貢献できていることを切に願うばかりです。

＊

勤務先の学習院大学から二年間の長期研修の機会をいただき、2006年9月から2007年12月までアメリカのシカゴ大学に客員研究員として滞在していました。そして、本書の第一稿は、シカゴ大学滞在中に書き上げられました。とうぜん、在外研究という機会がなければ、本書を完成させることなど到底できなかったでしょう。客員研究員として受け入れていただいたシカゴ大学教授の山口一男先生には、たいへん感謝しております。ほんとうにありがとうございました。また、長期研修を認めていただいた学習院大学関係者の皆様にも心から感謝しております。

本書は、1955年から2005年までの社会階層と社会移動全国調査（SSM調査）に大きく依存しています。データの利用を認めていただいた2005年SSM調査研究会（代表：佐藤嘉倫）と、貴重な調査データの蓄積に努められてきたすべての関係者の皆様に心からお礼を申し上げます。また、本書の第1章の一部および第3章は、2005年SSM調査プロジェクトの研究成果報告書『2005年SSM調査シリーズ8　階層意識の現在』（轟亮編）に収められた「学歴移動と階層意識」を一部改変したものです。快く転用を認めていただいた研究代表の佐藤嘉倫さんにあらためてお礼を申し上げます。

最後になりましたが、本書の出版を承諾してくれた勁草書房編集部の徳田慎一郎さんにもお礼を述べなければなりません。本書を執筆している間、これを活字にすることができるのか、かなり不安でした。だから、旧知の徳田さんに本書出版のための骨折りをしていただけたことは、ほんとうに助かりました。たいへんありがとうございました。

2008年8月

数土直紀

階層意識のダイナミクス

なぜ、それは現実からずれるのか

目次

目次

第1章　なぜ、それは現実からずれるのか

1. 階層帰属意識の趨勢

本書で扱う問題は、階層意識であり、より限定していえば階層帰属意識である。しかし、階層帰属意識という術語は一部の社会学者の間ではよく知られているけれども、一般的にはあまり馴染みのない言葉である。そこで最初に、階層帰属意識という術語は何を意味しており、そしてこの階層帰属意識を取り上げることによって、どのような現象を理論的に（そして、実証的に）明らかにしたいのかを確認しよう。

表1-1は、内閣府が毎年実施している『国民生活に関する世論調査』の、2007年の結果の一部である[1]。「お宅の生活の程度は、世間一般からみて、どうですか。この中から１つお答えください」という質問文に対して、回答者は「（ア）上　（イ）中の上　（ウ）中の中　（エ）中の下　（オ）下」の中から回答として１つを選択したのが、表1-1に示されている結果である。

階層帰属意識とは、ある個人（あるいは家族）の“自分は社会のどこら辺に位

表1-1　生活の程度　(%)

	上	中の上	中の中	中の下	下	わからない
総数（6,086人）	0.9	9.7	53.8	26.2	7.2	2.2
男性（2,847人）	1.1	9.4	50.3	29.2	8.4	1.6
女性（3,239人）	0.7	10.0	56.8	23.6	6.2	2.8

出典：平成19年度国民生活に関する世論調査（内閣府 2007）

1　ちなみに、2007年の調査は、層化無作為抽出法で選ばれた20歳以上の全国の日本人1万人に対して（個別面接法で）実施され、調査の回収率は60.9%であった。

置づけられるのか”という意識であり、たとえばこのような質問によって測られる社会意識のことである。

社会調査によって測られる階層帰属意識については、一般にもよく知られている大きな特徴が存在する。それは、回答者の回答が“中”に集中しがちだという特徴である。表1-1の斜線部で示したように、「上」もしくは「下」と回答するものは極端に少なく、回答者の9割が「中の上」「中の中」「中の下」のいずれかを回答として選択している。これは、“ほとんどの日本人は、自分を中流に属していると考えている”という、“一億総中流”状況を示す統計的な例証としてしばしば言及されてきた。

しかし、階層帰属意識を問われて、回答が“中”に極端に集中する傾向は日本に特有のものなのだろうか。幸いにして、この点については、21カ国の階層帰属意識の分布を比較し論じたEvans and Kelly (2004) の研究を参考にできる。Evans and Kelly (2004) によると、階層帰属意識を問われて、回答が“中”に極端に集中する傾向は、国によって集中の程度やパターンに多少の違いはあるものの、非常に多くの国で観察することができる。つまり、“国民のほとんどが、自分を中流に属している”と考えているのは何も日本に限ったことではなく、その現象を“中庸や和を好むといった日本的な特殊性を示している”と理解するのは適切なことではない。したがって、階層帰属意識について考えるのであれば、その社会に所属する多くの人々が自身を“中”に位置づけようとする現象を、日本的な現象として考察するのではなく、もっと広い、より普遍的な文脈で考察することが望ましい。

このことは、“なぜ、階層帰属意識を問題として取り上げるのか”ということと深く関係しているので、もう少し丁寧に考えてみよう。現実の日本社会は、さまざまな格差を内包しており、けっして平等な社会とはいえない。そして近年は、2000年前後のさまざまな社会変化とともに、その格差は拡大しつつあるという議論も盛んである（苅谷 2001, 三浦 2005, 斉藤 2000, 佐藤 2000, 橘木 1998, 山田 2004)。にもかかわらず、もし自分の生活程度を“中”と考える人でこの社会の大半が占められているのだとすれば、人々は誤った社会認識をもっていることになる。だとするならば、“このような誤った認識が、なぜ、どのようにして形成されたのか”、このことを問題にすることが必要になるはずである。そして、この問題が（日本に限定された特殊な問題ではなく）現代社会の多くの国々で広く観察される現象だとするならば、その説明は、個別的なものではなく、一般的かつ体系的なものでなければならないのである。

ちなみに、Evans and Kelly（2004）は、階層帰属意識の回答が“中”に集中する理由を2つ挙げている。1つは、ある個人が自身の所属階層を判断する際に、その基準を自身の身近な人々（準拠集団）におきがちになるために“中”に集中するという説明である。つまり、裕福な人は裕福な人々を普通と考えがちであり、逆に貧しい人は貧しい人々を普通と考えがちになるから、全体として“普通”、すなわち“中”が増えるという考え方である。もう1つは、産業化による経済発展・社会発展によって、人々の生活水準が全体的に上昇し、人々の階層帰属意識が“中”に引き上げられたからだという説明である。実際に、産業化を実現している国では、教育水準が上昇し、ホワイトカラーが増えており、そうした社会の流れが人々の階層帰属意識を“中”に引き上げたという説明はそれなりの説得力をもっている。

ただし、この2つの考え方には必ずしも整合的でない部分が含まれており、その点に気をつける必要がある。まず、前者の“人々は身近な人々を準拠集団において、所属階層を判断する”という説明は、“中が多くなる”普遍的な理由を明らかにしている。それに対して、後者の“産業化が人々の階層帰属意識を中に引き上げた”という説明は、“中が多くなる”歴史的な理由を明らかにしている。“中が多い”ということは普遍的な現象なのか、それとも歴史的な現象なのか、この2つの説明を同時に認めてしまうと、この疑問に納得のいく答えを与えられない。

また、これ以外にも、“総中流”現象を説明する際に気をつけなければならない問題がある。それは、“そもそも、中とは何か”という問題である。表1-1を注意深くみれば分かるように、一億総中流というときには、「中の上」、「中の中」、「中の下」の3つの選択肢の回答者が“中”として一緒にされている。5つある選択肢のうち、3つの中間選択肢を“中”だと定義してしまえば、“中”と回答する人々が全体の大半を占めてしまうのは当然だろう。そしてこのことは、逆に“中”の定義を変えるだけで、階層帰属意識の分布はまったくそのままなのに、階層帰属意識について異なる議論を展開できてしまうことを意味している。具体的には、2005年に『下流社会』(三浦 2005) という図書がベストセラーになり、日本社会が下流社会へ移行したかのように印象づける議論があった。しかし、ここで下流と呼ばれた人々とは、上記の選択肢のうち、「中の下」を選択した人々に相当している。つまり、従来は“中”に分類されていた人々を“下流”に読み替えることで、下流社会の議論が成立していた。そしてその一方で、『国民生活に関する世論調査』が示す階層帰属意識の分布はバブル崩壊以降も崩れることなく安定したままであり、とりわけ「中の下」と回答する人々が増えたという統計的事実は存在していない。

もちろん、下流社会の議論は、“中”と回答している人々の消費様式の変化を問題にしており、“中”を構成する人々の実質的な変化を問題にしているのだとも理解できる。しかし、“中”の定義を無意識のうちに新しいものに読み替えることで、議論をミスリードする可能性を高めていることは事実だろう。このようなミスリードを避けるためには、人々の“中”意識を問題にするとき、そこで意味されている“中”とは何かを、(たとえ、それが操作的な定義でしかないにしても、) きちんと明らかにする必要がある。

本書では、階層帰属意識を分析するデータとして、『社会階層と社会移動全国調査』(以下、SSM調査) のデータを利用する[2]。SSM調査では回答者に「かりに現在の日本の社会全体を5つの層に分けるとすれば、あなた自身はこのどれに入ると思いますか」と尋ね、「1. 上、2. 中の上、3. 中の下、4. 下の上、5. 下の下」の中から選択させている。『国民生活に関する世論調査』の質問文と異なる点は、選択肢から「中の中」を省き、“中”と意識する人々についても、「(中の) 上」ないし「(中の) 下」のいずれかを選択させていることだろう。そこで本書では、このSSM調査で用意されている選択肢のうち、全体の約半数を占める「3. 中の下」と回答したものの階層帰属意識を〈中〉と定義し、「1. 上」ないし「2. 中の上」と回答したものの階層帰属意識を〈上〉と定義し、「4. 下の上」ないし「5. 下の下」と回答したものの階層帰属意識を〈下〉と定義する。もちろん、この定義は、SSM調査データにもとづいた分析をおこなうために設定した便宜的なものでしかないけれども、あえてこのように定

2　調査対象、調査方法、調査時期などの、SSM調査に関する基本的な情報については、次章以降の分析過程の中で紹介していく。

義した理由を簡単に説明しよう。

「中の上」と「中の下」をあえて区別し、前者を〈上〉に分類し、後者を〈中〉に分類した理由は、2つある。1つは、先行研究によって「中の上」と「中の下」の間には実質的な違いのあることが指摘されているからである（直井 1979）。もう1つは、「上」と回答するものの数が極端に少なく、「上」は選択肢として実質的な意味をほとんどもっていないと考えることが自然だからである。実質的には、「中の上」が〈上〉を意味しているのである。

ちなみに、SSM 調査では、階層帰属意識の分布はどうなっているのだろうか。SSM 調査は 10 年ごとに 1955 年から 2005 年まで実施されており、過去 6 回分のデータについての階層帰属意識分布を確認できる[3]。表 1-2 は、その過去 6 回分のデータによる階層帰属意識分布の変化の様子を示したものである。

表 1-2 から分かることは、選択肢が異なるために『国民生活に関する世論調査』とは多少分布が異なるものの 1975 年以降は確かに〈中〉と回答するものの数が多くなっていること、しかしそのような傾向は過去から存在したわけではなく、1965 年以前については〈下〉と回答するものの割合が高かったことである。

したがって、日本社会における階層帰属意識分布については、その局面を少なくとも 2 つに分けて考えることが必要である。

最初の局面は、1970 年代までの、階層帰属意識分布が上方にシフトしていく局面である。この時期、日本人（男性）の階層帰属意識は、コンスタントに〈下〉が減少し、かつ〈中〉が増大している。具体的には、全体の半数以上を

表 1-2　1995 年から 2005 年までの階層帰属意識分布の推移（男性のみ）
（%）

調査年 (実数)	1955 年 (2, 014)	1965 年 (2, 077)	1975 年 (2, 724)	1985 年 (2, 473)	1995 年 (2, 490)	2005 年 (2, 660)	合計 (14, 438)
〈上〉	7. 4	12. 4	24. 6	25. 9	26. 9	17. 4	19. 7
〈中〉	34. 8	42. 7	53. 0	47. 4	46. 8	38. 4	44. 2
〈下〉	56. 3	41. 0	20. 6	23. 5	21. 7	33. 2	31. 5
NA/DK	1. 6	3. 9	1. 8	3. 3	4. 7	11. 0	4. 5

出典：社会階層と社会移動全国調査 1955-2005

3　ただし、1955 年から 1975 年までは男性のみを調査対象としているので、直接に比較できるのは男性に限られている。

占めていた〈下〉は全体の2割までに減少し、それに対して1955年には全体の1/3程度だった〈中〉が1975年には全体の半分を占めるまでになった。そして、このような階層帰属意識の上方シフトが生じた結果、国民のほとんどが自分を〈中〉に属するとみなす、“一億総中流社会”が現れたのである。

次の局面は、1970年代以降の、階層帰属意識分布がある特定の分布に収斂し、そこで安定してしまう局面である。この時期、日本人（男性）の階層帰属意識は上方にも下方にもシフトせず、ある一定の分布を維持したまま、安定的に推移している。具体的には、〈上〉は全体の1/4程度、〈中〉は全体の半分程度、〈下〉は全体の2割程度、この割合で1975年から1995年まで安定的に推移している。しかし、私たちはこの時期の日本社会が決して安定していたわけでなく、さまざまな試練と変化を体験してきたことを知っている。1970年代の高度経済成長の終焉、1980年代のバブル経済、1990年代のバブル崩壊などである。これだけ大きな社会変化を体験してきたにもかかわらず、その間、人々の階層帰属意識分布が安定し続けていたことは、いっけんすると奇妙であり、このことによって私たちは“中”とは何かという、そもそもの問いにあらためて直面することになる。

また、表1-2では、2005年になって〈上〉が減る一方で、逆に〈下〉が増えており、階層帰属意識分布は下方にシフトしていることを示している。2000年代になって、さまざまな分野で社会的格差が問題にされるようになったけれども、この結果はいっけんすると格差拡大の流れを確かに反映しているようにみえる。しかし、SSM調査プロジェクトに参加している社会学者の中には、この2005年SSM調査データの階層帰属意識分布にもとづいて“2000年代に入ってさまざまな社会的格差が拡大した結果、階層帰属意識分布が下方にシフトした”という立場をとるものは多くない。SSM調査プロジェクトのメンバーが“階層帰属意識分布が下方にシフトした”という立場をあえてとらない理由は、大きく分けて2つほどある。

1つは、『国民生活に関する世論調査』（内閣府 2007）、『2003年仕事と暮らしに関する全国調査』[4]、『2006年中央調査社個人オムニバス調査（2月）』[5]など、

4　このデータは、東京大学社会科学研究所のデータ・アーカイブ（http://ssjda.iss.u-tokyo.ac.jp/index.html）を通じて入手することができる。

ほかの社会調査データでは、このような結果は観察されていないからである。

もう1つは、2005年SSM調査の階層帰属意識項目と従来のSSM調査の階層帰属意識項目とは、単純に比較できないからである[6]。

まず、2005年SSM調査データについては、それまでのSSM調査データと比較して、回収率の大幅な低下が問題として指摘されている。それまでSSM調査の回収率はおおよそ60～70％台で推移してきたけれども、2005年のSSM調査の回収率は40％台に落ち込んでいる。このことが何らかの影響を結果に与えている可能性がある。

また、2005年SSM調査では、階層帰属意識の調査法を従来のSSM調査の調査法から変えてしまったことも問題点として指摘されている。それまでのSSM調査は個別面接調査法で一貫していたけれども、2005年SSM調査データでは（階層帰属意識に関する質問項目を含む）一部の意識項目については留置調査法を採用している。そして、留置調査票での質問に対する回答の選択肢として「9. わからない」をいれてしまったために、2005年SSM調査データの階層帰属意識分布では、それまでのSSM調査データの階層帰属意識分布と比較すると、NA/DK（無回答／わからない）が多く含まれている。もし留置調査では「9. わからない」という形で判断留保した人々が、個別面接調査では（無難な回答として）「3. 中の下」と答えたであろう人々を多く含んでいたとするなら、この調査法の変更は〈中〉を減らす方向に作用した可能性がある[7]。

もちろん、実際に階層帰属意識分布の下方シフトが生じている可能性を否定

5 この調査は日本全国を対象にしており、調査対象者は20才以上の男女である。無作為抽出法で選択されたサンプルの規模は2,000、回収数1,369（回収率68.5％）である。2006年2月に個別面接調査法で実施された。階層帰属意識項目については、SSM調査と同一の文がもちいられ、男性（656名）に限定した階層帰属意識の分布は、〈上〉が22％、〈中〉が53.4％、〈下〉が21.5％、NA/DKが3.2％となっている。確かに、〈上〉はやや減少しているものの、それまでのSSM調査の分布と比較して、極端に違っているわけではない。

6 この問題については、小林（2008）を参照のこと。

7 このことは、〈中〉を内実をもった固有の階層と理解するよりは、“〈上〉でもなく、〈下〉でもない”というように消極的に意味づけられた階層として理解することが適切であることを示唆している。このことが、本書での分析法として、順序ロジットモデルではなく、多項ロジットモデルを採用した大きな理由になっている。

することもできない。なぜなら、2003年仕事と暮らし調査データの階層帰属意識分布は、1975年から1995年の階層帰属意識分布ときわめてよく似た分布をしているとはいえ、やや下方にシフトしているようにみえるからである[8]。また同様に、2006年中調オムニバス調査データにおいても、その階層帰属意識分布は、従来の分布とよく似た分布をしている一方で、〈上〉が若干減少しており、やや下方シフトしているようにもみえる。

いずれにしても、現段階でこの問題について決定的な答えを与えることはできず、今後のデータの蓄積を待つほかない。

2. なぜ、それは問題なのか：階層帰属意識分布の推移の二つの局面

前節では、日本社会における階層帰属意識がどのようになっているのか、その状況を簡単に確認した。その結果、"階層的地位を質問された多くの人が〈中〉と回答する"社会は世界的にみて特異な社会でないこと（すなわち、日本はけっして特異な社会ではないこと）、その一方で階層帰属意識分布は戦後のすべての期間において安定していたわけでないこと（すなわち、"一億総中流"社会は戦後日本社会の一貫した特徴ではないこと）、これらのことを確認してきた。本節では、この状況を踏まえ、本書が階層帰属意識について何を明らかにしたいのか、そしてそれを明らかにすることにどのような意味があるのか、このことを検討し、明らかにしたい。

本書において階層帰属意識について明らかにしたいと考えている問題は、2つに特定化される。1つは階層帰属意識分布の変動メカニズムの解明であり、もう1つは階層帰属意識分布の性差が産出されるメカニズムの解明である。まず前者について、問題の特定化と、それを解明することの意義を明らかにしよう。

表1-2の階層帰属意識分布の長期的な趨勢から容易に想像できるように、1980年ごろから1990年ごろの日本における階層帰属意識研究の問題関心の焦

8　ちなみに、2003年仕事と暮らし調査データにおける男性の階層帰属意識分布は、〈上〉が24.8%、〈中〉が44.9%、〈下〉が26.3%、NA/DK（無回答／わからない）が4.1%である。

点は、“階層帰属意識分布がなぜ上方にシフトしているのか”にあった（直井 1979, 間々田 1988, 1990, 盛山 1990）。つまり、そこで問題になっていることは、人々が自身の階層的地位を〈下〉と認知することを止め、〈中〉に修正していくメカニズムの解明にあった。いっけんすると、1980 年ごろに抱かれていたこのような問題意識は、当時としてはきわめて自然な問題意識であったようにみえる。実際に、1980 年以前の段階では階層帰属意識分布は一貫して上方にシフトしていたからである。しかし、気をつけなければならないことは、このような問題意識の背景として、“人々の主観的な階層的地位の変化は、人々の客観的な階層的地位の変化を正確には反映していない”という状況認識を、研究者たちが暗黙のうちに共有していたことである。研究者によって階層帰属意識の変化が問題にされたのは、それが現実の変化を反映したものではなかったからこそなのである。

確かに、戦後の日本社会は高度経済成長によって飛躍的に豊かになっており、そしてこのことが人々の階層帰属意識を上方シフトさせたのだと主張したくなる誘惑に駆られる。しかし、このような主張は、階層帰属意識の本来の意味を考えるならば、論理的には飛躍を含んだ主張である。

個人レベルの生活水準がたとえ上昇したとしても、それと同時に全体レベルの生活水準が上昇しているならば、その個人の階層的地位があがったとは必ずしもいえない。場合によっては下がっているかもしれない。たとえていうなら、学内試験での英語の素点がかりに 40 点から 50 点にあがったとしても、平均点が 50 点から 80 点にあがっていれば、その生徒の学内順位はあがっていない可能性が高く、むしろ下がっている可能性の方が高い。豊かになったことそれ自体は、（日本社会内での自身の）階層的地位があがったことを必ずしも意味するわけではない。

“高度経済成長が 1950 年代から 1970 年代にかけて人々の主観的な階層的地位を上方修正させた”という説明では論理的には飛躍を含んでおり、にもかかわらず高度経済成長が人々の主観的な階層的地位の上昇に何らかの影響をもっていたとするなら、説明の飛躍を埋めるためのなにかを、研究者は考えなければならなかった。

しかし、1990 年ごろから 2000 年ごろの階層帰属意識研究では、このような問題関心は次第に薄らぎ、異なる問題関心が強まってくる。これ以降の階層帰属意識研究は、階層帰属意識分布がなぜ（上方に）変動したのかという問題関心ではなく、階層帰属意識分布がなぜ中に集中して、そこで安定してしまったのかという問題関心に比重を移していくことになる（高坂 1988，宮野 1988，高坂・宮野 1990，吉川 1999，Kikkawa 2000）。すでに指摘したように、1970年代から2000年代にかけて、日本社会は大きな社会変化を体験してきた。しかし、階層帰属意識分布はそのような社会変化に対して特別に反応することなく、〈中〉に集中した分布を維持し続けている。このような状況を踏まえれば、研究者の関心が“主観的な階層的地位が〈中〉に集中する理由は何か”という問いに向けられるのは、当然のことといえる。しかし、気をつけなければならないことは、このような問題意識の背景として、“人々の主観的な階層的地位は、人々の客観的な階層的地位の変化を反映していない”という状況認識を、研究者たちが依然として暗黙のうちに共有していたことである。研究者によって階層帰属意識が問題にされたのは、それが現実の階層を反映したものではなかったからこそなのである。

もし人々の主観的な階層的地位がその人の客観的な階層的地位を正しく反映しているのだとすれば、そしてもし人々の主観的な階層的地位が〈中〉に集中しているのだとすれば、その社会は客観的にも〈中〉が過半を占めるきわめて平等な社会ということになる。しかし、社会階層研究が明らかにしてきたことは、私たちの社会にはさまざまな不平等が存在しており、けっして平等な社会だとはいえないということである。にもかかわらず、人々の主観的な階層的地位が極端に〈中〉に集中しているのだとすれば、人々の主観的な階層的地位が客観的な階層的地位を正しく反映していないことは自明であり、さらにいえば、そのような主観的な階層的地位をいくら分析しても、現実の社会階層は何もみえてこないということになる。

したがって、この時期の少なくない研究者が、階層帰属意識を問題として取り上げながら、階層帰属意識に階層意識としての社会学的な意味を過大に期待することを戒めている。そして、それと同時に、階層帰属意識という形にとらわれない、新しい形の階層意識研究の可能性を模索していたのである（原 1990，今田 1989）。

このように、階層帰属意識研究に対する問題関心は必ずしもいちようでなく、時期によって異なる問題関心が階層帰属意識研究において優勢をしめていた。もちろん、2つの問題関心はまったく異質で、接点がないというわけではない。2つの問題関心は、いずれも、階層帰属意識と現実の社会階層が表面上は明確な対応関係をもっていないことに注目しているからである。

20世紀の社会科学に大きな影響を与えたマルクス主義は私たちの意識が社会構造に規定されていることをあたり前のように前提にしてきた（Marx and Engels 1846（1956），Marx 1859（1956））。けれども、日本社会の階層帰属意識をみる限り、話はそれほど単純ではない。社会構造にもっとも強く規定されているはずの階層帰属意識がこれだけ現実から乖離したものになっているという事実は、かりに私たちの意識が社会構造に規定されていることが真実だとしても、私たちの意識と社会構造の対応関係は直接的なものではなく、さまざまな要因が介在することで“ねじれた”ものになっていることを示唆している。

本書が社会学的なテーマとして階層帰属意識に注目する理由の一つが、ここにある。もっとも強く社会構造に規定されるべき階層帰属意識が、なぜ現実の社会構造との対応関係を失っている（かのようにみえる）のか。

このとき注意しなければならないことは、どのようなものであれ、この問いに対する答えは、階層帰属意識がある時期には現実との対応関係を欠いたまま安定的に上昇し続けた理由と、その階層帰属意識がある時期には現実との対応関係を欠いたまま安定した分布を維持し続けた理由と、この2つの理由を同時に説明できなければならないということである。

かりに“階層帰属意識が現実との対応関係を欠いたまま安定的に上昇し続けた”理由を説明できたとしても、そのとき説明にもちいられた論理が“階層帰属意識が現実との対応関係を欠いたまま安定した分布を維持し続けた”理由を説明できないとすれば、その説明は、階層帰属意識分布の長期的な趨勢の、ごく限られた局面しか説明することのできない不十分な説明になる。

同様に、かりに“階層帰属意識が現実との対応関係を欠いたまま安定した分布を維持し続けた”理由を説明できたとしても、そのとき説明に用いられた論理が“階層帰属意識が現実との対応関係を欠いたまま安定的に上昇し続けた”理由を説明できないとすれば、その説明は、やはり階層帰属意識分布の長期的な趨勢の、ごく限られた局面しか説明することのできない不十分な説明になる。

いずれにしても、階層帰属意識と社会構造の関係を説明する議論としては、納得のいくものにならないのである。

したがって、階層帰属意識と社会構造の対応関係を完全に究明できたと宣言するためには、少なくとも階層帰属意識分布の長期的な趨勢にみいだされる2つの局面を、すなわち安定的に上昇し続けた局面と安定した分布を維持し続けた局面とを同時に説明していることが必要になる。

これまで、多くの優れた社会学者が階層帰属意識の（無）変化について説明してきた。しかし、その時代に観察された階層帰属意識分布に関する情報が限定されていたこともあり、その説明は、“階層帰属意識分布の上昇局面”と“階層帰属意識分布の安定局面”とを同時に説明していなければならないという、ここで明らかにした条件と照らし合わせれば、いずれも説明としては不完全なものに終わっている。けっきょく、私たちは、階層帰属意識と社会構造の（非）対応関係を十全に説明してくれるような理論をいまだ手にはしていないのである。したがって、本書の目標は、“1950年代から2000年代までの階層帰属意識に関する社会調査データを分析に利用することができる”という利点を活かしながら、“階層帰属意識分布の上昇局面”と“階層帰属意識分布の安定局面”とを同時に説明することのできるような、論理的に一貫したメカニズムを解明することにおかれる。

以上のことを踏まえ、本書が取り組むべき問題を、暫定的に定式化することにしよう。本書が取り組むことになる問題を明示化すると、次のようになる。

＊ 戦後日本の階層帰属意識分布が1950年代から1970年代にかけて上方にシフトした局面と、1970年代から2000年代にかけて“およそ半数が〈中〉”という分布のまま安定的に推移した局面と、この2つの局面を同時に説明できるような社会的なメカニズムを明らかにする。

しかし、これは本書が取り組むことになる問題の1つであるが、これまで示唆してきたように、この問題は本書が最終的に取り組むことになるより一般的な問題の一部を構成するにしかすぎない（したがって、この問いに答えを与える作業とは、そのより一般的な問題に答えを与えるための準備作業にしか過ぎない)。そして、この問題のメタにおかれるより一般的な問題とは、“社会構造と社会意識の対応関係は、どのようなメカニズムに支配されているのか”という問題である。

階層帰属意識分布が上方にシフトした局面を扱うにしても、あるいは階層帰属意識が同一の分布を長期間にわたって維持した局面を扱うにしても、そのことが問題として扱われる理由は、その現象が必ずしも現実の変化と対応していないからであった。社会階層研究は、多かれ少なかれ、社会的不平等に問題関心をもっているのだが、階層帰属意識に注目している限り、真に取り組むべき問題、いいかえればこの社会的不平等の問題がなかなかみえてこない。この階層帰属意識が私たちの社会の現実を正確に映し出していると考えてしまうと、真に取り組むべき問題がどこか遠くへ退いてしまうのである。

私たちが階層帰属意識を問題として取り上げているとき、その理由は階層帰属意識が私たちの社会の現実を正確に映し出しているからではない。その逆に、階層帰属意識が私たちの社会の現実を不正確に映し出している（かのようにみえる）からなのである。

本書が最終的に明らかにしようとしていることは、ある特定の社会構造がある社会意識を産出し、そしてその社会意識がそれを産出した社会構造が抱えていた問題を隠蔽し、そのことでその社会構造の再生産を可能にするような、そうした一般的なメカニズムの解明なのである。そして、その具体的な事例として、階層帰属意識分布をここで問題として取り上げたのである。

もし人々が現実に対して誤った認識を抱いているとするなら、そのような誤った認識を人々に抱かせるメカニズムが私たちの社会に存在するはずである。そして、そのメカニズムがもたらすダイナミクスは、人々によって今ある社会（構造）の再生産が企図されていたわけでなかったにもかかわらず、しかし結果としてそのような社会（構造）を再生産する駆動力になっている。私たちは、このようなプロセスを断ち切り、真にあるべき社会の姿を構想するための準備として、社会構造と社会意識の（非）対応関係を明らかにする理論を必要としているのである。

3. なぜ、それは問題なのか：ジェンダーと階層意識

前節では、本書の課題として、長期的な階層帰属意識分布の推移を説明するメカニズムの究明を挙げた。そして、あえてそのような課題に取り組む理由を、戦後日本の階層帰属意識分布の推移が現実の変化を反映していないことに求めた。しかし、階層帰属意識をテーマとして取り上げたとき、階層帰属意識が現実を正確に反映していない（かのようにみえる）現象は、前節で指摘した階層帰属意識分布の長期的な推移に限定されるわけではない。実は、階層帰属意識分布の長期的な推移以外に、本書が課題として取り上げたいと考えている階層帰属意識が現実を正確に反映していない（かのようにみえる）現象がもう1つ存在する。そこで本節では、本書が取り組むべきもう1つの課題として、それがいったいどのような現象であり、そしてその現象についてこれまでどのような議論がなされてきたのか、このことを確認しようと思う。

そもそも、過去の階層帰属意識（あるいは階級意識）の研究者は、何を明らかにすることを目指して階層帰属意識（あるいは階級意識）を研究のテーマとして取り上げてきたのだろうか。その傾向をおおざっぱにまとめるならば、過去の階層帰属意識研究は、階層帰属意識が人々の政治行動に及ぼす影響を明らかにしようとしてきたといえる[9]。実際に階層帰属意識はその個人の社会観や政治的態度や政治的行動と深いかかわりをもっていると考えられ、20世紀の社会科学に強大な影響を与えたマルクス主義が“階級意識が社会主義革命の前提条件を構成する”と考えていたこともあり、階層帰属意識と政治的態度・政治的行動の関わりを明らかにすることは、社会科学者の重要な使命の1つだったといえる（Marx and Engels 1859 (1956), Marx 1846 (1956)）[10]。しかし、全体としてはこのようにいえるにしても、過去30年間の階層帰属意識研究に限定するなら

9　代表的なものとして、Lucas 1923（1975）を挙げることができる。ちなみに、階層帰属意識に対応する英語はClass Identity もしくはClass Identification であり、階層帰属意識と階級意識は英語では区別されていない。本書では先行研究に従い、階層帰属意識という術語をもちいるが、この術語が英語では階級意識にも相当しており、両者は互換的な概念であることに注意してほしい。

ば、階層帰属意識の問題は政治的態度・政治的行動とは異なるキー・ワードに結びつけられて議論されることが多かった[11]。

過去30年間の階層帰属意識研究において、もっとも問題にされたのは、とりわけ既婚“女性”の階層帰属意識についてであった。具体的には、既婚女性の階層帰属意識は、自分自身の社会的・経済的地位に準拠して自身の所属階層を判断しているのか、それとも配偶者の社会的・経済的地位に準拠して自身の所属階層を判断しているのか、あるいはその双方を組み合わせることで自身の所属階層を判断しているのか、このことが問題にされてきた。しかし、階層帰属意識に関連しうる多くの対象の中で、なぜとりわけ女性の階層帰属意識のみがひんぱんに分析の対象として取り上げられる必要があったのだろうか。女性の階層帰属意識をめぐる論争の詳細については改めて検討することにして[12]、とりあえずここでは簡単にその内容を確認することにしよう。

従来の社会階層研究は、社会階層を構成する単位として、個人ではなく、家族を考えてきた。そして、家族の社会的・経済的地位を測り、かつ家族の階層上の地位を判断するために、核家族モデルにおいて主たる稼ぎ手として想定されていた男性の社会的・経済的地位を利用してきた。しかし、少し考えればわかるように、家族は男性だけによって構成されているわけではない。典型的な核家族に限定したとしても、そこにはその配偶者である女性がおり、また男性と女性に育てられている子供も存在する。しかし、従来の社会階層研究は、あえて男性の社会的・経済的地位のみに注目し、それによって家族全体の階層的地位を測ることで、本来、それぞれの家族が内包していたはずの多様性を捨象した分析をおこなってきた。そして、このことについて異議を申し立てをおこない、注目を浴びたのがJ. Acker（1973）であった。

10　また、階級研究もマルクス主義の影響から、従来は現実政治との関連が強く意識されていたといえる。しかし最近は、Goldthorpe and Marshall（1992）のように、社会を分析する科学的概念として“階級”を強調する傾向や、Scott（2002）のように人々の社会的アイデンティティや生活機会に影響を与える何かとして“階級”を考えようとする流れがある。

11　もちろん、階層帰属意識と政治的態度・行動との関連を問題にする研究は現在も存在し、たとえばWalsh, Jennings and Stoker（2004）などを挙げることができる。

12　第6章を参照のこと。

社会階層研究において、男性の社会的・経済的地位のみに関心が集まることの弊害として、大きく2つを挙げることができる。

1つは、そのことによって看過されてしまう問題が生じるという弊害である。主たる稼ぎ手が男性であるような家族においても、男性だけが労働に従事しているわけではない。女性もまた、家事労働という不払い労働に従事しており、そこにはさまざまな不平等が存在する（Sokoloff 1980〔1987〕, Illich 1981〔1982〕, 上野 1990）。しかし、家族を社会階層を構成する1つの単位として考えることで、かつその家族の階層的な属性を男性の社会的・経済的地位のみによって測ることで、こうした問題が階層研究の背景へと後退してしまう。かりにその意図がなかったとしても（かりに男性の社会的・経済的地位のみに注目することが、分析の効率性を考慮した戦略的な判断にしか過ぎなかったとしても）、それは結果として、この社会においてさまざまな不利益を背負わされている女性の問題を軽視してしまうことになる。

もう1つは、そのことによって現実の変化を捉えそこなってしまうという弊害である。核家族モデルで考えられるような家族は、もはや家族の典型とはいいがたい。女性の社会進出が進み、女性が結婚後も何らかの職の就いていることは一般的なことであり、その数はこれから増えることはあっても、減ることはない。したがって、家族の稼ぎ手を“男性”に限定した家族モデルは、もはや現実の家族形態の一部を代表するものでしかなくなっている。また、既婚女性が、離婚や、配偶者との死別を経験した場合、その女性は稼ぎ手として家族を支えることになる。このような家族も、社会的不平等を考える場合には重要な意味をもってくる。そのほか、家族形態の多様化が進むと、核家族モデルを基盤にした階層研究は、そのリアリティを次第に失っていかざるをえなくなるだろう。階層の単位を家族として捉え、家族の階層的地位を男性の社会的・経済的地位のみによって測ろうとする研究には、このような問題があった。

とうぜん、このような異議申し立てには、現代社会における女性の地位についてある前提が存在した。それは、この社会において（あるいは、この社会においてすら）、女性は社会的にも経済的にも抑圧された存在だという前提である。実際に、女性の社会的・経済的地位に注目すれば、それらが男性の社会的・経済的地位と比較して低く抑えられていることは明白であり、男性を家父長とする核家族モデルは、このような現実を基盤にして成立していた。階層分析の単位を家族とすることで、女性の社会的・経済的地位を配偶者である男性の社会的・経済的地位と“同じ”とみなしてしまうことが問題なのは、このような現実があるからこそである。個人を単位として階層を分析したときにはその存在が明らかな女性への抑圧が、家族を単位として階層を分析することで、隠蔽されてしまうのである。

しかし、ここで微妙な問題が生じる。この前提から導かれる自然な予想が現実のデータと一致しないのである。

“この社会において女性は社会的にも経済的にも抑圧された存在だ”という前提が正しく、かつ人々の意識は社会構造に規定されているのだとすれば、とうぜん女性の階層帰属意識は男性の階層帰属意識よりも低くならなければならない。実際に、Acker（1973）でも、そのように考えられ、だからこそ個人を単位とした階層分析の必要性が主張されていたのである。

もちろん、これとは別の可能性を考えることも可能である。もし女性が核家族イデオロギーに完全に支配されているなら、すなわち家族（ここではとくに配偶者である男性）の社会的・経済的地位に完全に同一化しているなら、その女性の階層帰属意識は、男性の階層帰属意識と一致することになる。したがって、この場合でも、女性の階層帰属意識が男性の階層帰属意識を上回ることはないはずである。

このように、理論的な予測では、女性の階層帰属意識が男性の階層帰属意識を上回ることはほとんど考えられないにもかかわらず、現実には日本社会における女性の階層帰属意識は男性の階層帰属意識よりも高いことが経験的に知られている。たとえば、表1-1をみてみると、女性の階層帰属意識分布は、男性の階層帰属意識分布と比較すると、わずかではあるけれども上方にシフトしている。このような“女性の階層帰属意識が男性の階層帰属意識を上回る”傾向はほかの同様の社会調査においても一貫して観察される傾向であり、統計的な誤差とは考えられない。

しかし、なぜ女性の階層帰属意識は男性の階層帰属意識を上回ってしまうのだろうか。女性がいまだ抑圧されている社会の現状を考えるならば、とうぜん問題は“社会構造が階層意識に反映される”仕方にあると考えざるをえない。

以上のことを踏まえ、本書が取り組むべき第2の問題を、暫定的に定式化することにしよう。本書が取り組む第2の問題を明示化すると、次のようになる。

＊ 日本社会では、女性は男性と比較して社会的にも経済的にもさまざまな不利益を被っているにもかかわらず、女性の階層帰属意識が男性の階層帰属意識を上回ってしまうことを説明できるような、社会的なメカニズムを明らかにする。

しかし、これは本書が取り組むことになるもう1つの問題であるが、前節で示した階層帰属意識の長期的な趨勢に焦点をおいた問題と同様に、この問題は本書が最終的に取り組むことになるより一般的な問題の一部を構成するにしかすぎない。そして、この問題のメタにおかれる、より一般的な問題とは、やはり社会構造と社会意識の（非）対応関係の問題なのである。

ちなみに、日本社会において、女性の階層帰属意識が男性の階層帰属意識と比較して高くなっていることは、日本社会において女性の社会的・経済的地位が男性の社会的・経済的地位を上回っていることをまったく意味しない。むしろ、日本社会は、とりわけ先進諸国の中でも女性に対して抑圧的な社会である。そのことをよく示している事実を、2006年の国連による『人間開発報告書』（United Nations Development Program 2006）から引用することができる。

国連の『人間開発報告書』によれば、日本の人間開発指数は世界第7位であり、比較的高い水準にある。平均寿命や教育水準に焦点をおくジェンダー開発指数に注目しても、日本のジェンダー開発指数は世界第13位であり、人間開発指数と比較するとやや順位を落とすものの、依然として高い水準にあるといってよいだろう。しかし、女性の社会参加に焦点をおくジェンダー・エンパワーメント指数に注目すると、日本のジェンダー・エンパワーメント指数は世界第42位であり、大きく順位を落とす。このことは、全体の教育水準や全体の所得などを勘案した場合、日本社会は女性の社会進出に対してきわめて抑圧的な社会であることを意味している。

したがって、長期的な階層帰属意識分布の推移を問題にしたときと同様に、女性の階層帰属意識を問題にしたときにも、“社会構造と社会意識が対応関係を失っている（かのようにみえる）”という問題が存在する。もちろん、Acker

(1973) で主張されていたように、男性中心の階層研究を是正し、女性の問題をきちんと視野に収めた階層研究を追及していくことは、依然として重要な課題である。しかし、それと同時に、女性の階層帰属意識に注目することで明らかにされた、女性の階層帰属意識と男性の階層帰属意識の分布の違いも、私たちにとっては説明を要する問題といえる。なぜなら、それは、本書が最終的な目的としている“社会構造と社会意識の（非）対応関係”の解明につながっていくからである。

過去30年間、階層帰属意識研究は、女性の階層帰属意識にとりわけ注目して議論してきた。実はその問題の中にも、社会構造と社会意識のねじれた関係が伏在していたのである。

4. 問題の定式化

本書のテーマは階層意識であり、また階層意識の中でも特に階層帰属意識を問題にすることを冒頭で述べた。したがって、次章以降、分析対象として階層帰属意識のみが集中的に取り上げられることになる。しかし本書の最終関心は階層帰属意識のみにあるわけでなく、単に分析上の戦略的な判断として対象が階層帰属意識に限定されているに過ぎない。

また本書では、階層帰属意識を問題として取り上げる際、特に2つの領域に絞って分析をおこなうことになる。本書で特に取り上げられる領域とは、1つは戦後日本（1955年～2005年）の階層帰属意識分布の長期的な変化であり、もう1つは1980年代以降の現代日本における階層帰属意識分布の性差であった。しかし、これもやはり戦略的な判断による限定にしか過ぎない。

本節では、階層意識を問題として取り上げるとき、階層帰属意識に関係するこの2つの領域にとくに分析を絞ることの理由を再確認し、この問題に答えを与えることで最終的にどのような地点に到達することを目的にしているのか、あらかじめ示しておきたいと思う。

分析上の課題として設定した問題を、(2節、あるいは3節で問題を定式化した際に与えた表現よりも) より一般的・抽象的な表現で記述すれば、次のようになる。

問題Ⅰ　ある時期には階層帰属意識分布を上方にシフトにさせ、ある時期にはその分布を安定化させる社会的メカニズムを明らかにせよ。

問題Ⅱ　地位達成についてさまざまな不利を背負わされているグループの階層帰属意識がそうでないグループの階層帰属意識よりも高くなる社会的メカニズムを明らかにせよ。

本書では、このようにより一般的に記述された問題に対して、何らかの意味で“理論”的な答えを与えることを目指している。いいかえれば、本書は、この2つの問題に対して、単に実証的にそのメカニズムを特定するだけでなく、理論にもとづいた説明を与えていくことを試みようとしている。

このとき注意しなければならないことは、この2つの問題はそれぞれ独立した問題ではなく、相互に関連した問題だということである。いっけんすると階層帰属意識についてまったく異なる現象を扱っているようにみえる2つの問題だが、しかしこの2つの問題は、ある共通のテーマをもっている。それは、“階層（帰属）意識は、なぜ現実からずれていくのか”というテーマである。問題Ⅰには、隠された与件として、“現実の階層構造の変化と対応せずに”があることを忘れてはいけない。階層帰属意識分布の長期的な（非）変化は、いっけんすると現実の階層構造の変化に関係なくおきている（かのようにみえている）のだ。

つまり、この2つの問題には、“階層帰属意識が、その基盤となっているはずの階層構造と異なった姿を私たちに映し出している”という意味で共通性が存在する。本書は、このようないっけん逆説的にみえる事例を取り上げ、かつ説明することで、“人々の意識は社会構造にいかにして規定されているのか（あるいは、されていないのか）”、この社会学上のもっとも重要な問題への1つの答えを得たいと考えている。

しかし、どのような答えを与えれば、問題を解くことができたと宣言することができるのだろか。以上のことを念頭におきつつ、2つの問題に対して、どのような答えを、どのように与えていくのか、このことを確認しよう。

まず、問題Ⅰに答えを与えるにあたって、その答えが満足すべき条件がなんであるのかを確認する。問題Ⅰに対してどのような答えを与えるにしても、その答えはできるだけ単純なものでなければならない。ある現象を細かく場合分けし、説明変数を増やすことで、かりにその現象を説明することに成功したとしても、そのような説明は、本書が求めているような説明ではない。たとえば、階層帰属意識分布が上方にシフトする現象と、階層帰属意識分布が安定的に再生産される現象を、それぞれ異なるメカニズムによって個別的に説明するのではなく、同一のメカニズムによって統一的に説明することの方が望ましい。そして、そのメカニズムは、できるだけ少ない変数でもって、できるだけ多くの現象を説明できるようなものでなければならない。多くの要因を考慮すれば、それだけ説明は精緻になるかもしれないが、逆に多くの要因に制約を受けるために、かえってモデルの応用可能性がいちじるしく低下してしまうからである[13]。

したがって、本書が問題Ⅰの答えとして求めている説明モデルは、まず階層帰属意識が上方にシフトする現象をできるだけ少ない変数でもって説明している必要がある。

次に、その説明モデルは、階層帰属意識分布がほとんど変化せずに長期間安定する現象をできるだけ少ない変数でもって説明している必要がある。

また、それと同時に、ある時期に階層帰属意識が上方にシフトし、ある時期には階層帰属意識が変化しないのだとすれば、その違いを産出する条件を明確に特定できていなければならない。

これらの条件を満足してはじめて、それは本書が求める問題Ⅰの答えとして認められる。

現象が異なるのは、メカニズムが異なるからではない。そのメカニズムが作動するための外的な条件が変わったために、そのメカニズムによって導かれる現象が姿を変えたのであって、社会構造が階層帰属意識を規定するメカニズムそのものが変化したのではない。本書が問題Ⅰの答えに対して求めている条件

13　もちろん、実際には、階層帰属意識はおおくの要因に影響されており、その形成過程はけっして単純なものではない（Hodge and Trieman 1968, Jackman 1979)。ここで主張していることは、ある現象を分析し、そこから安定した知見を導き出すためには、“手段”として現象の単純化が必要になるということである。

からわかるように、本書では社会構造と階層帰属意識の関係に対して、このような強い前提をもっている。

もちろん、このような前提は誤ったものである可能性もある。異なる現象に対しては、異なるメカニズムが対応しており、それらは普遍的なメカニズムというよりも、むしろ歴史的に構成された（したがって、偶然できあがった）メカニズムなのかもしれない。しかし、かりに本書の前提が正しく、かつそのようなメカニズムが明らかにされれば、それは歴史的に構成された（したがって、偶然できあがった）メカニズムを明らかにすることよりも価値がある。なぜなら、もしそのようなメカニズムが明らかにされれば、（階層帰属意識が下方にシフトする可能性も含めて、）階層帰属意識分布の変化を予測することが可能になるし、かりに正確な予測が難しかったとしても、階層帰属意識分布がどのような条件の下でどのように変化するのか、このことについてより一般的な理解が可能になるからである。

次に、問題Ⅱに答えを与えるにあたって、その答えが満足すべき条件がなんであるのかを確認しよう。問題Ⅱに対してどのような答えを与えるにしても、その答えはできるだけ一般的なものでなければならない。それぞれの集団を区別し、集団ごとに異なる判断メカニズムを仮定することで、その現象を説明することに成功したとしても、そのような説明は、本書が求めているような説明ではない。たとえば、階層帰属意識分布が上方にシフトしている集団と、階層帰属意識分布が下方にシフトしている集団とでは、“所属する階層を判断する”メカニズムがそもそも異なっているのだと考えるのでなく、両集団に共通する判断メカニズムによって、集団間の階層帰属意識分布の差異を説明することの方を望ましいと考える。そして、そのメカニズムは、できるだけ少ない変数でもって、その違いを説明できるようなものでなければならない。多くの要因を考慮すれば、分布の微妙な違いまで説明することが可能になるかもしれないが、逆に多くの要因に制約を受けるために、分布の差異に対する説明が個別化されてしまい、モデルの応用可能性が低下してしまうからである。

したがって、本書が問題Ⅱの答えとして求めている説明モデルは、まず、その個人が女性であるか男性であるかに関係なく成立する、社会的・経済的地位のセットが所属階層の判断を決定する普遍的な判断メカニズムを明らかにしていなければならない。次に、その説明モデルは、(1) 女性が男性と比較して社会的・経済的地位の達成についてさまざまな不利益を被っているにもかかわらず、(2) 女性の階層帰属意識分布が男性の階層帰属意識分布よりも上方にシフトしてしまうことを、論理必然的な結果として説明できる必要がある。また、それと同時に、社会的・経済的地位の達成に不利益を被っている集団の階層帰属意識が上方にシフトする条件を明確化することで、逆に階層意識が客観的な階層構造と一致する場合がありうるとしたら、それはどのような場合であるのか、このことをも明らかにできているのでなければならない。これらの条件を満足してはじめて、それは本書が求める問題Ⅱの答えとして認められる。

階層意識に性差が観察され、かつそれを説明しようとするとき、次のような誘惑に駆られるかもしれない。それは、説明変数に文化的な性差を加えたい、あるいは場合によっては生物学的な性差をも考慮したい、そのような誘惑である。しかし、階層意識の性差を、女性と男性の間に存在する文化的な性差によって説明しようとする立場は、あるいは女性と男性の間に存在する生物学的な性差によって説明しようとする立場は、本書がもっとも強く否定する立場である。

本書が目指すのは、あくまでも社会学的な説明であり、もう少し限定していえば社会構造的な要因による説明である。階層帰属意識分布に性差があるのは、判断メカニズムに性差があるからではない。そのメカニズムが作動するための外的な条件が異なっているために、そのメカニズムによって導かれる階層帰属意識の分布が異なってしまうのであって、社会構造が階層帰属意識を規定するメカニズムそのものに性差があるわけではない。本書が問題Ⅱの答えに対して求めている条件からわかるように、本書では社会構造と階層帰属意識の関係に対して、このような強い前提をもっている。

もちろん、このような前提は誤ったものである可能性もある。性別によって判断メカニズムが異なっており、それは必ずしも性を超えた普遍的なメカニズムとはいえないかもしれない。しかし、かりに本書の前提が正しく、かつそのような普遍的なメカニズムが明らかにされれば、性別によって異なる判断メカニズムを想定する必要がなくなる。説明のシンプルさを考えるならば、そのようなメカニズムを明らかにすることは、性別によって異なる判断メカニズムを個別に明らかにすることよりも大きな価値がある。

以上のことから、本書の志向性は、人々の内部に存在するある意味で普遍的な判断メカニズムの解明にあることがわかるだろう。そして、問題Iを通じて示される判断メカニズムも、問題IIを通じて示される判断メカニズムも、“その判断が基盤にしている客観的な社会構造からの差異を孕んだ”社会認識を産出する点で、共通している。

しかし、私たちの階層認識が、その階層認識が基盤にしている客観的な社会構造から“ずれ”ていることは、なぜ問題なのだろうか。この疑問は、本書の最終的な問題関心と深く関係しているので、最後にこのことについて触れておこう。

私たちの階層認識が、その認識が土台にしている客観的な社会構造と単に異なっていることが問題なのではない。現実からの差異を孕んだ認識が、現実の問題を隠蔽し、さらにはその現実を下支えすることになるからこそ問題なのである。たとえば、〈中〉意識は、人々の批判意識を衰弱させ、今ある現実を受け入れる心性の核になるかもしれない。実際に、先行研究において、〈中〉意識が生活満足感と深い関連をもっていることが指摘されてきた（吉川 1999, 前田 1998）。あるいは、女性の（男性よりも）高い階層意識は、やはり女性の批判意識を衰弱させ、今ある現実を受け入れる心性の核になるかもしれない。実際に、『国民生活に関する世論調査』では、女性の生活満足感が男性の生活満足感よりも高いことがわかっている（内閣府 2007）。

もちろん、正しい現実認識にもとづいた上で現状を受け入れているとするならば、そこには何も問題ない。しかし、客観的な現実と照合するならば、人々の階層意識は客観的な社会構造とは明らかにずれており、いわば人々は誤った現実認識にもとづいて現状肯定的な態度を形成している。そして、もし人々のそのような誤った認識が、私たちの社会が抱えている問題を放置させているのだとしたら、そのこと自体が問題として指摘されなければならない。

本書が明らかにしたいことは、階層帰属意識分布の長期的な（非）変化、階層帰属意識の性差といった問題を通じて、人々の意識が社会構造にどのように規定されているかを明らかにすることであった。社会構造は、あたかも写真で撮ったかのように、人々の意識のなかに正確に映し出されるわけではない。しかしその姿は、現実と照らし合わせれば確かに歪んでいるのだが、その歪みはけっしてランダムに生じているわけではない。だからこそ、そのような歪みを産み出すメカニズムを明らかにしたいのである。そして、その歪んだ像によって、本来取り組まれるべき問題がなおざりにされているとするならば、その歪みを明らかにすることで、なおざりにされてきた問題を、“問題”として、改めて提示しなおしたいのである。

第2章　階層帰属意識と地位継承：数理モデル

1. 地位継承とは？

第1章で確認したように、戦後日本の階層帰属意識分布の趨勢は、二つの局面に分けて考えることができる。1つは、1970年代までの変化であり、この時代の変化は〈下〉の階層帰属意識をもつ個人の割合の減少と、〈中〉の階層帰属意識をもつ個人の割合の増大によって特徴づけられる。もう1つは、1970年代から2000年代までの（無）変化であり、この時代の（無）変化は〈中〉の階層帰属意識をもつ個人の割合が全体の半数程度で安定的に推移したことである。本章では、このように2つの局面をもった階層帰属意識分布の長期的な変化がどのようなメカニズムによって形成されたのかを、社会構造の変化に注目しながら、解明することを目的としている。

本章では、このような2つの局面をもった階層帰属意識分布の変化がそれぞれ2つの異なるメカニズムによって生成されたと考えるのではなく、共通の1つのモデルによって説明できると考えている。2つの異なる現象に対して、各々の現象を説明する異なる2つのメカニズムを考えるよりは、共通の1つのモデルによってそれらの現象を説明することの方が効率的であり、認識上の利得が大きい。また、いっけんすると異なるようにみえた2つの現象が、実はある1つのメカニズムによって直接生成されうることを論証できれば、そのメカニズムの存在を前提することで、今度は社会構造と階層意識の関係を実証的に分析することが容易になるだろう。

階層帰属意識分布の変化を説明するために本章で導入される基本的なアイデ

ィアを、“地位継承”という概念でまとめることができる。“地位継承”とは、文字通り、子供が親の地位を引き継ぐことである。近代社会では、とりわけ学校システムや市場システムについては競争原理が徹底しており、理念的には本人の学力や能力が本人の最終的な地位を決めているはずである。しかし、たとえば学歴に限定したとしても、これまで多くの社会学者が、もちろん例外はありうるにしても（Titma, Tuma and Roosma 2003）、現実社会が必ずしもそのようにはなっていないことを指摘してきた（Bourdieu and Passeron 1970（1991）, Bourdieu 1979（1989）, Mare 1981, Bernstein 1996（2000）, DiMaggio 1982, DiMaggio and Mohr 1985, Ishida, Muller and Ridge 1995, Savage and Egerton 1997, Lucas 2001, 苅谷 1995, 苅谷 2001, 佐藤 2000）。むしろ、近代社会では、学校システムを介してさまざまな不平等が世代を超えて再生産されているとすらいえる。したがって、社会階層を分析する際に、この“地位継承”をどう分析し、どう捉えるかが重要な課題となる。

しかし本章の分析は、“地位継承”が私たちの社会にどの程度存在し、そしてそれがなぜ生じるのかということの解明[1]に焦点をおくのではなく、事実として存在する“親の地位が子に継承される傾向”が人々の階層帰属意識形成にどのような影響を与え、そしてそれが社会全体の階層帰属意識分布をどう変えるのか（あるいは、変えないのか）、このことの解明に焦点をおいている。いわば、個人が“自身の社会的地位を参照にしつつ、自身の所属階層を判断する”ミクロの過程から、“階層帰属意識分布”というマクロ構造がどのように形成されるのかを明らかにしようとしている[2]。

具体的には、まず“地位継承”が個人に与えるミクロの影響を次のように考える。

1　この問題に対する説明には、社会学的なアプローチ（Goux and Maurin 1997, Breen and Goldthorpe 1997, De Graaf, De Graaf and Kraaykamp 2000,）、経済学的なアプローチ（Becker 1964（1976）, Cameron and Heckman 1998, Grawe and Mulligan 2002, Morgan 2002, Hillmert and Jacob 2003）を含め、すでに多くの研究が積み重ねられている。

2　したがって、本章の分析は、コールマンが重視したミクロ－マクロ・リンクのうち、ミクロからマクロに至るパスを明らかにする試みとして位置づけられる（Coleman 1984（2004/2006）, 数土 2006）。

個人のアイデンティティの一つである階層帰属意識は、個人のある一時点の経験のみによって形成されるのではなく、その個人がこれまで積み重ねてきた個人史によっても形成されていると考える。したがって、ある個人の階層帰属意識を考えるときには、その個人はどのような経路を辿って現在の社会的・経済的地位に到達したのか、このことを考慮する必要がある。かりに二人の個人が等しい社会的・経済的地位を保有していたとしても、その社会的・経済的地位に到達するまでの経歴が異なれば、二人の階層帰属意識は異なりうると考えるのである。

たとえば、ある個人がある社会的・経済的地位を保有しているとき、そしてその個人が幼少時の家庭・学校環境を通じてそのような社会的・経済的地位に要請されるさまざまな社会的マナー[3]にすでに十分慣れ親しんでいるとき、その個人が個人史を通じて学習したさまざまな社会的慣習・知識は今現在自身が保有している社会的・経済的地位に完全に適合しており、その個人は現在の社会的・経済的地位が示す階層に違和感を覚えずにアイデンティファイすることが可能である。しかし、ある個人がある社会的・経済的地位を保有しているとき、しかしその個人が幼少時の家庭・学校環境を通じて慣れ親しんでいたさまざまな社会的マナーが現在の社会的・経済的地位によって要請される社会的マナーと異なっているとき、その個人が個人史を通じて学習したさまざまな社会的慣習・知識は今現在自身が保有している社会的・経済的地位に適合しておらず、その個人は現在の社会的・経済的地位が示す階層にアイデンティファイすることに違和感を覚える可能性が高くなり、またそもそもアイデンティファイすることができないかもしれない（Lawler 1999, Stuber 2006）[4]。

たとえば、本人の学歴は現在の社会的・経済的地位の指標の一つであり、ま

3　ブルデューの術語をもちいれば、ハビトゥスということになろう（Bourdieu 1980（1988/1990), Bourdieu 1979（1989））。また、事例研究としては、Yodanis（2002）も挙げることができる。

4　たとえば、高等師範学校を卒業し、コレージュ・ド・フランスの教授になった典型的な学問エリートである一方、しかし幼少時にはそのようなエリート文化から距離をおかれていたブルデューは自身にこうした違和感があったことを明らかにしている（Bourdieu 1990）。同様に、佐藤俊樹も、自身の体験に照らして合わせた事例を紹介している（佐藤 2000）。

た親の学歴はその個人が幼少時において体験した家庭環境の代理指標の一つとなる。したがって、以上の理論的な説明が正しければ、学歴を“地位継承”している個人は、それが〈上〉であれ〈下〉であれ、自身の学歴によって示される所属階層に強くアイデンティファイするだろうし、逆に学歴を“地位継承”していない個人（＝“社会移動”している個人）は自身の学歴によって示される所属階層にアイデンティファイできず、中間的な階層に自身を帰属させようとする傾向が強くなる。

次に“地位継承”が階層帰属意識分布に与えるマクロの影響を次のように考える。

多くの先行研究が、ある個人の地位達成に出身階層が大きな影響を与えていることを問題として指摘してきた。しかし、それと同時に無視できないのは、近代化の過程が構造的に“社会移動”する個人を多く産み出してきたことである。たとえば、高等学校への進学率が上昇すれば親が高等学校を卒業していなくても自身は高等学校を卒業している個人の数は増えるし、同じように大学への進学率が上昇すれば親が大学を卒業していなくても自身は大学を卒業している個人の数も増える。このように、再生産のメカニズムを通じて学歴を“地位継承”する個人が存在すると同時に、構造的に“学歴移動”する個人も産出されることで、先に言及したミクロの過程はさまざまな仕方で階層意識構造（ここでは、階層帰属意識分布）に影響をあたえることになる。本章で検討したいのは、ミクロの過程がマクロの意識構造に影響を与えるメカニズムを理論化することで、マクロの意識構造がどのように変化するのかを予測し、そしてそれは現実社会の階層帰属意識分布の変化と確かに一致しているかどうかを確認する、ということである。

実は、この“地位継承が階層帰属意識に影響を与えるメカニズム”は、第５章で検討することになる“同類婚が階層帰属意識に影響を与えるメカニズム”と基本的なアイディアがよく似ている。しかし、両者には決定的な違いもある。

同類婚が階層帰属意識に与える影響を分析する際には、“階層帰属意識分布（厳密には、〈上〉、〈中〉、〈下〉の各階層帰属意識をもつ個人の割合）は、社会的地位の分布を入力変数とする連続関数によって生成されている”と考えることができた。しかし、地位継承が階層帰属意識に与える影響を分析する際には、世代間の関係を問題にするために、階層帰属意識分布を社会的地位の分布を独立変数とした“連続”関数と考えることはできず、世代ごとの階層帰属意識分布の違いを問題にする“離散”モデルとして展開する必要がある。そのため、計算という点に限れば、同類婚が階層帰属意識に与える影響を分析するときよりも、地位継承が階層帰属意識に与える影響を分析するときの方が煩雑になる。これは本章でもちいられるモデルのデメリットになるだろう。しかし、これは世代間の関係を問題にする場合には避けては通れないハードルであり、これからやや細かい計算が続くことになるけれども、もちいられているモデルの基本的なアイディアそれ自身はきわめて単純なものであることに注意してほしい（数土・今田 2005）。

2. 基本モデル

本章では、地位継承と階層帰属意識の関係をモデル化するために、次のような仮定を満足する社会を考える。

仮定 1　社会は、複数の個人によって構成される。

仮定 2　時間 t を経るごとに、すべての個人（親）は一人の個人（子）を産み、自身は消滅する。また、ある時点 t_i における集団を t_i 世代と呼ぶ（i は適当な自然数）。

仮定 3　社会には、高い社会的地位を保有する個人と低い社会的地位を保有する個人だけが存在する。このとき、各世代毎の高い社会的地位を保有する個人の割合を $p(t_i)$（$0 \leq p(t_i) \leq 1$）とする。

仮定 4　社会には〈上〉、〈中〉、〈下〉の階層が存在し、すべての個人はそのいずれかに対して帰属意識をもつ。

仮定 5　高い社会的地位を保有する親をもつ個人が自身も高い社会的地位を保有することを選択したとき、その個人は〈上〉の階層帰属意識をもつ。一方、高い社会的地位を保有する親をもつ個人が自身は高い社会的地位を保有することを選択しなかったとき、その個人は〈中〉の階層帰属意識をもつ。

仮定６　低い社会的地位を保有する親をもつ個人が自身は高い社会的地位を保有することを選択したとき、その個人は〈中〉の階層帰属意識をもつ。一方、低い社会的地位を保有する親をもつ個人が自身も高い社会的地位を保有することを選択しなかったとき、その個人は〈下〉の階層帰属意識をもつ。

仮定２が意味することは、この社会には世代交代が存在するということである。どの個人も永遠に生き続けることなく、ただ一人の子孫を残して自身は死んでしまう。モデルを単純化するために、ここでは個人はいっせいに子供を生み、いっせいに死んでしまうと仮定している（しかし、この仮定は、後で緩められる）。

また、ここで地位継承と地位移動を次のように定義する。

定義１　親と子供の地位が一致するとき、子供の地位選択を地位継承と定義する。親と子供の地位が高い社会的地位で一致するときをとくに高地位継承と呼び、また親と子供の地位が低い社会的地位で一致するときをとくに非高地位継承と呼ぶ。

定義２　親と子供の地位が一致しないとき、子供の地位選択を地位移動と定義する。親が高い社会的地位を保有している個人が高い社会的地位の保有を選択しなかったときをとくに下方地位移動と呼び、また親が低い社会的地位を保有している個人が高い社会的地位の保有を選択したときをとくに上方地位移動と呼ぶ。

この地位継承の定義は、親と子供の地位が一致するかしないかだけに注目しており、親あるいは子の意図とは関係なく形式的に定義されている。実際に基本モデルでは、地位継承のされやすさについて特別なメカニズムを想定しておらず、個人は親世代の選択とは独立にどのような社会的地位を保有するかを決定している[5]。したがって、地位継承であるかいなかは無作為に決定される。

これらの仮定と定義から、階層帰属意識と社会的地位の関係について幾つかの命題が導かれる。

命題1　高い社会的地位は、全個人の階層帰属意識が〈中〉になるケースを除き、その個人の階層帰属意識を相対的に高くする。

証明　仮定5から、高地位者の階層帰属意識はつねに〈中〉以上となる。一方、仮定6から、非高地位者の階層帰属意識はつねに〈中〉以下となる。したがって、非高地位者の階層意識が高地位者の階層帰属意識を上回ることはない。

もしすべての個人の階層帰属意識が同じでないならば、〈上〉の階層帰属意識をもつ個人は高地位者に、〈下〉の階層帰属意識をもつ個人は非高地位者に限定される。したがって、ある高地位者の階層帰属意識はすべての非高地位者の階層帰属意識を上回る。

高地位者の階層帰属意識は非高地位者の階層帰属意識に逆転されることがなく、また少なくともある高地位者の階層帰属意識はすべての非高地位者の階層帰属意識を上回っていることから、高地位者の階層帰属意識は非高地位者の階層帰属意識よりも相対的に高いといえる。**(終)**

命題2　地位移動は、〈中〉の階層帰属意識を生成する。

証明　高地位者が〈中〉の階層帰属意識をもつのは、親が非高地位者である場合に限られる。また、非高地位者が〈中〉の階層帰属意識をもつのは、親が高地位者である場合に限られる。仮定5と仮定6から、個人が〈中〉の階層帰属意識をもつのはこの2ケースに限られる。

2ケースにあてはまる個人をみると、親の地位と子供の地位はいずれも一致していない。したがって、定義2から、これらの個人は地位移動を経験している。

〈中〉の階層帰属意識をもつ個人は必ず地位移動を経験しているのだから、

5　このモデルでは、高い社会的地位の保有を選択する場合には、個人はなんらかのコストを負担する必要があり、そのため個人によって“その地位の保有を選択するかいなか”の判断が分かれると考えている。

地位移動が存在しない社会では〈中〉の階層帰属意識をもつ個人は存在しない。地位移動が存在する社会でのみ〈中〉の階層帰属意識をもつ個人が存在しえるので、地位移動が〈中〉の階層帰属意識を生成しているといえる。（**終**）

命題３　高地位継承は階層帰属意識を高める効果があり、非高地位継承は階層帰属意識を低める効果がある。

証明　高地位継承を経験する可能性のある個人は、親が高地位の個人に限られる。仮定５から親が高地位の個人の階層帰属意識は〈上〉ないし〈中〉のいずれかになるが、地位継承を経験した個人の階層帰属意識は〈上〉に限られる。すなわち、親が高地位者の個人は、高い社会的地位の保有を選択し、高地位を継承することで、階層帰属意識として〈中〉ではなく、〈上〉をもつことになる。したがって、高地位継承には階層帰属意識を〈中〉ではなく〈上〉へと高める効果があるといえる。

同様に、非高地位継承を経験する可能性のある個人は、親が非高地位の個人に限られる。仮定６から親が非高地位者の個人の階層帰属意識は〈中〉ないし〈下〉のいずれかになるが、地位継承を経験した個人の階層帰属意識は〈下〉に限られる。すなわち、親が非高地位者の個人は、低地位を継承することで、階層帰属意識として〈中〉ではなく、〈下〉をもつことになる。したがって、低地位継承には階層帰属意識を〈中〉ではなく〈下〉へと低める効果があるといえる。（**終**）

これらの命題のうち、命題１と命題３は経験的データによって検証することが可能である。実際に、命題１はこれまで経験的研究によって明らかにされてきた事実でもある。ただし、高い社会的地位が階層帰属意識を高めるメカニズムについては、地位継承以外にもさまざまなものを考えることができ、仮に高い社会的地位の階層帰属意識を高める効果を確認することができたとしても、それだけで地位継承（あるいは地位移動）のメカニズムの経験的妥当性が確認されたと主張するのは難しい。しかし、命題３については、明らかに地位継承に固有の現象に焦点をあてた命題になっている。したがって、命題３の予想している帰結が経験的データによって確認されたならば、その結果は本書が仮定する地位継承（あるいは地位移動）のメカニズムが確かに個人の階層帰属意識形成に作用していることの有力な証拠となるはずである。そして、この命題3の経験的妥当性は、第3章および第4章で実際に確認されることになるだろう。

次に、高地位者の割合 p の変化によって、階層帰属意識の分布がどのように変化するのかを確認しよう。まず、ある世代の高地位者の割合は $p(t_i)$ であり、非高地位者の割合は $1-p(t_i)$ である。これを

$$X(t_i) = \begin{pmatrix} p(t_i) \\ 1-p(t_i) \end{pmatrix}$$

とする。一方、この世代の親世代における高地位と非高地位者の割合は、

$$X(t_{i-1}) = \begin{pmatrix} p(t_{i-1}) \\ 1-p(t_{i-1}) \end{pmatrix}$$

となる。このとき、

$$C(t_i) = X(t_i)\ X(t_{i-1})^T = \begin{pmatrix} p(t_i)\ p(t_{i-1}) & p(t_i)\ (1-p(t_{i-1})) \\ (1-p(t_i))\ p(t_{i-1}) & (1-p(t_i))\ (1-p(t_{i-1})) \end{pmatrix}$$

で求められる行列 C の成分は階層帰属意識の分布を示している。具体的には、

〈上〉の割合：$R_U = c_{11} = p(t_i)\ p(t_{i-1})$

〈中〉の割合：$\begin{aligned} R_M &= c_{12}+c_{21} = p(t_i)\ (1-p(t_{i-1}))+(1-p(t_i))\ p(t_{i-1}) \\ &= p(t_i)+p(t_{i-1})-2p(t_i)\ p(t_{i-1}) \end{aligned}$

〈下〉の割合：$R_L = c_{22} = (1-p(t_i))\ (1-p(t_{i-1}))$

となる。

このとき、かりに世代と高地位者の割合の間に

$$\begin{cases} p(t_i) = p(t_{i-1})+0.1 & if \quad 1 \leq i \leq 10 \\ p(t_i) = 1 & if \quad i \geq 11 \end{cases}$$

のような関係が成り立っていると考えよう。さらに、t_0 世代において $p(t_0)=0$ だとすれば、世代と高地位者の割合の関係は、さらに

$$\begin{cases} p(t_i)+0.1\times i \quad if \quad 1\leq i\leq 10 \\ \quad p(t_i)=1 \quad if \quad i\geq 11 \end{cases}$$

と書き換えられる。また同時に、行列 C も次のように書き換えられる。

$$\begin{cases} C(t_i)=\begin{pmatrix} 01^2 i\ (i-1) & 0.1i-0.1^2 i\ (i-1) \\ 0.1(i-1)-0.1^2 i\ (i-1) & (1-0.1i)\ (1-0.1(i-1)) \end{pmatrix} \ if\ 1\leq i\leq 10 \\ \qquad C(t_i)=\begin{pmatrix} 1 & 0 \\ 0 & 0 \end{pmatrix} \quad if \quad i\geq 11 \end{cases}$$

この仮定の意味は、高地位者の割合が世代交代するたびに 10％ ずつ増加するということである。したがって、高地位者の割合は 0％ から出発して、10 世代後には 100％ で飽和し、11 世代以降は階層帰属意識分布の変化がなくなる。

ここで想定されているのは、たとえば進学率の上昇であったり、あるいはホワイトカラーの増大である。進学率や、ホワイトカラーの割合が 100％ になるとは考えにくい[6]が、しかし産業化の進展によってこれらの割合は一貫して増大もしている。このような仮定は、社会的地位の変化に関する仮定としてはきわめて単純なものであるが、ここでは、モデルの単純化のためにあえて採用した。

次に、高地位者の割合の変化に対する“階層帰属意識分布の変化率”をみてみよう。高地位者の割合の変化に対する“階層帰属意識分布の変化率”は、第 10 世代までは次の式で求められる。

$$\frac{\Delta C(t_i)}{\Delta p(t_i)}=\frac{1}{p(t_i)-p(t_{i-1})}(C(t_i)-C(t_{i-1}))$$

$$=\frac{1}{0.1}\begin{pmatrix} 0.1^2 i(i-1) & 0.1i-0.1^2 i(i-1) \\ 0.1(i-1)-0.1^2 i(i-1) & (1-0.1i)(1-0.1(i-1)) \end{pmatrix}$$

6　ただし、高校への進学率は 100％ に近い水準まで上昇し、飽和している。

$$-\frac{1}{0.1}\begin{pmatrix} 0.1^2(i-1)(i-2) & 0.1(i-1)-0.1^2(i-1)(i-2) \\ 0.1(i-2)-0.1^2(i-1)(i-2) & (1-0.1(i-1))(1-0.1(i-2)) \end{pmatrix}$$

$$=\begin{pmatrix} 0.2(i-1) & -0.2i+1.2 \\ -0.2i+1.2 & 0.2(i-11) \end{pmatrix}$$

また、高地位者の割合が $p=1$ で安定するので、第 12 世代以降は階層帰属意識分布は全員が〈上〉の状態で固定される。高地位者の割合自体は第 10 世代も第 11 世代も $p=1$ で同じだが、第 10 世代の親世代（第 9 世代）の高地位者の割合は $p=0.9$、第 11 世代の親世代（第 10 世代）の高地位者の割合は $p=1$ と異なるので、階層帰属意識分布も変わる。つまり、“高地位者の割合には変化がない”にもかかわらず、第 10 世代から第 11 世代に移行するときには階層帰属意識分布に変化が生じる。階層帰属意識の分布に変化が生じなくなるのは、第 11 世代から第 12 世代に移行するときが最初なのである。

高地位者の割合に変化がないので高地位者の割合に対する変化率は定義ないけれども、参考のために第 10 世代から第 11 世代にかけての階層帰属分布の変化を式で示すと次のようになる。

$$\Delta C(t_{11})=C(t_{11})-C(t_{10})=\begin{pmatrix} 1 & 0 \\ 0 & 0 \end{pmatrix}-\begin{pmatrix} 0.9 & 0.1 \\ 0 & 0 \end{pmatrix}=\begin{pmatrix} 0.1 & -0.1 \\ 0 & 0 \end{pmatrix}$$

式から分かるように、第 10 世代から第 11 世代にかけて、〈上〉の階層帰属意識をもつものが全体の 10% 増えて、逆に〈中〉の階層帰属意識をもつものは全体の 10% 減少する。

さらに、行列成分から各階層帰属意識の割合の変化を示す式を抜き出すと次のようになる。

〈上〉の割合：$\dfrac{\Delta R_U(t_i)}{\Delta p(t_i)}=0.2(i-1) \quad if \quad 1\leq i\leq 10$

〈中〉の割合：$\dfrac{\Delta R_M(t_i)}{\Delta p(t_i)}=(-0.2i+1.2)+(-0.2i+1.2)=-0.4i+2.4$

$if \quad 1\leq i\leq 10$

$$〈下〉の割合：\frac{\Delta R_L(t_i)}{\Delta p(t_i)} = 0.2(i-11) \quad if \quad 1 \leq i \leq 10$$

このとき、〈上〉の割合の変化率は、1≦i≦10 の範囲では、つねに非負の値をとり、かつ単調に増加する。いいかえれば、〈上〉の割合は最初はゆっくりと、その後、次第にその速さを増しながら全員が〈上〉になる状態まで増えていく。これに対して、〈下〉の割合の変化率は、1≦i≦11 の範囲ではつねに非正の値をとり、かつ次第に 0 に近づいていく。いいかえれば、〈下〉の割合は〈下〉の意識をもつものがいなくなるまで減少していくが、減少の速度は次第に 0 に近づいていく。

以上の変化を表にしてまとめると以下にようになる。

表 2-1 と表 2-2 から、いくつか特徴的な事実が判明する。たとえば、高い社会的地位を占める個人の割合が全体の半分を超えても、〈上〉の階層帰属意識をもつ個人は全体のわずか 2 割を占めるにすぎない。〈上〉の階層帰属意識をもつ個人が全体の半分を超えるためには、高地位者の割合が 80% に到達している必要がある。したがって、〈上〉の階層帰属意識の変化は高地位者の割合の変化に対してとても鈍いように、人々に感じられるはずだ。逆に、最初の段階では全体の 9 割の個人が〈下〉の階層帰属意識をもっていたにもかかわらず、高地位者の割合が全体の 4 割に到達した段階で〈下〉の階層帰属意識をもつ個人は全体の半分を割り、さらに高地位者の割合が全体の 50% を超えた時点では〈下〉の階層帰属意識をもつものは全体の 2～3 割と少数派に転じてしまう。

表 2-1 〈上〉の割合の変化

	t_1	t_2	t_3	t_4	t_5	t_6	t_7	t_8	t_9	t_{10}	t_{11}	…
p	0.1	0.2	0.3	0.4	0.5	0.6	0.7	0.8	0.9	1.0	1.0	…
R_U	0	0.02	0.06	0.12	0.2	0.3	0.42	0.56	0.72	0.9	1.0	…
Δ	0	0.2	0.4	0.6	0.8	1.0	1.2	1.4	1.6	1.8	—	…

表 2-2 〈下〉の割合の変化

	t_1	t_2	t_3	t_4	t_5	t_6	t_7	t_8	t_9	t_{10}	t_{11}	…
p	0.1	0.2	0.3	0.4	0.5	0.6	0.7	0.8	0.9	1.0	1.0	…
R_L	0.9	0.72	0.56	0.42	0.3	0.2	0.12	0.06	0.02	0	0	…
Δ	−2.0	−1.8	−1.6	−1.4	−1.2	−1.0	−0.8	−0.6	−0.4	−0.2	—	…

この意味では、〈下〉の階層帰属意識の変化は高地位者の割合の変化に対してとても敏感なように、人々に感じられるはずだ。保有率に対する〈上〉および〈下〉の階層帰属意識の割合の変化が単線的でないために、とりわけ保有率の上昇局面の前半では、〈上〉の階層帰属意識をもつものはさほど増えていないにもかかわらず、〈下〉の階層帰属意識をもつものは急激に減少するのである。

また、〈中〉の割合の変化率は、$1 \leq i \leq 6$ の範囲では、非負の値をとり、かつ絶対値は単調に減少する。いいかえれば、〈中〉の割合は最初は急激に増え、次第にその増える速度を落としながら t_6 世代になるまでは増加し続ける。しかし、t_6 世代を過ぎた $6 \leq i \leq 10$ の範囲では、〈中〉の割合の変化率は、非正の値をとるようになり、かつ次第にその絶対値を増していく。いいかえれば、〈中〉の割合は t_6 世代を過ぎると次第に減少し、しかもその減少の速度を次第に増していく。このとき注意してほしいのは、〈中〉の階層帰属意識をもつ個人の割合の変化がプラスからマイナスに転じるのは、高地位者の割合が50％に到達した時点ではなく、さらにその後の高地位者の割合が70％に到達した時点だということである。かりに高地位者の割合が50％を超え、平均的な個人はみな高い社会的地位を保有するようになったとしても、高い社会的地位を保有している個人の階層帰属意識を〈中〉ないし〈上〉へと引き上げる効果はしばらくは残存し続けるのである。

以上の変化を表にしてまとめると以下のようになる。

では、以上の結果を現実の階層帰属意識分布の変化と比較するとどうなるのだろうか。

戦後日本の階層帰属意識分布の変化は、これまで確認してきたように、1970年代までは経済成長および進学率の上昇とともに〈下〉の割合が急激に減少し、それに対応するかのように〈中〉の割合が増大した。しかし、1970年代以降になると、〈中〉（＝中の下）が全体の半数を占める状態で階層帰属意識分布は

表 2-3 〈中〉の割合の変化

	t_1	t_2	t_3	t_4	t_5	t_6	t_7	t_8	t_9	t_{10}	t_{11}	…
p	0.1	0.2	0.3	0.4	0.5	0.6	0.7	0.8	0.9	1.0	1.0	…
R_L	0.1	0.26	0.38	0.46	0.5	0.5	0.46	0.38	0.26	0.1	0	…
Δ	2.0	1.6	1.2	0.8	0.4	0	−0.4	−0.8	−1.2	−1.6	—	…

安定するようになる。これらは、本章のモデルにおける高地位を大学への進学あるいはホワイトカラー職だと考えれば、モデルが予想する変化におおよそ対応していると評価できる。したがって、〈中〉が増え、かつ〈中〉が全体の半分前後の割合で安定するまでの局面については、本章の基本モデルは現実の階層帰属意識分布の変化を説明することに成功している。

もちろん、問題もある。はっきりした傾向としてはまだ確認できていないものの、第１章で指摘したように、2000 年以降の階層帰属意識分布は下方にシフトしている可能性があり、〈中〉は減少するのではなく、逆に増大している可能性がある。その一方で、〈上〉は、増大するのではなく、逆に減少している可能性を否定できない。これらは本章の基本モデルが予想する動きとは正反対の動きである。したがって、この部分については、本章の基本モデルは現実の階層帰属意識分布の変化を正しく説明できていないともいえる。

しかし、本節で問題にしたのはあくまでも基本モデルにしかすぎない。仮定をいくつか入れ替えることによって、本章が提示するモデルによって上で指摘した問題点を、論理的な整合性を損なうことなく、説明することができる。次節では、このことについて検討しよう。

3. モデルの応用

3−1. 高地位の象徴的価値とその地位を保有する個人が全体に占める割合

前節で検討した基本モデルでは、〈上〉の階層帰属意識をもつ個人の占める割合が減少する可能性を説明できていなかった。しかし、前節の基本モデルにおいて〈上〉の階層帰属意識をもつ個人の割合が減少してしまう現象を説明できない理由は、高地位の象徴的価値を高地位者の割合に対して不変だと考えたからである。たとえば、高等教育機関への進学率が 10% 程度であっても、あるいは高等教育機関への進学率が 80% 程度であっても、大卒の肩書きが〈上〉の階層帰属意識を生成する効果になんら違いはないと考えていたことになる。しかし、少し考えてみるならば、高地位の象徴的価値に関するこのような想定は現実的な妥当性に欠けている。むしろ、高地位の象徴的価値は、高地位者の割合が小さい状態では大きくなり、高地位者の割合が大きい状態では小さくなると考えるのが自然である。たとえば、高学歴がその社会において高い象徴的価値をもちうるのは、高学歴を取得することのハードルが高く、高学歴取得者がその社会において希少な存在だからである。そうだとすれば、高学歴の大衆化が進み、高学歴を取得することのハードルが低くなれば、高学歴を取得していることの象徴的価値は小さくならざるをえないはずである。

実際に、前節で検討した基本モデルでは、高地位者の割合が100%になった段階で、その社会の全個人が〈上〉の階層帰属意識をもつことになる。しかし、これは明らかに不自然である。もし高地位者の割合が100%に到達し、高地位を保有していることが“普通”のことになれば、“その社会的地位を保有しているかどうか”によってはもはや所属階層を弁別することはできないだろう。そしてその場合には、(かりに他のすべての条件が同じだとするならば、)全個人の階層帰属意識は(“普通”という意味での)〈中〉に集中すると考える方がより自然なはずである。

したがって、前節で検討した基本モデルをより現実的な妥当性をもったモデルにするためには、高地位の象徴的価値が高地位の希少性に依存する、いいかえれば高地位の象徴的価値が高地位者の割合に依存するメカニズムを加える必要があるだろう。高地位の象徴的価値は高地位者の割合に対して不変ではなく、高地位者の割合が上昇すればするほど、その価値は下落するのである。

しかし、高地位の象徴的価値が高地位者の割合に依存するようなメカニズムとは、具体的にはどのようなメカニズムになるのだろうか。ここでは、先のモデルに重み付け行列を前から乗じることで、このようなメカニズムを表現する。

重み付け行列とは、ここでは次のような行列 $W(t_i)$ を意味している。そして、この重み付け行列 $W(t_i)$ を基本モデルの階層帰属意識分布を示す行列 $C(t_i)$ に前から乗じた行列 $WC(t_i)$ を、高地位の象徴的価値が高地位者の割合に依存するメカニズムを組み込んだ階層帰属意識分布を示す $C'(t_i)$ だと考える。

$$W(t_i)=\begin{pmatrix}1-p(t_i) & p(t_i)\\ p(t_i) & 1-p(t_i)\end{pmatrix}$$

$$C'(t_i)=W(t_i)C(t_i)$$

実際に、この重み付け行列は高地位者の割合が上昇するにつれて（高地位の象徴的価値が失われるにつれて）、高地位によって弁別される〈上〉と〈下〉の割合を減少させ、その代わりに〈中〉を増やしていく。具体的に、高地位者の割合の上昇によって階層帰属意識分布が変化する様子を確認しよう。

まず、重み付け行列 $W(t_i)$ によって、各階層に対して帰属意識をもつ個人の割合は、次のような式で表現されるようになる。ただし、このときの i は10以下の自然数である。

$$
\begin{aligned}
C'(t_i) &= W(t_i)C(t_i)\\
&= \begin{pmatrix} 1-p(t_i) & p(t_i) \\ p(t_i) & 1-p(t_i) \end{pmatrix} \begin{pmatrix} p(t_i)p(t_{i-1}) & p(t_i)(1-p(t_{i-1})) \\ p(t_{i-1})(1-p(t_i)) & (1-p(t_i))(1-p(t_{i-1})) \end{pmatrix}\\
&= \begin{pmatrix} 1-0.1i & 0.1i \\ 0.1i & 1-0.1i \end{pmatrix} \begin{pmatrix} 0.1^2 i(i-1) & 0.1i(1-0.1(i-1)) \\ 0.1(i-1)(1-0.1i) & (1-0.1i)(1-0.1(i-1)) \end{pmatrix}\\
&= \begin{pmatrix} 0.02i(i-1)(1-0.1i) & 0.2i(1-0.1i)(1-0.1(i-1)) \\ 0.1(i-1)(1-0.1i)^2+0.1^3 i^2(i-1) & (1-0.1i)^2(1-0.1(i-1))+0.1^2 i^2(1-0.1(i-1)) \end{pmatrix}
\end{aligned}
$$

これを各成分ごとにまとめると、次のようになる。

〈上〉の割合：$R'_U = 0.02i(i-1)(1-0.1i)$

〈中〉の割合：$R'_M = 0.2i(1-0.1i)(1-0.1(i-1)) + 0.1(i-1)(1-0.1i)^2 + 0.1^3 i^2(i-1)$

〈下〉の割合：$R'_L = (1-0.1i)^2(1-0.1(i-1) + 0.1^2 i^2(1-0.1(i-1))$

式が複雑になったので、変化率について検討することはやめ、世代の入れ替わりに応じてそれぞれの階層帰属意識をもつ個人の割合がどのように変化するのかを図にし、図からその動きを確かめることにする。

図 2-1 は〈上〉の階層帰属意識をもつ個人の割合の、図 2-2 は〈下〉の階層帰属意識をもつ個人の割合の、また図 2-3 は〈中〉の階層帰属意識をもつ個人の割合のそれぞれの変化を示している。参考のために、同時に基本モデルにお

図 2-1 〈上〉の割合の変化：高地位の象徴的価値が変動するケース

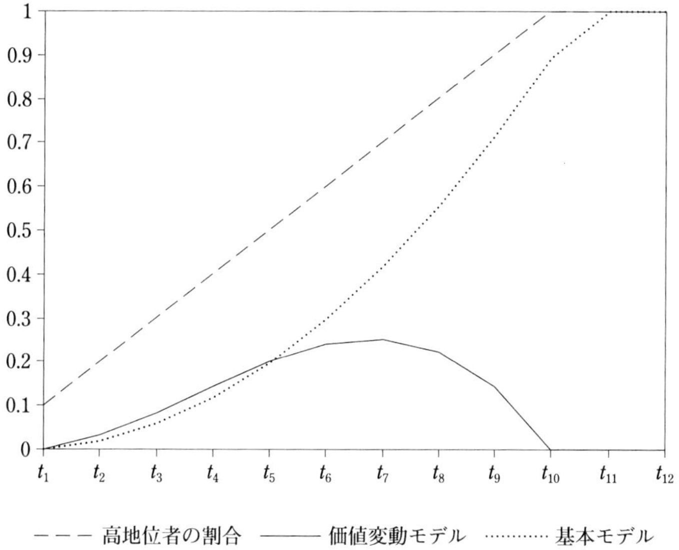

ける変化も示した。

図 2-1 から分かるように、高地位の象徴的価値が高地位者の割合に依存しているケースでは〈上〉の階層帰属意識をもつ個人は、最終的には存在しなくなる。ただし、〈上〉の階層帰属意識をもつ個人がもっとも多くなるのは第 7 世代であり、高地位者の割合の上昇によって高地位の象徴的価値が失われるにしても、実際に〈上〉の階層帰属意識をもつ個人が減少するのは高地位者の割合がかなり高くなってからのことである。少なくとも、高地位者の割合が 50% を超えたばかりの段階では、見かけ上は〈上〉の階層帰属意識をもつ個人の割合は依然として増え続けており、高地位の象徴的価値が失われたようには観察されない。

一方、図 2-2 から分かるように、高地位の象徴的価値が高地位者の割合に依存しているケースでは、〈下〉の階層帰属意識をもつ個人は“単調に減少していく”という趨勢については基本モデルの場合と同じであるけれども、その変化の軌跡は基本モデルの場合と同一ではない。基本モデルと比較して、高地位者の割合が 50% 未満の段階では〈下〉の階層帰属意識をもつ個人の減少する

図 2-2 〈下〉の割合の変化：高地位の象徴的価値が変動するケース

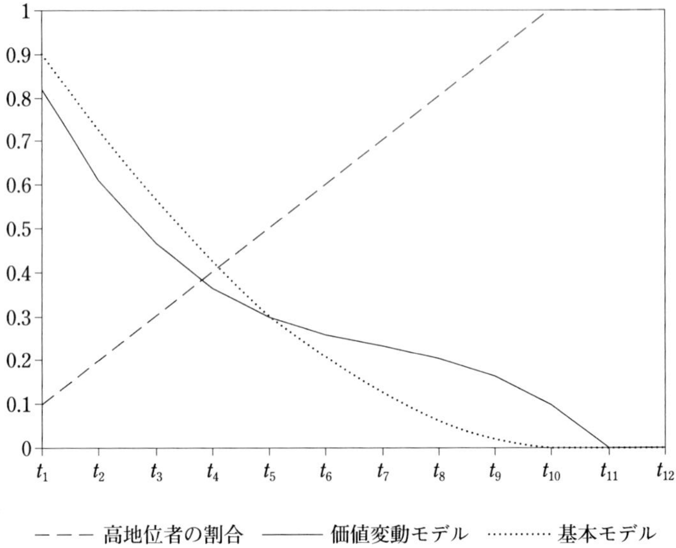

速度は速いけれども、逆に高地位者の割合が 50% 以上になった段階では〈下〉の階層帰属意識をもつ個人の減少する速度は遅くなり、高地位者の割合が 100% に達した段階でも〈下〉の階層帰属意識をもつものが 1 割存在する。

最後に図 2-3 をみてみると、高地位の象徴的価値が高地位者の割合に依存しているケースでは、一度も減少することなく単調に増加し、最終的には全員が〈中〉の階層帰属意識をもつことがわかる。さらに、単調に増加するといってもその伸び率は一定ではなく、高地位者の割合が上昇し始めた時期と、高地位者の割合が 100% に到達する時期に急激に上昇しており、それ以外の期間は低い伸び率にとどまっている。その結果、基本モデルの場合と比較して、〈中〉の割合が全体の半分程度を占めている期間が長くなっている。

具体的には、高地位者の割合が 30% を超えた段階で〈中〉の階層帰属意識をもつ個人の割合は全体の 4 割を超え、その後は高地位者の割合が 80% に達しても依然として〈中〉の階層帰属意識をもつ個人の割合は全体の 5 割台で推移している。つまり、高地位者の割合が 100% に到達する第 1 世代から第 10 世代までの世代交代の中で、第 3 世代から第 8 世代までの全体の 2/3 程度の期

図 2-3 〈中〉の割合の変化：高地位の象徴的価値が変動するケース

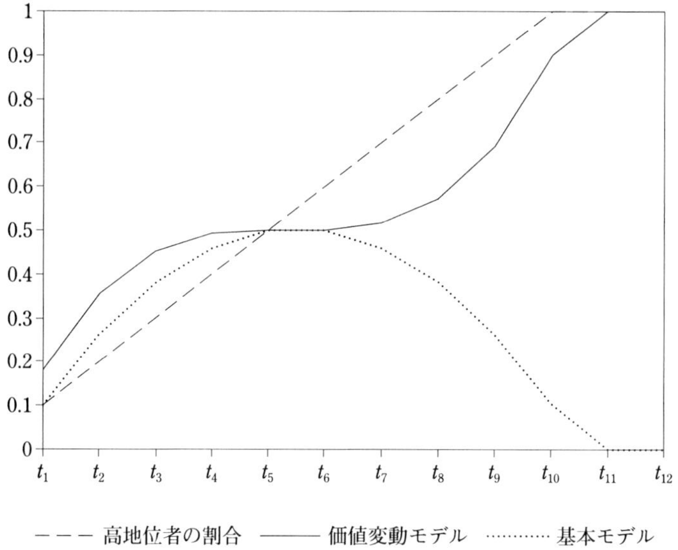

間は〈中〉の階層帰属意識をもつ個人の割合が 40～60％ の範囲内に収まっている。

本項のモデルが私たちに示唆していることは、私たちが日本社会の階層帰属意識分布の推移について知っていることとおおよそ合致している。これまで幾度も確認してきたように、日本社会の階層帰属意識分布は進学率の上昇およびホワイトカラーの増大とともに〈下〉の階層帰属意識をもつ個人の割合が減り、〈中〉の階層帰属意識をもつ個人が割合が増え、そしてここ数十年間は〈中〉（＝中の下）の階層帰属意識をもつ個人の割合が全体の半分程度で安定してきた。もちろん、この趨勢自体は基本モデルによっても予想されていたが、基本モデルと異なり、本項で新たに検討されたモデル（かりに高地位価値変動モデルと呼ぼう）では長期的には〈上〉の階層帰属意識が減少する可能性があることを明らかにしていると同時に、比較的長期間にわたって階層帰属意識分布が（〈中〉が全体の半分を占めるという状態で）安定することをも明らかにしている。

もちろん、本項で検討した高地位価値変動モデルは、基本モデルと比較すればより複雑なメカニズムをもっているとはいえ、現実に存在しているさまざまな要素間の相互作用の複雑性を考慮すれば、それでも単純なモデルといってよいだろう。したがって、現実の階層帰属意識分布の変動を完全に再現するにはまだまだ程遠い。とはいえ、逆にこれだけ単純なモデルであるにもかかわらず現実の階層帰属意識分布の変化の特徴をある程度まで再現できたということは、高地位価値変動モデルの想定しているメカニズムが、現実社会の中に確かに織り込まれていることを示唆しているといえるだろう。

3―2. 再生産モデル

基本モデルと高地位価値変動モデルでは、ある個人が高い社会的地位を選択するかしないかは、その世代全体の高地位者の割合のみに依存し、親世代が高い社会的地位を選択していたかどうかとは独立であると想定していた。いいかえれば、地位が継承されたのかか、それとも地位移動が生じたのか、これは偶然に決まっていると想定していた。しかし、これはもともとの議論の想定とは明らかに異なるし、また私たちが知っている現実の姿とも明らかに異なっている。地位が継承されるのか、あるいは地位移動が生じるのか、これらは、その世代の高地位者の割合のみに依存しているのではなく、親世代がどのような地位を保有しているのか、このことにも依存している。

具体的には、高い社会的地位を選択するかしないかが、全体の高地位者の割合に規定されているにしても、その規定のされ方は、すべての個人にとって同じであるわけではない。たとえば、親世代の社会階層が高く、文化資本（Bourdieu 1979（1989), DiMaggio 1982）という形で高等教育機関への進学に有利に働くさまざまな財を受け継ぐことのできる個人の高等教育機関に進学する確率は、全体の進学率よりも高くなる。逆に、親世代の社会階層が高くなく、文化資本という形での財を受け継ぐことのできない個人の高等教育機関に進学する確率は、全体の進学率よりも低くなる。高等教育機関へ進学する機会はすべての個人に対して平等に開かれているにもかからず、出身階層によって個人の高等教育機関へ進学する確率が異なるという現象は、何もブルデューの議論だけによって説明される現象ではない。そうした議論（Berstein 1996（2000), Breen and Goldthorpe 1997）も含めて、親世代の地位によって高い社会的地位を選択するかいなかの判断が変化することを考慮していないという問題点は、基本モデルおよび高地位価値変動モデルにとって看過することのできない欠陥となっている。そこで本項では、基本モデルおよび高地位価値変動モデルに親の地位が子どもの地位選択に影響を与えることを考慮したモデル（仮にこれを再生産モデルと呼ぼう）を考える。

しかし、親の地位が個人の地位選択に影響を与えるという事実は、社会学者によって指摘されるまでもなく、多くの人々が経験的に知っている事実でもあるが、具体的にその影響の大きさを実感することはそれほど容易ではない。実際に再生産モデルについて検討する前に、この点についてSSMデータで確認してみよう。

表2-4は過去の1955年から2005年までの過去6回分のデータを合併した上で作成したクロス表である。表2-4における高等学歴のカテゴリーは、大学、短期大学、高等専門学校以上の学歴をもっている人々のカテゴリーである。旧制の高等学校、高等師範学校の学歴をもっているものも、このカテゴリーに含まれている。また、中等学歴のカテゴリーは、新制の高等学校、旧制の中学校、実業学校、師範学校の学歴をもっている人々のカテゴリーである。最後に、初等学歴のカテゴリーは、新制の中学校、旧制の尋常小学校、高等小学校の学歴をもっている人々のカテゴリーである。1955年から1975年までのSSM調査データには女性のデータが含まれていないので、ここではあえて1985年から2005年までの女性のデータは省き、男性のデータのみを示している。

表2-4からわかるように、父親学歴と本人学歴の間には明確な地位継承の傾向が存在し、また地位移動についても、下方移動と上方移動の関係は対称でなく、上方移動に大きく偏っている。

たとえば、父親が高等学歴であるとその息子の3分の2以上（＝869/1,227）

表2-4　本人学歴と親学歴：SSM1955年－2005年データ（男性）

父親＼息子	高等学歴	中等学歴	初等学歴	合計
高等学歴	869	301	57	1,227
中等学歴	923	1,046	188	2,157
初等学歴	1,208	3,397	4,509	9,114
合計	3,000	4,744	4,754	12,498

は高等学歴である。また、父親が中等学歴であるとその息子の半分（＝1,046/2,157）は中等学歴であり、父親が初等学歴だとその息子の半分（＝4,509/9,114）が初等学歴である。このように息子の学歴は無作為に決まっているのではなく、父親の学歴に影響を受けており、学歴は継承される傾向にある。そして、この傾向は初等学歴、中等学歴よりも、高等学歴においてより顕著である。また、学歴移動が上方移動に偏っている背景には、とうぜん進学率の上昇がある。地位移動は社会構造の変動にも影響を受けている。

しかし、このような地位継承の傾向は、息子たちの視点に立つと必ずしも自明のことといえなくなる。むしろ、息子たちには、学歴が高くなればなるほど、各カテゴリー内での出身階層の多様性が目に付くはずだ。

たとえば、息子が高等学歴である場合、父親も高等学歴である可能性は3分の1以下（＝869/3,000）である。また、息子が中等学歴である場合、父親も中等学歴である可能性は4分の1以下である。息子が初等学歴である場合のみ、父親も初等学歴である可能性が9割（＝4,509/4,756）を超える。つまり、ある個人を取り上げて、その個人の学歴が初等学歴であれば地位継承の現実を強く認識する可能性が高いけれども、その個人の学歴が高等学歴であったり、あるいは中等学歴であったりした場合には、（現実には地位継承の傾向が明確に存在するにもかかわらず）地位継承の現実を意識することが難しくなる。

このような現象は、進学率の上昇によって、高等学歴ないし中等学歴へと上方移動する個人が増大したことの反映である。私たちの社会には、学歴が世代間で継承されるという学歴再生産過程が現実に存在する一方で、進学率の上昇にともなう上方移動者の増大がその現実をみえにくくしている。問題は、このような社会構造および社会過程が私たちの階層帰属意識にどのような影響を与えているのかということである。したがって、本項において再生産モデルを検討することには、モデルをより現実に近づけるということ以上に、私たちの階層帰属意識が正確な現状認識からずれていくメカニズムを明らかにするという本書の目的にとって理論的にも重要な意味をもっている。

ここでは、地位の再生産が階層帰属意識に与える影響を同定するために、基本モデルの仮定3を外し、次のような新しい仮定3′を加える。

仮定 3′　すべての個人のうち割合 k の個人は、親と同じ地位を取得する。残りの割合 $1-k$ の個人は、高い社会的地位を無作為に選択する。このとき、各世代毎の高地位者の割合は $p(t_i)$ $(0 \leq p(t_i) \leq 1)$ であり、また $0 \leq k \leq 1$ である。

ここでの k は、地位再生産の強さを示すパラメータである。$k=0$ ならば基本モデルと同じ完全無作為モデルになり、$k=1$ ならば親の地位によってその個人の地位が完全に決定される完全再生産モデルになる。この新しいパラメータ k を導入することで、基本モデルは次のようなモデルに置き換えられる。

まず、t_{i-1} 世代の個人は、

$$X(t_{i-1}) = k\begin{pmatrix} p(t_{i-1}) \\ 1-p(t_{i-1}) \end{pmatrix} + (1-k)\begin{pmatrix} p(t_{i-1}) \\ 1-p(t_{i-1}) \end{pmatrix}$$

のように二つの下位集団に分割される。第1項が親の地位が子供によって継承される下位集団を示しており、第2項が親の地位に関係なく子供が高い社会的地位を選択するかいなかを自由に判断する集団である。このとき、地位の再生産傾向が存在する場合の階層帰属意識分布は次の行列によって表現できる。

まず、$p(t_{i-1}) \leq p(t_i)$ のケースでは、

$$C''(t_i) = k\begin{pmatrix} p(t_{i-1}) & 0 \\ p(t_i)-p(t_{i-1}) & 1-p(t_i) \end{pmatrix} + (1-k)$$
$$\begin{pmatrix} p(t_i)\ p(t_{i-1}) & p(t_i)(1-p(t_{i-1})) \\ (1-p(t_i))\ p(t_{i-1}) & (1-p(t_i))\ (1-p(t_{i-1})) \end{pmatrix}$$

となり、逆に $p(t_{i-1}) > p(t_i)$ のケースでは、

$$C''(t_i) = k\begin{pmatrix} p(t_i) & p(t_{i-1})-p(t_i) \\ 0 & 1-p(t_{i-1}) \end{pmatrix} + (1-k)$$
$$\begin{pmatrix} p(t_i)\ p(t_{i-1}) & p(t_i)(1-p(t_{i-1})) \\ (1-p(t_i))\ p(t_{i-1}) & (1-p(t_i))\ (1-p(t_{i-1})) \end{pmatrix}$$

となる[7]。

したがって、高地位者の割合が100％に到達するまで一世代ごとに10％ずつ増加するという仮定を加えれば、さらに次のように表現しなおすことができる。

$$\begin{cases} C''(t_i)=k\begin{pmatrix}0.1(i-1) & 0\\ 0.1 & 1-0.1(i)\end{pmatrix} \\ \qquad +(1-k)\begin{pmatrix}0.1^2 i\ (i-1) & 0.1i-0.1^2 i\ (i-1)\\ 0.1(i-1)-0.1^2 i\ (i-1) & (1-0.1i)\ (1-0.1(i-1))\end{pmatrix} \\ \hfill if\quad 1\leq i\leq 10 \\ C''(t_i)=\begin{pmatrix}1 & 0\\ 0 & 0\end{pmatrix}\quad if\quad i\geq 11\end{cases}$$

また、$1 \leq i \leq 10$の区間について、それぞれの階層について帰属意識の割合を示す式を取り出すと、

〈上〉の割合：$R_U''=c_{11}''=0.1k(i-1)+0.1^2(1-k)i(i-1)$

〈中〉の割合：$R_M''=c_{12}''+c_{21}''=0.1k+(1-k)(0.2i-0.02i(i-1)-0.1)$

〈下〉の割合：$R_L''=c_{22}''=k(1-0.1i)+(1-k)(1-0.1i)\cdot(1-0.1(i-1))$

となる。kの値として、0.2、0.5、0.8を代入し、それぞれのケースについて階層帰属意識がどのように変化するかを確認したのが、図2-4、2-5、2-6である。

図2-4、2-5、2-6から分かることは、地位の再生産の強さを示すパラメータkの値が大きくなるほど、〈上〉の階層帰属意識をもつ個人の増大する速度が速まり、逆に〈下〉の階層帰属意識をもつ個人の減少する速度が弱まることで

7　両式の第1項の非対角セルに数字が入っているのは、高地位者の割合が変化したために、仮に100％完全に再生産が生じたとしても、構造上、地位移動する個人がでてくるためである。これは、職業移動でいうところの構造移動（あるいは、強制移動）に相当する（Yasuda 1964, 安田 1971, Boudon 1973, 富永 ed. 1979, Yamaguchi 1987, Sobel and Becker 1998, 原・盛山 1999）。

図 2-4 〈上〉の割合の変化：高地位の象徴的価値が変動しないケース

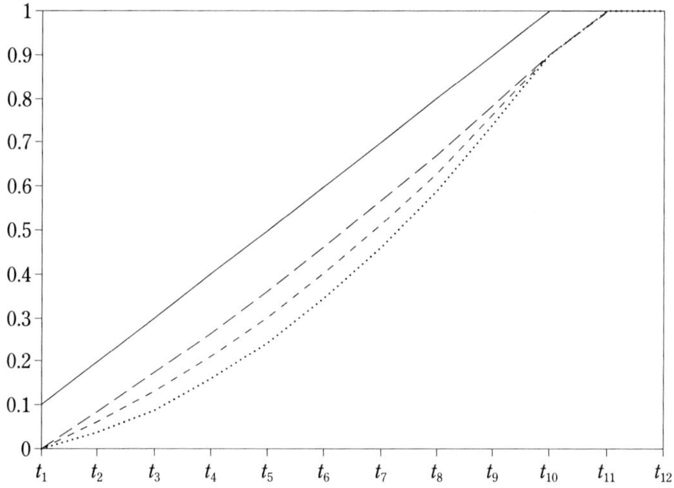

—— 高地位者の割合 ⋯⋯ $k=0.2$ - - - - $k=0.5$ — — - $k=0.8$

図 2-5 〈中〉の割合の変化：高地位の象徴的価値が変動しないケース

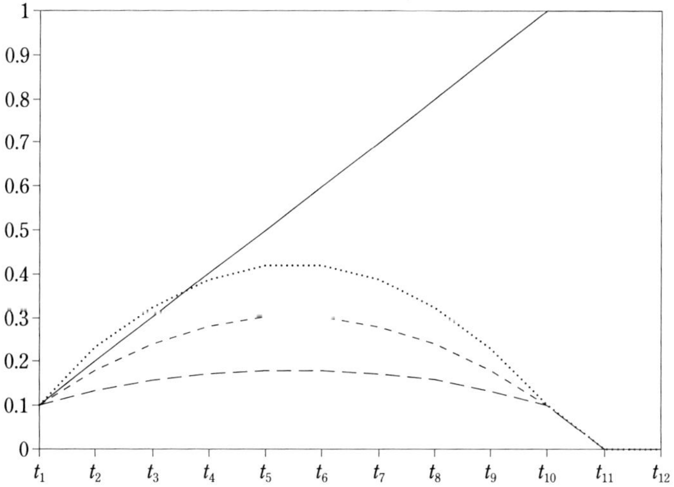

—— 高地位者の割合 ⋯⋯ $k=0.2$ - - - - $k=0.5$ — — - $k=0.8$

図 2-6 〈下〉の割合の変化：高地位の象徴的価値が変動しないケース

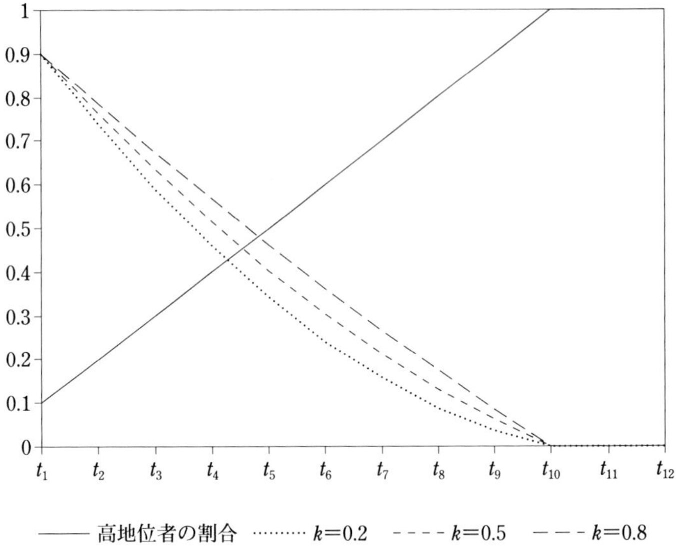

ある。その結果、地位の再生産が著しくなればなるほど、全体として〈中〉の階層帰属意識をもつ個人の割合が減っていく。いわば、地位の再生産過程は、最終的にはすべての個人が〈上〉の階層帰属意識をもつようになるにしても、それまでの間、学歴による階層意識の二極化を促す傾向がある。これは、階層的地位の再生産に関する私たちの直観に合致した結果だといえる。少なくとも、基本モデルにおける地位の再生産傾向は、階層意識の二極化傾向を強める効果をもっている。

しかし、これはあくまでも高地位の価値が高地位者の割合に依存しない基本モデルをベースにして考えた場合の結果である。すでに確認したように、基本モデルでは高地位者の割合が100％に達した以降の時点では、全員の階層帰属意識が〈上〉になってしまうという問題点があった。それでは、この再生産モデルを高地位価値変動モデルに適用するとどうなるのだろうか。以下、このことを検討する。

高地位価値変動モデルは、基本モデルの $C(t_i)$ に重み付け行列 $W(t_i)$ を前から乗じることを除けば、操作的には基本モデルとまったく変わりはない。したがって、高地位価値変動モデルと再生産モデルを組み合わせたモデル（以下、高地位価値変動＋再生産モデル）は、次の式で表現することができる。

$$\begin{cases} C'''(t_i)=k\begin{pmatrix}1-0.1i & 0.1i\\ 0.1i & 1-0.1i\end{pmatrix}\begin{pmatrix}0.1(i-1) & 0\\ 0.1 & 1-0.1i\end{pmatrix} \\ \qquad +(1-k)\begin{pmatrix}1-0.1i & 0.1i\\ 0.1i & 1-0.1i\end{pmatrix} \\ \qquad \begin{pmatrix}01^2i\ (i-1) & 0.1i-0.1^2i\ (i-1)\\ 0.1(i-1)-0.1^2i\ (i-1) & (1-0.1i)\ (1-0.1(i-1))\end{pmatrix} \\ \qquad\qquad\qquad\qquad\qquad\qquad\qquad\qquad if\quad 1\leq i\leq 10 \\ C'''(t_i)=\begin{pmatrix}1 & 0\\ 0 & 0\end{pmatrix}\quad if\quad i\geq 11 \end{cases}$$

計算が複雑になるので、$1\leq i\leq 10$ の区間について、それぞれの階層帰属意識の割合を示す式を結果だけで示すと、

〈上〉の割合：

$$R_U''=c_{11}''=-0.002(1-k)i^3+(0.022-0.032k)i^2-(0.02-0.14k)i-0.1k$$

〈中〉の割合：

$$R_M''=c_{12}''=0.004(1-k)i^3-0.064(1-k)i^2+(0.34-0.26k)i+0.2k-0.1$$

〈下〉の割合：

$$R_L''=c_{22}''=-0.002(1-k)i^3+(0.042-0.032k)i^2-(0.32-0.12k)i-0.1k +1.1$$

となる。k の値として、0.2、0.5、0.8 を代入し、それぞれのケースについて階層帰属意識がどのように変化するかを確認したのが、図 2-7、2-8、2-9 である。

図 2-7 からわかるように、〈上〉の階層帰属意識をもつ個人の割合は高地位者の割合が上昇するにつれて最初は増えていくものの、ある時点からその割合の変化は減少に転じ、最終的には〈上〉の階層帰属意識をもつ個人はいなくなってしまう。これは、最初は高地位を継承する個人が増えることが〈上〉の階

図 2-7 〈上〉の割合の変化：高地位の象徴的価値が変動するケース

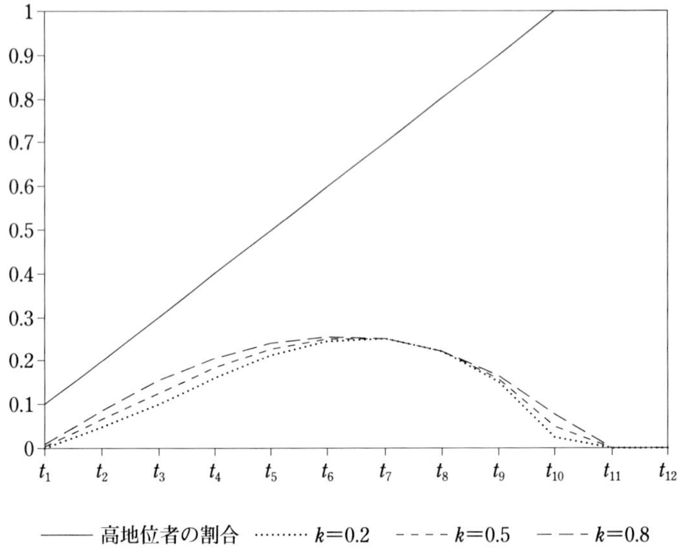

図 2-8 〈中〉の割合の変化：高地位の象徴的価値が変動するケース

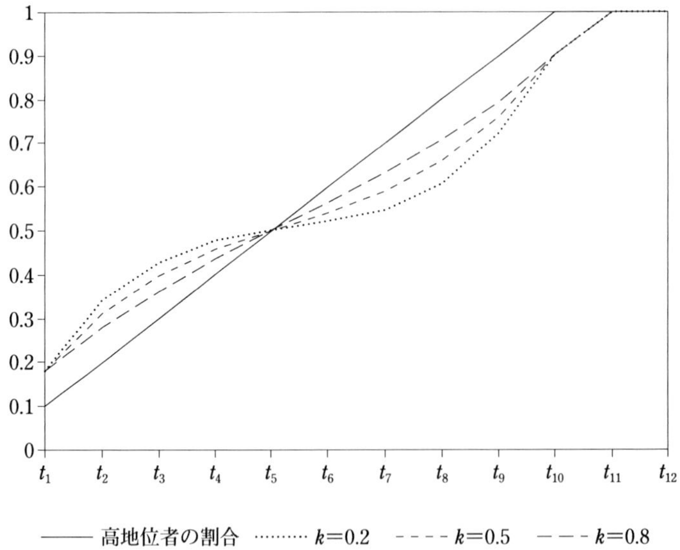

図 2-9 〈下〉の割合の変化：高地位の象徴的価値が変動するケース

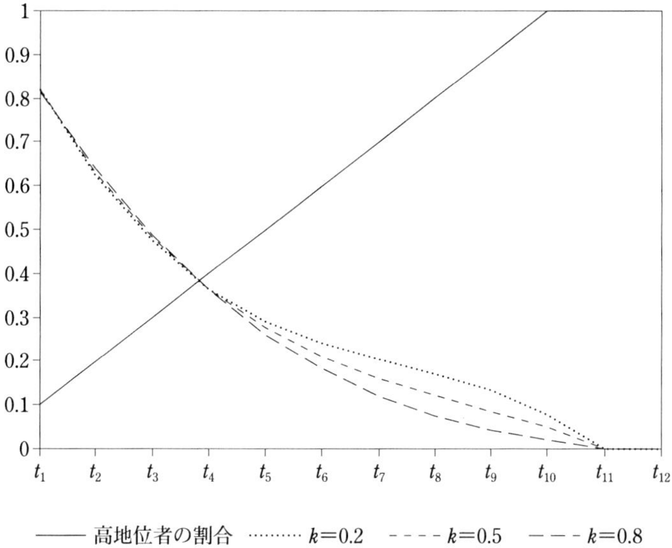

層帰属意識をもつ個人の割合を増やすことに貢献するけれども、高地位者の割合の上昇によって高地位であることの価値が失われてしまうと、もはや高地位であることが個人の階層帰属意識を引き上げることの効果をもたなくなるという予想に対応している。そして、社会的地位の再生産傾向の高まりは、この“高地位であることの価値が失われ、〈上〉の階層帰属意識をもつ個人の割合が減少する”時点を早める効果をもつ。具体的には、〈上〉の階層帰属意識をもつ個人の占める割合がもっとも高くなる世代は、$k=0.2$ あるいは $k=0.5$ では第 7 世代であったのに対して、$k=0.8$ では第 6 世代になっている。地位が親から子へと世代の間で継承される傾向が、かえって〈上〉の階層帰属意識をもつ個人の割合を減少させるという現象は必ずしも自明ではないが、本項の高地位価値変動＋再生産モデルでは、高地位者の割合が 50％ を越えた時点でこのような現象が現れることを予測しており、かつ再生産の傾向が高まるほどその現象の現われる時点が早まることを明らかにしている。

また図 2-8 から、地位が再生産される傾向が〈中〉の階層帰属意識をもつ個人の割合の変化に対して与える影響が、高地位者の割合 50％ のラインを境にして異なることが分かる。地位が再生産される傾向の高まりは、高地位者の割合が 50％に到達しない段階では〈中〉の階層帰属意識をもつ個人の割合を減らす効果を持っているけれども、逆に高地位者の割合が 50％を超えた段階では〈中〉の階層帰属意識をもつ個人を増やす効果をもっている。同様に図 2-9 から、高地位が再生産される傾向が〈下〉の階層帰属意識をもつ個人の割合の変化に対して与える影響が、高地位者の割合が 30％のラインを境にして異なることが分かる。高地位が再生産される傾向の高まりは、高地位者の割合が 30％に到達しない段階では〈下〉の階層帰属意識をもつ個人の割合を今度は増やす効果をもっているけれども、逆に高地位者の割合が 30％を超えた段階では〈下〉の階層帰属意識をもつ個人を減らす効果をもっている。しかし、これらの効果は変化率に及ぼす効果であり、再生産の傾向の高まりによっては、〈中〉が単調に増大し、〈下〉が単調に減少するという全体の流れに変化は生じない。

3—3. 複世代モデル

本章では、すでに基本モデル、高価値価値変動モデル、そして再生産モデルについて検討してきた。しかし、世代間における地位の継承（あるいは移動）を扱うモデルとして、これらのモデルは、ある共通の特徴をもっている。それは、ある時点でその社会を構成する個人全員が一度に入れ替わるという前提である。したがって、第 1 世代の社会を構成する個人と、第 2 世代を構成する個人は、誰一人として同じ個人が存在しないのである。この前提は、モデルを簡略化するための前提だったけれども、しかしこの前提を現実社会にあてはめたとき、この前提が現実社会の世代交代を正しく表現していないことは明白であり、本章のこれまでのモデルの共通の限界といえるだろう。そこで本項では、この前提を緩めた複世代モデルについて検討し、このような限界を取り除いたとき、モデルが予測する階層帰属意識分布の変動にいったいどのような違いが現れるのかを確認する。

現実社会の世代交代は、一度にすべてが入れ替わる形で進行するのではなく、その社会を構成するメンバーの一部が新しい個人と入れ替わる形で少しずつ進行する。したがって、長期的にはすべて個人が新しい個人にとって代わられるにしても、短期的には多くのメンバーが重複したまま順次世代交代が進行していく。このような形での世代交代をモデルに反映させるためには、次のようなメカニズムをモデルに取り入れることが考えられる。

まず、ある時点 U_i における社会は、t_{i-1} 世代、t_i 世代、t_{i+1} 世代の三世代によって構成されていると考える[8]。したがって、t_{i-1} 世代、t_i 世代、t_{i+1} 世代の各世代の階層帰属意識分布を示す行列をそれぞれ $C(t_{i-1})$、$C(t_i)$、$C(t_{i+1})$ だとすれば、ある時点 U_i における階層帰属意識分布は、次の行列 $C^T(U_i)$ によって示されることになる。

$$C^T(U_i) = \frac{1}{3}(C(t_{i-1}) + C(t_i) + C(t_{i+1}))$$

しかし、時点 U_i の直後にくる時点 U_{i+1} では世代交代によって階層帰属意識分布が異なっている。世代交代は時点 U_i を構成していた三世代のうち、もっとも年長である t_{i-1} が社会から離脱し、代わってもっとも新しい世代である t_{i+2} が新たに社会の一部を構成するようになる。したがって、時点 U_{i+1} における社会は、次の行列 $C^T(U_{i+1})$ によって示されることになる。

$$C^T(U_{i+1}) = \frac{1}{3}(C(t_i) + C(t_{i+1}) + C(t_{i+2}))$$

上記の両式を比較すれば分かるように、時点 U_i と時点 U_{i+1} では t_i 世代と t_{i+1} 世代が社会を構成するメンバーとして共通しており、時点 U_i と時点 U_{i+1} の相違点は t_{i-1} 世代が t_{i+2} 世代に取って代わられた部分のみである。これは、前項まで検討してきた幾つかのモデルと比較すると、より現実社会の世代交代に近い特徴になっている。ここでは、上記の式で表現される、より現実社会に近い形での世代交代を考慮したモデルを複世代モデルと呼ぶことにしよう。

このように考えれば、高地位者の割合が上昇するとき、全体社会の階層帰属意識分布がいったいどのように変化するのかは、前項まで検討してきたモデル

8　もちろん、ここで三世代でなければならない必然的な根拠はなく、これが四世代、あるいは五世代であっても、基本的にはかまわない。しかし、あまり世代数を大きくするとモデルが複雑になってしまうため、モデルの簡潔さを最低限維持するためにここではあえて三世代に設定した。

の値を新しい複世代モデルに代入することだけで求めることができる。具体的には行列 $C^T(U_{i+1})$ の各成分によって構成される以下の式が、複世代モデルにおいて各階層帰属意識をもつ個人の割合を示すことになる。

〈上〉の割合：$R^T{}_U = c^T_{11}$

〈中〉の割合：$R^T{}_M = c^T_{12} + c^T_{21}$

〈下〉の割合：$R^T{}_L = c^T{}_{22}$

可能性としては、基本モデル、高価値価値変動モデル、再生産モデル、そして高地位価値変動＋再生産モデルのすべてについて、この複世代モデルの結果を示すことが可能だが、しかしそれは煩雑に過ぎるので、ここではベースラインとしての基本モデルと、前項で検討した高地位価値変動＋再生産モデルの両モデルの値を複世代モデルに代入し、階層帰属意識分布が高地位者の割合の上昇によってどのように変化するのかを確認する。

3—3—1　基本モデル＋複世代モデル

図2-10から図2-11は、ベースラインとしての基本モデルに複世代モデルを適用した結果を示したものである。複世代モデルを利用した場合、世代は一時点ごとに全体の三分の一しか変化しないため、元のモデルと比較すると均衡状態に到達するまでにより時間を要する。元のモデルでは階層帰属意識分布が均衡状態に到達するまでに10時点までの世代交代があれば足りたが、複世代モデルにした場合、均衡状態に到達するまでに12時点までの世代交代が必要となる。ここでは三世代しか考えていないが、とうぜんある社会を構成する世代数を増やせば、それだけ均衡に到達するまでの時間は長くなる。

均衡に到達するまでの時間が長くなるということをいいかえると、それは全体社会の階層帰属意識分布の変化の、高地位者の割合の変化に対する反応が鈍くなることを意味する。たとえば、図2-10をみてみよう。高地位の象徴的価値が高地位者の割合に依存しないケースでは、〈上〉の階層帰属意識をもつ個人の割合は単調に増加する。これは複世代モデルにした場合にも同様である。しかし、複世代モデルの場合、その増加のパターンに顕著な特徴がある。

図 2-10 〈上〉の割合の変化：高地位の象徴的価値が変動しないケース

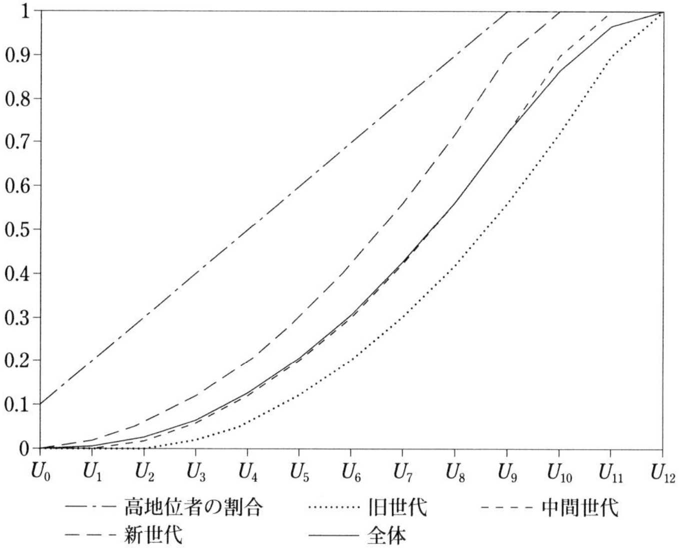

まず、〈上〉の階層帰属意識をもつ個人の増える速度は、その初期の段階においてはきわめて緩慢だということである。時点 U_4 ではすでに新しい世代での高地位者の割合が 50% を超えているにもかかわらず、〈上〉の階層帰属意識をもつ個人が全体に占める割合はわずか 13% にしか過ぎない。少なくともこの時点までは、高地位者の割合の上昇は〈上〉の階層帰属意識をもつ個人の増大にほとんど寄与していないようにみえる[9]。そして、新しい世代での高地位者の割合が 90% を越えた時点で初めて、〈上〉の階層帰属意識をもつ個人の割合は、全体の半分を超えるのである。

次に、〈上〉の階層帰属意識をもつ個人の割合は、新しい世代での高地位者の割合が飽和して 100% に到達しても、しばらくは増大し続けるということである。具体的には、新しい世代での高地位者の割合は時点 U_9 で 100% に到達

9 かりに社会調査をおこなった際、数千人規模のサンプルサイズで、かつ前時点からの増分がこの程度の数値にしかならないとすれば、この増分は誤差として扱われ、“時点間で〈上〉の階層帰属意識分布をもつ個人の割合に差がない”という帰無仮説は棄却されないだろう。

し、その後のその割合は100％という数字を維持したまま変化しないにもかかわらず、時点 U_{12} まで一貫して増え続けている。本項で扱っているモデルでは、高地位者の割合以外に階層帰属意識の分布に変化をもたらす要因を考慮していないにもかかわらず、そしてその高地位者の割合が変化することを止めているにもかかわらず、階層帰属意識分布は比較的長期間変化し続ける。

たとえば、この現象を学歴にあてはめて考えてみよう。進学率が50％を超えても、モデルは〈上〉の階層帰属をもつ個人がほとんど増えないことを予想している。そして同時に、進学率が100％で飽和し、もはや変化していないにもかかわらず、長期間、〈上〉の階層帰属意識をもつ個人が増え続けることも予想している。もしこのような現象が現実の社会において観察されたなら、観察者は“進学率の変化は階層帰属意識の分布に影響を与える直接的な要因ではない”という結論を下す誘惑に駆られるかもしれない。しかし、それは正しい判断ではない。社会が複数の世代によって構成されている場合（また、実際に現実社会はそうなっている）、かりに進学率が変化しなくなっても、その影響は長期にわたって残存する。

図2-10において観察された〈上〉の階層帰属意識をもつ個人の割合の変化の特徴は、とうぜん、〈中〉や〈下〉の階層帰属意識をもつ個人の割合の変化にも現れている。図2-11は、〈中〉の階層帰属意識をもつ個人の割合の変化を示しているけれども、確かに均衡状態に到達するまでの時間は長くなっている[10]。しかし、高地位者の割合の変化に対して割合の変化の速度が鈍くなる時期は、〈上〉の場合と微妙に異なっている。〈上〉の階層帰属意識をもつ個人の割合を問題にしていたときはその反応の鈍さは高地位者の割合が上昇を始める初期の段階で顕著であったけれども、〈中〉の階層帰属意識をもつ個人の割合を問題にしているときにはその反応の鈍さは高地位者の割合が上昇している中間的な局面において顕著になる。具体的には、時点 U_4 から時点 U_7 の間、〈中〉の階層帰属意識をもつ個人の割合は45％から49％の範囲でしか数値は変化しない。いいかえれば、高地位者の割合が上昇し続けている期間のかなり部分（おおよそ半分弱）で、〈中〉の階層帰属意識をもつ個人の割合は全体社

10　この場合、均衡状態では〈中〉の階層帰属意識をもつ個人の割合は0になる。

図 2-11 〈中〉の割合の変化：高価値の象徴的価値が変動しないケース

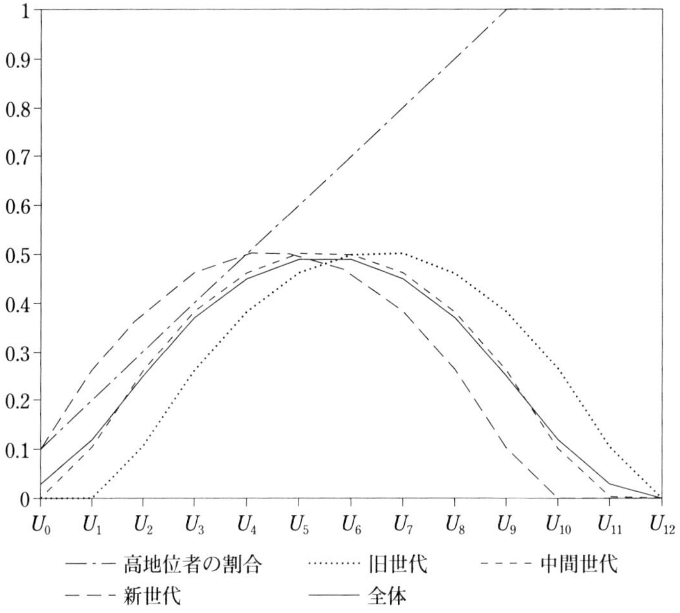

会の半分程度のところで停滞するのである。

しかし、〈中〉の階層帰属意識の割合が停滞している期間も、世代内の変化に注目した場合には〈中〉の階層帰属意識の割合は大きく変化している。にもかかわらず、全体で〈中〉の階層帰属意識の割合に大きな変化を観察することができないのは、世代ごとで〈中〉の階層帰属意識をもつ個人の割合の変化の方向が異なっているからである。問題になっているのは、図 2-10 での時点 U_4 から時点 U_7 までの期間である。この期間中、新世代では〈中〉の階層帰属意識をもつ個人の割合は増大することを止め、減少に転じている。それに対して旧世代では〈中〉の階層帰属意識をもつ個人の割合は依然として増大を続けており、少なくとも減少していない。つまり、ある世代では〈中〉の階層帰属意識をもつ個人の割合が減少方向へ転じているにもかかわらず、異なる世代では増大方向を維持しているために、お互いの効果が相殺しあって、この期間中の〈中〉の階層帰属意識をもつ個人の割合がさほど変化していないように観察されたに過ぎない。つまり、階層帰属意識の分布が比較的に長期間にわたって安定しているケースでも、そのような階層帰属意識を生成するメカニズムは社会構造の変動によって（目に見えない深部において）階層帰属意識分布の変化を産み出している可能性のあることを、本項で検討した（基本モデルをベースにした）複世代モデルは明らかにしている。

最後に、〈下〉の階層帰属意識をもつ個人の割合の変化を示した図 2-12 を確認しよう。図 2-12 において特徴的なことは、高地位者の割合が上昇している局面での〈下〉の階層帰属意識をもつ個人の割合の変化の速度である。図 2-12 から、高地位者の割合は時点 U_0 から時点 U_7 へと推移していくにしたがって 10% から 80% と線形に上昇していくけれども、あたかもそれに呼応するかのように〈下〉の階層帰属意識をもつ個人の割合はほとんど線形に減少していることが分かる[11]。もともとの基本モデルでは、高地位者の割合が上昇する前半の局面において〈下〉の階層帰属意識をもつ個人の割合が急激に減少してい

図 2-12　〈下〉の割合の変化：高地位の象徴的価値が変動しないケース

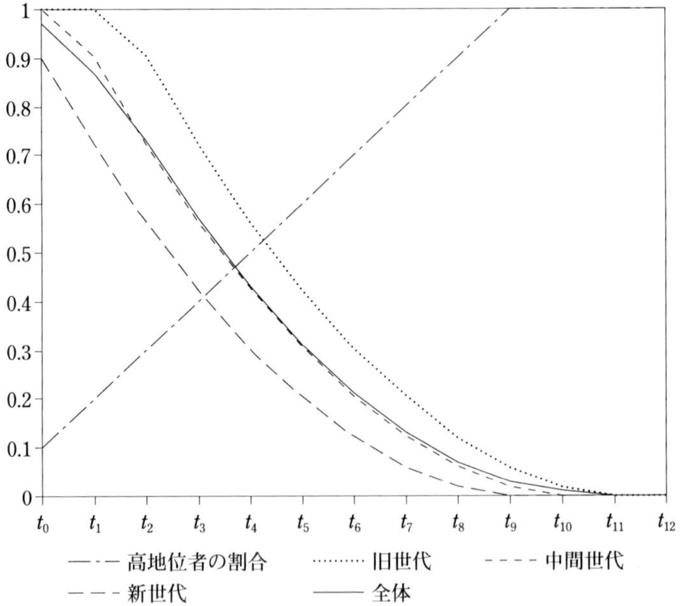

11　ちなみに、この期間の両者の相関係数は、−0.996 である。

くが、複世代モデルにすることで〈下〉の階層帰属意識をもつ個人の割合の減少速度が弱められ、その結果、高地位者の割合が上昇しているほとんどの局面で〈下〉の階層帰属意識をもつ個人の割合がコンスタントに減少しているかのような現象が現れる。

このような〈下〉の階層帰属意識をもつ個人の割合の変化は、高地位者の割合が上昇する前半の局面ではほとんど変化しない〈上〉の階層帰属意識をもつ個人の割合と比較すると、きわめて好対照といってよい。かりにこのような結果が現実社会の階層帰属意識分布を分析することで得られたなら[12]、分析者は高地位者の割合の変化は、“高地位者の割合の上昇は、〈下〉の階層帰属意識を減らすことに対して顕著な効果をもち、〈上〉の階層帰属意識を増やすことに対してはさほど効果をもたない”という結論を下す誘惑に駆られるだろうし、その結果、“高地位者の割合の上昇は〈中〉の階層帰属意識をもつ個人の割合を増やす効果をもつ”と判断しがちになるはずだ。

しかし、本項で検討した（基本モデルをベースにした）複世代モデルをもとにして考えるならば、そのような結論は階層帰属意識分布の表層的な変化を、その背後にあるメカニズムを考慮することなしに、経験的な命題としていいかえたに過ぎないと指摘できる。もしその背後にあるメカニズムに注目したならば、高地位者の割合の変化がとりわけ〈下〉の階層帰属意識をもつ個人に強く作用するわけではないことが分かるはずだ。

3−3−2　高地位価値変動＋再生産＋複世代モデル

3−3−1での検討によって、基本モデルをベースにして複世代モデルを構築した場合、それまでになかった顕著な特徴が現れること、そしてそのような特徴は日本社会の階層帰属意識分布の変化によく対応していることが明らかにされた。しかし、日本社会の階層帰属意識分布に関するデータについてはすでにSSM調査による蓄積があるとはいえ、長期的な変化の背後にあるメカニズムを明らかにするにはまだ十分とはいえない。本項で問題にしたモデルも、あくまでも仮説の域をでておらず、データによる検証が必要となる。

12　実際に、日本社会の1950年代から1970年代のかけての階層帰属意識分布の変化と、進学率の変化は、そのような結果になっている。

実際に、2005年の階層帰属意識分布については、上昇ないし横ばいで特徴付けられてきたそれまでの階層帰属意識分布の趨勢と異なった傾向、すなわち下方シフトが現れている可能性がある。この傾向が単なる測定誤差なのか、それとも今後はっきりとした趨勢として現れてくるものなのか、今の段階では予断を許さない。しかし、かりに2000年頃を境にして階層帰属意識分布が下方シフトしたとするなら、そのような現象を説明するメカニズムを明らかにする必要がある。

そこで、3−2−2では、“高地位者の割合が上昇を続けるケースではある段階から〈上〉の階層帰属意識をもつ個人の割合が減少し、〈中〉の階層帰属意識をもつ個人の割合が増大する”ことを説明するような高地位価値変動＋再生産モデルを取り上げ、このモデルをベースにして複世代モデルを構築した場合、階層帰属意識分布の変化について新たにどのような特徴が現れるのかを確認する。

高地位価値変動＋再生産モデルをベースにして複世代モデルを構築する場合、世代間で地位が再生産される強度を示すパラメータの値（k）がわかっている必要がある。このkの値を推定するために、ここではSSMデータを元に作成した表2-4を用いることにする。具体的には、まず高卒／非高卒の間に境界をおき、高等学歴と中等学歴を統合して高地位にし、初等学歴を非高地位にした場合のkの値を求める[13]。次に大卒／非大卒の間に境界をおき、高等学歴をそのまま高地位とし、中等学歴と初等学歴を統合して非高地位とした場合のkの値を求める。

まず、父親世代と息子世代の、（高校以上に設定した場合の）高地位者の割合の平均的な値を、表2-4の周辺度数から求める。

$$\frac{1,227+2,157}{12,498}=\frac{3,384}{12,498}<\frac{7,754}{12,498}=\frac{3,000+4,745}{12,498}$$

13　このような区分は、高等学校への進学率が100％に近い状態がすでに数十年続いている現在の状況から考えるなら違和感を覚えさせるかもしれない。しかし、1955年から2005年までの長期的な変化を考える場合には、1975年まではコンスタントに上昇を続け、1975年以降はほぼ100％で飽和している中等学歴を基準にして考えることの方が、本項の複世代モデルを考える場合にはより好都合だと考える立場もありうる。

から、$\hat{p}(t_{i-1}) \leq \hat{p}(t_i)$ となる。このようなケースでは、地位の再生産の強度を示すパラメータ k をもちいた以下の式によって各セルの値を求めることができる[14]。

$$A(t_i) = k\begin{pmatrix} \hat{p}(t_{i-1}) & 0 \\ \hat{p}(t_i) - \hat{p}(t_{i-1}) & 1 - \hat{p}(t_i) \end{pmatrix} + (1-k)\begin{pmatrix} \hat{p}(t_i)\ \hat{p}(t_{i-1}) & \hat{p}(t_i)(1-\hat{p}(t_{i-1})) \\ (1-\hat{p}(t_i))\ \hat{p}(t_{i-1}) & (1-\hat{p}(t_i))\ (1-\hat{p}(t_{i-1})) \end{pmatrix}$$

この式に、$\hat{p}(t_{i-1}) = \frac{3,384}{12,498} \approx 0.27$、および $\hat{p}(t_i) = \frac{7,744}{12,498} \approx 0.62$ を代入すると、

$$A = \begin{pmatrix} 0.10k + 0.17 & -0.45k + 0.45 \\ 0.25k + 0.10 & 0.10k + 0.28 \end{pmatrix}$$

となる（ただし、小数点第三位以下は四捨五入）。地位継承に成功する個人は対角セルに現れるので特に対角セルに注目するならば、

$$(0.10k + 0.17) + (0.10k + 0.28) = \frac{(869 + 923 + 301 + 1046) + 4,509}{12,498}$$

となる。これを解けば、$k \approx 0.8$ が求まる。したがって、高卒／非高卒を境界においた場合の地位の再生産の強度を示す k の値は 0.8 程度と推定できる。これは、きわめて高い値といってよいだろう。

次に、父親世代と息子世代の、大学・短大へ進学する割合の平均的な値を、表 2-4 の周辺度数から求める。

$$\frac{1,227}{12,498} < \frac{3,000}{12,498}$$

から、$\hat{p}(t_{i-1}) \leq \hat{p}(t_i)$ となる。したがって、ここでも先ほどと同じ式をもちい

14 ちなみに、以下の式は、学歴価値変動を含まない再生産モデルにおける各階層帰属意識をもつ個人の割合を求める式に等しい。

て、各セルの値を求めることができる。

先の式に、今度は $\hat{p}(t_{i-1})=\dfrac{1,277}{12,498}\approx 0.10$、および $\hat{p}(t_i)=\dfrac{3,000}{12,498}\approx 0.24$ を代入すると、

$$A=\begin{pmatrix}0.08k+0.02 & -0.22k+0.22\\ 0.06k+0.08 & 0.22k+0.68\end{pmatrix}$$

となる（ただし、小数点第三位以下は四捨五入）。地位継承に成功する個人は対角セルに現れるので特に対角セルに注目するならば、

$$(0.08k+0.02)+(0.22k+0.68)=\frac{869+(1046+3,397+188+4,509)}{12,499}$$

となる。これを解けば、$k\approx 0.3$ が求まる。したがって、大卒／非大卒を境界においた場合の地位の再生産の強度を示す k の値は0.3程度と推定できる。これは、高卒／非高卒を境界においた場合と比較すると、低い値になっている。

したがって、どちらに高等／非高等の境界をおくかによって、パラメータ k に代入する値が大きく異なってこざるをえない。おそらく、いずれの数値をここで代入すべきかについて、先験的に正しい理由は存在しないだろう。しかし、ここでは以下の2つの理由から、高卒／非高卒ではなく、大卒／非大卒を高地位／非高地位の境界だとみなし、高地位価値変動＋再生産モデルをベースにした複世代モデルでの階層帰属意識分布の変化を確認する。

理由の1つは、〈上〉の階層帰属意識をもつ可能性は、中等学歴の親から中等学歴を引き継いだ個人よりも、高等学歴の親から高等学歴を引き継いだ個人の方が高いからである（第3章参照）。

もう1つの理由は、今後の階層帰属意識の変化を予測する場合には、すでに高地位者の割合が100％近くまでに到達し、もはや上昇の余地のない中等学歴に焦点をあてるよりも、全体の半数を超えたとはいえ、依然として上昇の余地がある高等学歴に焦点をあてる方が好都合だからである。仮に中等学歴に焦点をあてて分析する場合には、すでに高校への高地位者の割合が飽和して30年以上が経過しているのだから、本項のモデルでは“均衡に到達した後”の状態

を問題にしていることになる。しかし、高等学歴に焦点をあてて分析することによって、私たちは大卒という高地位者の割合の変化によって"今後どのような均衡が実現されうるのか"、このことを問題にできるようになる[15]。

したがって、本項では、地位の再生産の強度を示すパラメータ k に 0.3 の値を代入した上で、階層帰属意識分布が高地位価値変動＋再生産＋複世代モデル上でどのように変化するのかを問題にする。とはいえ、0.3 と 0.8 という大きな数値の違いが示すように、地位の再生産の強度は高等学歴を境界においた場合と中等学歴を境界においた場合とで大きく異なっており、とうぜんその社会的な意味を同じとして扱うことはできない。そこで、$k=0.8$ のケースについては、表にしては示さないけれども、結果の概略について本項の最後で簡単に触れることにする。

図 2-13 から図 2-15 は、$k=0.3$ と設定した場合の、高地位価値変動＋再生産＋複世代モデルにおける階層帰属意識分布の変化を示している。基本モデルをベースにした複世代モデルとの大きな違いは、〈上〉および〈中〉の階層帰属意識をもつ個人の割合の変化に現れている。基本モデルをベースにした複世代モデルでの最終的な均衡状態は"全員が〈上〉の階層帰属意識をもつ"状態であったけれども、高地位価値変動＋再生産＋複世代モデルでの最終的な均衡状態は"全員が〈中〉の階層帰属意識をもつ"状態である。しかし、両モデル間の、このもっとも大きな違いを除くと、高地位価値変動＋再生産＋複世代モデルが示している傾向は、基本モデルをベースにした複世代モデルのそれと重なっている部分が大きい。

まず、図 2-13 から〈上〉の階層帰属意識をもつ個人の割合は時点 U_7 までは単調に増加し続けるけれども、それ以降はむしろ減少していくことが分かる。とうぜん、これは高地位者の割合が上昇することによって希少性を失った高等学歴がその価値を失っていくことに対応している。このとき興味深いことは、〈上〉の階層帰属意識をもつ個人の割合が低下するのは、もともとのモデルよりもさらに遅くなり、新しい世代での高地位者の割合が 80% を超えた時点になっているということである。この 80% という数字は、現実社会の大学への

15　ただし、大学への進学率が 100% に到達しうるという仮定がどの程度現実的なものなのか、このことに関する検討は別途必要になるだろう。

図2-13　〈上〉の割合の変化：高地位の象徴的価値が変動し、再生産傾向のあるケース

$k=0.3$

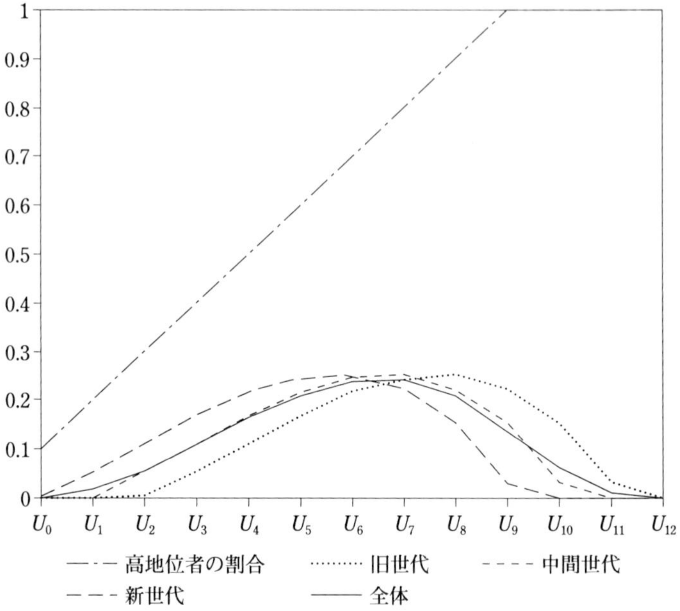

進学率を想起するなら、かなり高い水準だといってよいだろう。いいかえれば、高地位者の割合が上昇しているほとんどの局面で〈上〉の階層帰属意識をもつ個人の割合は増大を続け、ほとんどの人間が高地位を取得するようになってはじめて、いわば突然に、高地位はその価値を失い、所属階層を弁別する効力を失うかのようにみえる。そして、このようなやや奇妙な現象が生じるのは、均衡状態の実現を遅らす複世代モデルの特徴に由来する。

このような現象は、高地位者の割合の上昇局面において、“とうの昔に希少価値を失ったはずの社会的地位が依然として〈上〉の階層帰属意識を生成する効力をもちつづけている”というある種のパラドックスを人々に印象づけるだろう。しかし、この印象の度合いは社会を構成する複数の世代間で異なっている可能性が高い。なぜなら、時点 U_6 から時点 U_8 までの“〈上〉の階層帰属意識をもつ個人の割合が増加から減少に転じる”前後の期間、世代によって〈上〉の階層帰属意識をもつ個人の割合が変化する方向は異なっているからである。この期間、旧世代では依然として〈上〉の階層帰属意識をもつ個人の割

図 2-14 〈中〉の割合の変化：高地位の象徴的価値が変動し、再生産傾向のあるケース
$k=0.3$

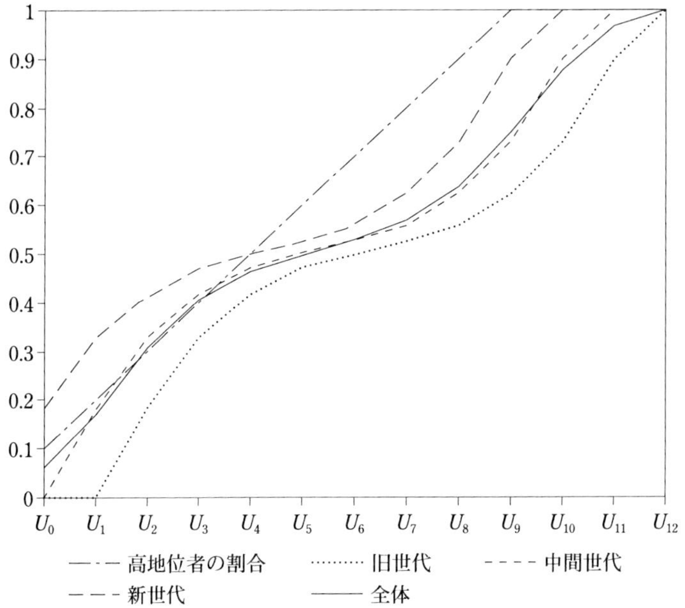

合が増え続けているけれども、新世代においては〈上〉の階層帰属意識をもつ個人の割合はすでに減少に転じている。その結果、とりわけ新世代では、その地位はすでに希少性を失い、世代内では〈上〉の階層帰属意識を生成する効力を失いつつあるのに、社会全体では依然として〈上〉の階層帰属意識を生成する効力をもち、その結果、とりわけこの新世代において、“すでに何も価値もないはずの社会的地位が依然として所属階層の弁別に効力をもちづける”というパラドックスがより強く感じられることを予想できる。

次に、図 2-14 からわかることは、基本モデルをベースにして複世代モデルを考えた場合と異なり、高地位価値変動＋再生産モデルをベースにして複世代モデルを考えた場合は、〈中〉の階層帰属意識をもつ個人の割合は、途中で減少に転じることなく、すべて個人が〈中〉の階層帰属意識をもつようになるまで、高地位者の割合の上昇とともに単調に増加を続けるということである。これは、すべての個人が高地位を保有するようになることで、その地位を取得することが階層帰属意識を弁別する効力を失ってしまうことに対応する。もちろ

ん、現実の階層帰属意識分布を考えた場合には、そうした地位だけで階層帰属意識が決まるわけではないので、たとえば収入や資産によって、個人はさまざまな階層帰属意識をもつようになるだろう。しかし、もし高地位価値変動＋再生産＋複世代モデルが現実社会のある側面を正しく明らかにしているなら、高地位者の割合が100％に達し、かつ十分な時間が経過した後は、その地位は階層帰属意識を弁別しうる社会的地位としては意識されなくなるのである。

それ以外に、図2-14は、〈中〉の階層帰属意識をもつ個人の割合は、高地位者の割合の上昇局面のかなりの期間、半分程度で安定することを示している。具体的には、時点U_3から時点U_7までの間、〈中〉の階層帰属意識をもつ個人の割合は40％から50％の狭い範囲で推移している。基本モデルをベースにして複世代モデルを考えたときにも同様のことを観察できたが、この現象は基本＋複世代モデルに特有な現象ではなく、高地位価値変動＋再生産＋複世代モデルを想定した場合にも観察できる[16]。

日本社会の階層帰属意識の特徴が、〈中〉を所属階層とする個人の多さにあることがこれまで多くの研究者によって指摘されてきた（村上 1984，直井 1979，今田 1989，間々田 1988，1990，盛山 1990）。また、この現象は日本に限られるものではなく、先行研究は多くの先進国で〈中〉の階層帰属意識をもつ個人がもっとも多くなることを明らかにしている（Evans and Kelly 2004）。そして、本項のモデルは、先進国に一般に観察されるこの現象がいったいどのようなメカニズムによって生じるのか、その理由の一端を明らかにしている。本項のモデルが明らかにしていることは、高地位者の割合が上昇を続けている局面では、その多くの期間において、〈中〉の階層帰属意識をもつ個人の割合が全体の半分程度の割合で安定するということである。近代化とともに、学校システムが整備され、かつ進学率が上昇するなら、“高学歴者の割合が上昇するにつれて〈中〉の階層帰属意識をもつ個人が増え、かつその割合が全体の半分程度で安定する”ことはいわば必然的な帰結なのである。もちろん、モデルでは、高地位者の割合が100％に到達し、階層帰属意識の分布が均衡に到達した状態ではすべての個人が〈中〉の階層帰属意識をもつようになることを予測している。しか

16　もちろん、この期間の長さはパラメータkの値にも依存する。

しこの先、大学への進学率が100%に到達した社会が、あるいは社会全体が専門職・管理職のホワイトカラーで占められる社会が出現するとは考えにくいので、この予測それ自体に実質的な意味はない。また実際に、そのような高地位者の割合が100%になったとしても、階層帰属意識には収入や、資産といった、社会的地位とは異なる経済的地位の影響が強いので、すべての個人が〈中〉の階層帰属意識をもつということもないはずである。この予測は、均衡状態では高地位が階層帰属意識を弁別する効力を失ってしまい、かりに父親の地位と子供の地位が情報として与えられたとしても、その個人の階層帰属意識を予測するということについてその情報はもはや有用でなくなってしまうことを実際には意味している。

最後に、図2-15からわかることは、高地位価値変動＋再生産＋複世代モデルにおいても、〈下〉の階層帰属意識をもつ個人の割合は高地位者の割合の上昇とともに単調に減少し、最終的には〈下〉の階層帰属意識をもつ個人がいなくなってしまうということである。この傾向は、基本モデルをベースにした複

図2-15 〈下〉の割合の変化：高地位の象徴的価値が変動し、再生産傾向のあるケース

k＝0.3

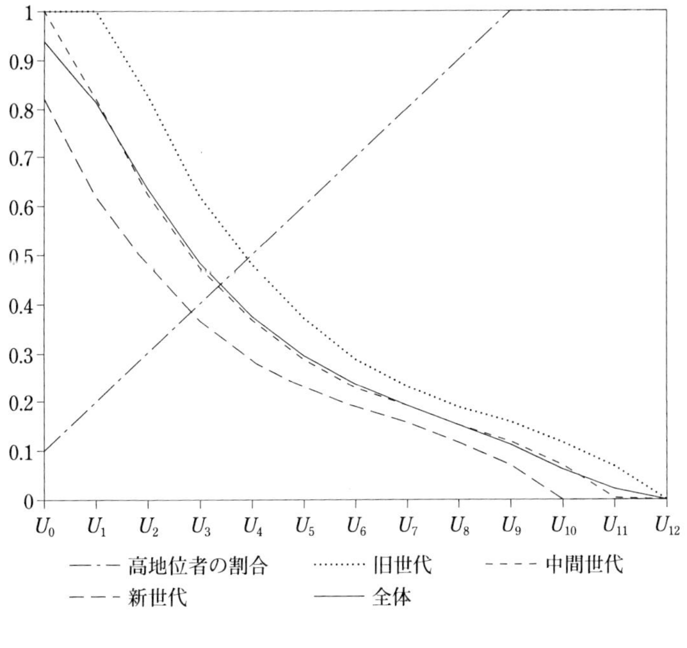

世代モデルについてもあてはまったことである。

また、やはり基本モデルをベースにした複世代モデルがそうであったように、高地位者の割合の上昇とともに、〈下〉の階層帰属意識をもつ個人の割合は比較的線形に近い形で減少していく。高地位者の割合が10%から70%へと上昇する局面では、高地位者の割合と〈下〉の階層帰属意識をもつ個人の割合との相関係数は、−0.987である。この数値は、基本モデルをベースにした複世代モデルと比較すると、やや線形性が弱まっていることを示しているが、しかしそれでもなお十分に高い数値といえる。少なくとも表層的には、〈上〉の階層帰属意識をもつ個人の割合や、〈中〉の階層帰属意識をもつ個人の割合は、高地位者の割合の変化に対してその速度を変えつつ変化していくのに対して、〈下〉の階層帰属意識をもつ個人の割合は高地位者の割合の変化に対して一定の速度でコンスタントに減少していくようにみえる。

ここまで、$k=0.3$に設定したときの高地位価値変動＋再生産＋複世代モデルが示す階層帰属意識分布の動きについて検討してきた。$k=0.8$に設定したときのモデルが示す階層帰属意識分布の動きについては、結果を図表にしては示さないが、その概略について簡単に述べよう。

kの値が高くなったとしても、階層帰属意識分布の基本的な動きに大きな変化があるわけではない。しかし、kの値が高くなること[17]によって、細かなところで違いが出てくる。

まず、〈上〉の階層帰属意識をもつ個人の割合の変化についてみてみると、“高地位者の割合の上昇にともなってある時点まではその割合を増やすけれども、ある時点を過ぎるとその割合は減少するようになり、最終的には〈上〉の階層帰属意識をもつ個人がいなくなってしまう”という基本的な動きはそのままである。しかし、kの値が低いケースと比較すると、ピークを迎える時点（時点U_7）が早くなる一方で、ピーク時における〈上〉の階層帰属意識をもつ個人の割合（0.249）が高くなる。地位継承の度合いの強さは、全体として〈上〉の階層帰属意識をもつ個人の割合を増やすけれども、同時に高地位者の割合に依存した高地位の価値変動に敏感に反応し、より早い段階で減少に転じ

17　それは地位継承の度合いが高まることを意味する。

る。

また、〈中〉の階層帰属意識をもつ個人の割合の変化についてみてみると、“高地位者の割合の上昇にともなって単調に増加し、均衡状態では100％なる一方で、高地位者の割合が上昇する局面では50％前後の割合で推移する期間が長い”という基本的な動きはそのままである。しかしこれも、k の値が低いケースと比較すると、50％前後の割合で推移する期間が短くなっている（時点 U_4 から時点 U_6 まで）。地位継承の度合いの強い社会は、高地位者の割合の上昇による高地位の価値変動をより直接的に階層帰属意識の分布に反映させるといえる。

最後に、〈下〉の階層帰属意識をもつ個人の割合の変化についてみてみると、“高地位者の割合の上昇にともなって単調に減少し、その軌跡は高地位者の割合の上昇が最終局面を迎える段階までほぼ線形になっている”という基本的な動きはほとんどそのままである。もちろん、若干の数値の違いはあるけれども、意味的な違いを見出すことはできない。

いずれにしても、地位の再生産の強度を示すパラメータ k の値が高く、地位継承の度合いが強いということは、階層帰属意識分布の変化になにか質的な違いをもたらすということはなく、高地位者の割合といった階層帰属意識分布を規定する外的要因の変化により敏感に反応しやすくなるということを意味している。

4. 議論

本章では、地位継承が階層帰属意識分布に及ぼす影響をモデル化しようと試みてきた。検討すべき要因を少なくし、必要最小限の検討に絞ったものの、それでも結果としてかなり細かい部分についてまで言及せざるを得なかった。そこで本節では、前節までの検討によって明らかにされた事実を整理し、その意味するところをまとめたいと思う。

本章で検討したモデルの核となるアイディアは、“地位継承”である。“地位継承”とは、現象的には子の社会的地位が親の社会的地位と一致することを意味していた。もし階層意識が幼少時から積み重ねられてきた社会経験を通じて形成されるものなら、親の地位と本人の地位が一致していないとき、その個人は複数の階層に所属した経験をもち、そこに非一貫性が生じる。したがって、その個人の、現在所属している階層に対してコミットする程度は弱まらざるをえない。しかし、親の地位と本人の地位が一致しているとき、すなわち親の地位がその個人に継承されたとき、その個人の所属階層に関する経験は一貫している。このようなとき、その個人の、現在所属している階層に対してコミットする程度は強くなるはずである。本章のモデルの背後にある理論的仮定は、このようなものであった[18]。

そして、本章のモデルから、私たちはいくつかの実証可能な命題を手中にした（命題1、命題3）。これらの命題が経験的なデータに合致するかどうかの検証は別章での重要な課題となろう。

また、このような地位継承のメカニズムが高地位者の割合の変化によってどのような影響を被り、そしてそのことによって階層帰属意識分布が高地位者の割合の変化とともにどのように変化していくのか、そしてその変化は私たちが知っている現実社会の階層帰属意識分布の変化とどの程度一致しているのか、これらのことについて議論した。

本章では、まず地位継承のアイディアをもとに基本モデルを検討した。基本モデルが明らかにした重要な知見[19]は2つである。

1つは、地位が継承されるかいなかが個人の階層帰属意識の形成に影響をもつことで、高地位者の割合の影響が遅延化されるということであった。たとえば、高地位者の割合が100%に近い水準に到達し、その水準で推移しているにもかかわらず、階層帰属意識分布はなおも高地位者の割合が上昇したことの効果によって変動を続ける。地位が階層帰属意識に及ぼす効果は遅延化され、そして不可視化されてしまうのである。

もう1つは、高地位者の割合が上昇する局面のほとんどにおいて、〈中〉の階層帰属意識をもつ個人の割合が50%前後で安定するということである。人

18　このアイディアは、かつて議論された地位非一貫性のアイディアをさらに発展させたものといえる（今田・原 1979）

19　この知見は、他のモデルにも共通する、本章の数理モデルに関するもっとも重要な知見である。

々の階層帰属意識が〈中〉に集中し、そこで安定してしまう現象は、一億総中流論争をはじめとして、人々の関心を惹き、また議論もされてきた（村上 1984, 今田 1989, 間々田 1988, 1990, 直井 1979, 盛山 1990, 高坂 1988, 高坂・宮野 1990, Fararo and Kosaka 1992, 2003）。本章のモデルは、そうした現象を説明できるだけでなく、従来のモデルにはない大きな利点をもっている。少なくとも日本社会に関する限り、階層帰属意識分布の変化は、上昇局面（1950 年代から 1970 年代まで）と安定局面（1970 年代から 2000 年代まで）の二つに区分することができる[20]。このような二つの局面が存在する場合、ある理論・モデルは上昇局面を説明することができても安定局面を説明することができなかったり[21]、あるいは逆にある理論・モデルは安定局面を説明することができてきも上昇局面を説明できなかったりするようになる（高坂 1988, 高坂・宮野 1990, Fararo and Kosaka 1992, 2003）。しかし、本章で明らかにしたモデルは、高地位者の割合の変化を前提におくことで、上昇局面と安定局面のいずれに対しても、それがなぜ生じたのかを説明できている。もちろん、戦後日本において高地位者の割合が上昇しているといっても、その様相は一様ではない。高校への進学率は、単調に増加し、かつ 100% に近い水準で飽和している。一方、大学への進学率は 1970 年代から 1980 年代にかけては 30%～40% で停滞しており、またホワイトカラーの増大も 100% に近い水準にまで達しているわけではない。いずれにしても、90 年代以降も、大学への進学率の上昇、ホワイトカラー増大など、高地位者の割合は上昇基調にあり、その限りで本章が扱ったモデルの有効性は失われない。

20　2000 年代以降、下降局面に入ったかどうかについては、現段階では確定できない。

21　原（1990）や、今田（1989）は、総中流化が進むことで従来の階層の枠組みに捕われない人々が出現すると考えた。上昇局面から安定局面に移行し、現実の社会的・経済的地位の差異がさほど意味をもたなくなったようにみえた当時、“人々が所属する階層を判断する際にもちいる認知の枠組みが変わりつつあるのだ”という予想は、きわめて妥当なものだった。しかし、吉川（吉川 1999, Kikkawa 2000）はむしろ人々の階層意識上に収入、職業、学歴といったこれまでの階層の枠組みがより強く反映されるようになったことを示し、現実が研究者の予想を裏切る形で推移していたことを明らかにした。そして、このような予想が導かれたことの背景には、その当時研究者によって考えられていた階層帰属意識の上昇を支えるメカニズムが、安定局面を十分に説明できなかったことにあると考えられる。

また本章では、高地位者の割合の上昇とともに高地位の希少性が失われ、その地位がもっていた価値が失われていくことを仮定した高地位価値変動モデルについても検討した。高地位価値変動モデルが示唆することは、このまま高地位者の割合が上昇していけば、"〈上〉の階層帰属意識をもつ個人が減り、かつ〈中〉の階層帰属意識をもつ個人が増える"という階層帰属意識の下方シフトが生じるかもしれないということであった。もちろん、高地位価値変動モデルが予想するような階層帰属意識の下方シフトが生じているのか（あるいは、これから生じるのか）、このことについてはまだまだ議論の余地がある。現実にはある段階で大学への進学率の上昇や、ホワイトカラーの増大が頭打ちになる可能性もあるし、あるいは所属階層を弁別する地位の焦点が従来とは異なるカテゴリーへ移行する可能性[22]も否定できない。しかし、一つの可能なシナリオとして、このような階層帰属意識の下方シフトが生じる可能性はある。この点においても、モデルから導き出された命題を、経験的データによって慎重に検証していくことが重要になる。

しかし、現実社会において、地位継承はどの程度の割合でなされているのだろうか。仮に個人の地位が親の学歴とは独立に決まると考えても（実際に、基本モデルでは、そのように仮定されていた）、一定程度の割合で地位継承が生じる。しかし、現実社会で生じている地位継承は、単にランダムな組み合わせによって生じる以上の地位継承を含んでおり、"高地位の親をもつ個人は高い地位を取得しやすい"といった傾向は、学歴にも、職業にも現実に存在する。このことは従来の社会学研究において問題にされてきたことであり（Ishida 1993, 苅谷 1995）、たとえば学歴の継承のされやすさがなぜ生じるのか、そのメカニズムについてもさまざまな理論的な説明がなされてきた（Bourdieu 1979（1989）, Bourdieu and Passeron 1970（1991）, Bernstein 1996（2000）, Breen and Goldthorpe 1997, 苅谷 2001）。

残念ながら、本章では、"地位が継承される"現象を産み出すメカニズムそのものをについて何か新しい知見を加えることはなかった。しかし、"地位が継承される"傾向があることを前提にして、そのような傾向が人々の階層帰属

22　たとえば大卒／非大卒でなく、大学院修了／非大学院修了が焦点になる可能性や、学校間の違いが焦点になる可能性（Dale and Krueger 2002）などである。

意識にどのような影響を与えうるのか、このことについて検討し、いくつかの知見をえることができた。

地位が継承される度合いを示すパラメータを導入したモデルから、私たちは“地位が継承される”傾向が強まることで現れる、ある傾向を確認した。それは、“地位継承”がなされ、世代間での再生産の傾向が強まることで、“高地位者の割合の変化”に対する“階層帰属意識分布の変化”がより直接的に、また敏感になるということである。“高地位者の割合の上昇局面のかなり部分で、〈中〉の階層帰属意識をもつ個人の割合が全体の半分程度で安定的に推移する”ことが本章のモデルの特徴であったけれども、地位継承が強まるとその期間は相対的に短くなり、〈上〉ないし〈下〉の階層帰属意識をもつ個人の割合がより激しく変化するようになる。逆にいえば、“世代間での地位移動が盛んであること”が、“私たちの社会において〈中〉の階層帰属意識が全体の半分を安定的に占めている”ための条件になっていたことが分かる。

最後に、本章では複世代モデルについても検討した。社会を構成する成員が一度に全員が入れ替わるのではなく、全体の一部が少しずつ入れ替われる複世代モデルは、本章のモデルをより現実的なものにするために付け加えられた条件であった。そして、この条件を付け加えることで、これまで明らかにされた地位継承と階層帰属意識、そして高地位者の割合の関係がより明確になった。確かに、本章のモデルは、“現実”社会の階層帰属意識分を説明するためにはまだまだ限定的で、不十分だけれども、より現実に近い条件をモデルに与えることで、すでに先行するモデルによって明らかにされた知見が再度、しかもより強く現れたということは、本章が明らかにした知見の頑健性を示唆している。むしろ、本章のモデルをさらに現実社会に近づけるべく、より精妙に、そしてより複雑にして、しかしそのことによって新しい知見を得られる見込みがないならば、現実社会の背後にあるメカニズムを理解するためには、もちいられるモデルは必要最小限の要素で構成された、より単純なモデルあることの方が望ましい。

ちなみに、複世代モデルによって再度、そしてより明確に確認された知見とは、次の2つである。

1つは、高地位者の割合の変化と階層帰属意識分布の変化にラグが生じ、高地位者の割合の上昇が頭を打ち、100％の水準に到達して飽和しても、階層帰属意識分布はその後も変化し続けるということである。この傾向は、すでに基本モデルにおいて確認されていた傾向だが、複世代モデルになることでより顕著になる。このことが顕著なのは、〈上〉の階層帰属意識であり、〈下〉の階層帰属意識をもつ個人の割合が高地位者の割合の変化に対して比較的線形に近い形で反応する一方で、〈上〉の階層帰属意識をもつ個人の割合は高地位者の割合が上昇する前半の局面では高地位者の割合の変化に対してほとんど反応しないにもかかわらず、高地位者の割合が100％の水準に到達しても、まさに高地位者の割合が変化したことの影響でその割合を変化させ続ける。

もう1つは、高地位者の割合が上昇するほとんどの局面において、〈中〉の階層帰属意識をもつ個人の割合は全体の半数程度で安定するということである。この傾向もすでに基本モデルにおいて確認されていたものだが、やはり複世代モデルにすることでその傾向はより顕著になる。そして、高地位者の割合が高い水準で安定した後にはじめて、基本モデルの場合にはその割合は0に向かって均衡し、高地位価値変動モデルではその割合は1に向かって均衡する。

したがって、高地位者の割合と階層帰属意識分布の背後にあるメカニズムを理解していないと、階層帰属意識分布は、すでに社会構造が安定しているのに変動していたり、あるいは社会構造が激しく変動しているのに安定していたりと、あたかも両者は独立であるかのように観察されてしまう。

もちろん、以上のような知見を階層意識研究に新しくもたらした本章のモデルも、それ自体は単なる仮説にしか過ぎない。しかし、私たちはすでに階層帰属意識については、SSM調査によって長年にわたって蓄積されてきたデータをもっており、これらのモデルの妥当性をSSM調査データによって検証することができる。この点は、私たちのモデルにとって大きな利点といってよいだろう。

もし、本章で仮定した“地位継承”のメカニズムが私たちの階層帰属意識に与える影響をデータによって確認することができたなら、階層帰属意識分布の長期的な変動を説明できる本章のモデルは、時間の流れの中で、そしてその流れの中で生じるさまざまな社会的・経済的地位間の相互作用を考慮しながら階層意識を考えていくことの重要性を明らかにしてくれる。従来の階層意識研究が、“ある一時点”の個人属性のみに注目してきたことを考えるならば[23]、本章のモデルの階層意識研究への貢献は、決して小さくないといえよう。

5. 結論

本章では、“地位継承”という概念を導入し、当人の地位と親の地位の相互作用が個人の階層帰属意識に与える影響を理論的に検討した。その結果、当人の地位と親の地位という、世代をまたいだ2つの社会的地位間の相互作用を仮定することで、私たちが知っている戦後日本社会の階層帰属意識分布の変動を説明できることを明らかにした。それは、同時に、人々の階層帰属意識が〈中〉に集中し、その状態で安定してしまうことの説明であった。しかし、本章で検討したモデルが戦後日本社会の階層帰属意識の変動を論理的に説明できるとしても、こうしたメカニズムだけが個人の階層帰属意識形成に影響を与えていたわけではないことに注意しなければならない。本章が明らかにしたのは、個人の階層帰属意識を規定するメカニズムのうちの1つであって、決してそのすべてではない。

社会的地位以外に問題として取り上げることのできる要因して、たとえば個人収入（あるいは世帯収入）をあげることができる。現在の当人の収入水準と幼少時の親の収入水準との間に相互作用が存在し、それもまた個人の階層帰属意識の形成に影響を与えているかもしれない。実際に、従来の階層意識論は、個人の階層帰属意識にもっとも強い影響をもっている変数が収入であることを明らかにしてきた（直井 1979, 間々田 1988, 間々田 1990）。

したがって、本章の基本的なアイディアを収入といった変数に適用することで、さらには学歴・職業・収入間の相互作用すらも仮定することで、私たちが階層帰属意識について知りたいと考えていたことがより深いレベルで明らかにされる可能性もある。今、私たちに必要とされている作業は、本章のモデルの経験的妥当性を検証すると同時に、本章のアイディアがもっている可能性をさらに拡げていくことにある。本章の作業は、あくまでもそうした広大な研究領

23　ネットワークの影響を考慮する星（2000）の研究や、地域の影響を考慮する小林（2004）の研究も、このカテゴリーに分類される。

野のごく一部を明らかにしただけにすぎない。

第3章　学歴継承の効果

1. 問題

1—1. 学歴と階層帰属意識

本章では、学歴と階層帰属意識の関係に焦点をあて、前章で明らかにした命題1および命題3の検証を試みる。また学歴については、他の社会的・経済的地位と異なり、必ずしも直観的には明らかでない影響を階層帰属意識に与えていることが知られている。本章では、このことについても問題にしていく。

日本社会の階層帰属意識に関する研究の中で、吉川徹によるパス解析をもちいた研究を特筆すべき業績として挙げることができる（吉川 1999, Kikkawa 2000, 吉川 2006)。吉川が明らかにしていることは、学歴が階層帰属意識に与える影響が通時的にみて不変的なものでは決してなく、時間の流れに応じて顕著に変化してきたことである。吉川が分析対象とした期間は階層帰属意識の分布が安定していた1975年から2003年までの間であるが、この間、学歴の階層帰属意識に対する影響は一貫して増大している。

1970年代、階層帰属意識と社会的地位変数との関連はもともと強いものではなく、それが1980年、1990年と時代が経過するにつれて次第に強まってきた。2003年になって職業の階層帰属意識に対する影響は統計的な有意性を失ってしまったものの、学歴は依然として統計的にみて有意な影響力をもっており、個人の階層帰属意識を予測する上で学歴は観察者にとって意味のある情報となっている。

このとき注意しなければならないことは、学歴が階層帰属意識に対してもつ影響は、その手段的な有用性に起因するものではなく、学歴それ自身の価値に由来しているということである。職業および収入といった変数を投入してもなお学歴が強い影響を保持しているということは、高い学歴が高い威信をもつ職業に就くために有用であったり、あるいは高い収入を得るために有用であったり、そういった手段的な有用性でもって階層帰属意識を高めているわけではないことを明らかにしている。それらとはまったく独立した次元で、学歴は、それ自身、階層帰属意識を高くする何らかの作用を有している。

しかし、なぜ、学歴は人々の階層帰属意識に対してこのような強い影響力をもつようになったのだろうか。残念ながら、このことに関する理論的な説明はいまだ十分になされていない。本章の目的は、前章の数理モデルの妥当性を検証すると同時に、学歴が階層帰属意識に影響するメカニズムを理論的に説明し、学歴の階層帰属意識に対する影響が1970年代以降なぜ強まったのか、このことを明らかにすることにある。

1−2. 高学歴の大衆化と学歴の象徴的価値

日本社会における学歴の意味を考えるときに看過できない問題は、学歴をめぐる社会構造の変動である。戦後日本社会が体験した急激な近代化の影響は、人々の生活にさまざまな変化をもたらした。とうぜん、そこには学歴をめぐる社会構造の変動も含まれている。

学歴をめぐる社会構造の変動とは、具体的には高学歴の大衆化を意味する。学校基本調査（文部省 2006）によれば、戦後日本社会は1970年代半ばまでに急激な高学歴化を体験している。たとえば、高等学校への進学率は1970年代半ばに90％に到達し、さらに大学への男性の進学率も40％をはじめて超えている。そして、その後数十年間、日本社会は基本的にはこの高い教育水準を維持し続けている。

このような急激な高学歴化と、そのようにして新たに形成された学歴構造のその後の安定化は、日本社会の教育水準の上昇と安定化を意味すると同時に、学歴がかつてもっていた象徴的な価値の下落をもたらしているはずだと考えることは自然である。かつては社会のごく少数のエリートのみが進学した大学も、現代ではある程度の能力さえあれば誰でも進学することができる。高学歴の大衆化によって、高い学歴を保持していることはなんら珍しいことではなくなったからである（苅谷 1995）。

しかし、この推測は、前項で述べた学歴と階層帰属意識の関係の通時的な変化と整合していない。階層帰属意識に対する学歴（の象徴的な価値）の影響は1970年代半ばではほとんど現れていない。また、1970年半ば以降になって、学歴（の象徴的な価値）の影響は、弱化していないし、安定化もしていない。むしろ、強化されている。これらのことは、少なくとも人々の社会意識においては、学歴の（象徴的な）価値は、1970年代以降、一貫して増大していることを示唆している[1]。

このように、階層帰属意識を通して明らかにされる学歴の象徴的価値はいっけんすると私たちの直観に反した変化を示しており、それゆえ学歴と階層帰属意識の関係の通時的な変化はこの点において私たちに対して解きがたい謎を提示している。

しかし、なぜ、学歴の象徴的な価値は、希少性という価値の源泉を失っているにもかかわらず、下落することなく、むしろ増大しているのだろうか。本章では、この問題の背後に、階層帰属意識の形成に関して前章で議論した地位継承のメカニズムを仮定し、そしてこの地位継承のメカニズムがここで新たに問題として提示した“学歴と階層帰属意識の関係の通時的な変化”と実は密接に結びついていたことを明らかにする。そして、もし“地位継承のメカニズム”と“学歴の階層帰属意識に対する影響”の結びつきを明らかにすることができれば、学歴と階層帰属意識の関係とその通時的な変化が合理的に説明されるだけでなく、ここで新たに提示された問題が“階層帰属意識とはそもそも何であるのか”という、階層帰属意識に関するもっとも基本的な問題と裏表の関係に

1 高学歴化が私たちの期待するような結果を導いてないという議論は、階層帰属意識以外にも存在する。その1つとして、たとえば高学歴化が教育機会の平等化を促していないと議論がある（近藤 2001）。こうした現象に対しては理論的にはゴールドソープとブリーンの合理的選択モデルを用いた説明があり（Breen and Goldthorpe 1997, Goldthorpe 1997, 太郎丸 2002）、このモデルに基づいた関連研究も少なくない（Morgan 1998, Need and de Jong 2001, Davies, Heinesen and Holm 2002, Becker 2003, Breen and Josson 2005）。このように、高学歴化は、近代社会にとって複雑な現象をもたらしている。

なっていたことを示すことができるだろう。

1—3. “積み重ねられた意識”としての階層帰属意識

階層意識に関する先行研究は少なくないが、地位継承に関連する研究としては、とくにP.ブルデューの研究を挙げることができる（Bourdieu 1979（1989），Bourdieu 1987（1991），Bourdieu and Passeron 1970（1991））。ブルデューは、階層意識が社会的地位や経済的地位によって決まるだけでなく、個人の趣味や思考といった行動様式（ハビトゥス）によっても支配されていることを明らかにした。そして、個人の階層意識に影響を与えている、このような行動様式は、その個人の出身階層を通じて習得され、そして維持されるのである[2]。このような意味での階層意識は、ある一時点の社会的・経済的地位のみによって表現されるものではなく、いわばその個人によってこれまで積み重ねられた経歴全体によって表現されるものである。したがって、このような考えに立てば、自身の社会的・経済的地位に対する総合評価を意味する階層意識は、個人にとって達成されるものであると同時に、親世代から“継承されるもの”でもある。

しかし、ブルデューの議論は出身階層と到達階層が一致するケースに注目して議論を展開しており、両者が一致しないケースではいったい何が生じるのか、このことを問題にしていない。構造変動の激しい時期にはたとえ出身階層によって機会格差があったとしても、全体としては一定数の社会移動が必ず生じ、出身階層と到達階層が同じでない個人が出現する（安田 1971）[3]。出身階層と到達階層が一致していない個人の階層帰属意識は、出身階層と到達階層が一致している個人の階層帰属意識と比較して、いったいどうなるのだろうか[4]。

2　社会階層論では出身階層として、家庭の役割が強調される傾向がある（たとえば、Hauser and Mossel 1985, Sieben and De Graaf 2001, 2003）。もちろん、家庭の役割の重要性は否定しがたい事実であるが、その影響はライフコースを通じてつねに大きなものでありつづけるわけではなく（Warren, Sheridan and Hauser 2002）、また出身階層として考慮されるべきものとして、たとえば出身地域・近隣（Garner and Raudenbush（1991），Small and Newman（2001），Sampson, Morenoff and Gannon-Rowley（2002）など。ただし、Solon, Page and Duncan（2000）のような主張も存在する）や、経済環境（Mayer 2002）や、宗派（Morgan 2001）のようなものがあることにも注意しなければならない。本書は、そうした多くの諸要因の複雑な相互作用のごく一部に照準を当てているに過ぎないことを、改めて強調したい。

たとえば、かりにある個人が高い学歴を得て、威信の高い職業に就き、そして高い収入を得ていたとしても、現在の境遇がかつて自身が所属していた（いいかえれば、自身がそこで育ったところの）階層とあまりにも異なるために、その個人は新しい階層に自身を帰属させることに違和感を覚えるということがありうる。出身階層と到達階層が異なることは、その個人にとってより強固な階層帰属意識形成を妨げる要因になるだろう（Brine and Waller 2004）。したがって、逆にいえば、出身階層と到達階層が一致していることは、強固な階層帰属意識形成の必要条件になっており、そして命題3が具体的に意味していることはまさにこのことであった。

階層帰属意識に特化した先行研究では、このような出身階層の影響に対して必ずしも十分な注意を払ってきたわけではない[5]。しかし、本章は、この命題3が意味する出身階層の効果が、本章で新たに問題として提示した学歴と階層帰属意識の必ずしも自明でない関係を合理的に説明してくれると考えている。このことを、命題3から導かれる予想を検証すべき仮説として示しつつ、明らかにしよう。

本章が検証することになる最初の仮説は、次の通りである。

仮説1　出身階層と到達階層の社会的地位が一致しているとき、出身階層と到達階層の社会的地位が一致していない場合と比較して、階層意識はより強固に形成される。

3　ただし、このことはLindbekk（1998）がノルウェーについて、またMcPherson and Willms（1987）がスコットランドについて指摘しているような階層の再生産の弱化をつねにもたらすとは限らず、逆に構造変動に適応した再生産戦略の展開を促すに過ぎないという可能性も、Breen and Whelan（1993）がアイルランドを事例にして指摘しているように、存在する。そして、このことは、かりに教育機会が平等であったとしても、そのことだけで社会的不平等が解消されるわけではないことも示唆していよう（Shavit and Westerbeek 1998, Checchi, Ichino and Rustichini 1999）。

4　この問題については、今田・原（1979）の地位非一貫性に関する議論が参照になる。しかし、今田・原の議論は、当人の社会的・経済的地位間の非一貫性であり、本章が問題にする世代間の地位費一貫性とは異なっている。

5　ただし、例外としてPlutzer and Zipp（2001）の研究を挙げることができる。

これは命題3から直接的に導かれる仮説であるが、構造変動とあわせて考えたとき、社会的地位と階層帰属意識の関係に対して重要な示唆を有している。たとえば、高学歴化が進んで高い学歴を得ている個人が増えたとしても、出身階層に注目すれば、親も高学歴という個人は依然として少数派である。つまり、高学歴化による学歴の象徴的価値の下落は、その世代から始まるのではなく、その子供の世代から始まるのであり、時間的には遅れが発生する。そしてこれは、戦後日本社会で高学歴化が進行したにもかかわらず、学歴の象徴的価値が衰えなかったことを理論的に説明してくれる。

また、前章で検討したモデルのうち、もし高価値変動モデルが妥当するならば、以下の仮説2が成り立つ。

仮説2　構造変動の激しい時期は、親と同じ社会的地位に到達していても、出身階層と到達階層の社会的地位の“ずれ”が意識され、地位継承が階層意識を規定する傾向が弱まる。

仮説1を考慮すれば、個人が自身の所属する階層に強い帰属意識をもつためには、自分がかつて所属していた出身階層における社会的地位の価値と現に所属している到達階層の社会的地位の価値との一致が強く意識されていなければならない。逆にいえば、もし自分がかつて所属していた出身階層の社会的地位と現に所属している到達階層の社会的地位とが同じであっても、その価値が一致していなければ、出身階層の資源を有効に利用することで親の社会的地位を継承することに成功したとしても、その個人は現在の自分の社会的地位の価値がかつて所属していた出身階層の社会的地位の価値とは異なることを意識せざるをえず、その階層への帰属意識が弱まることを予測できる。たとえば、父親と母親が高い学歴を保有する家庭に育った個人は、かりに高い学歴を獲得することに成功しても、自分が獲得した学歴が社会全体の高学歴化によって価値が下がっており、かつてと同じ価値をもっていないことを意識せざるをえない。けっきょく、そのような個人は、出身階層と到達階層とで社会的地位が異なっている個人と同じように、所属する階層に対して弱い帰属意識しかもてないのである。したがって、構造変動が激しい時期には、客観的には社会的地位を継承することに成功した個人であっても、その個人は継承された社会的地位に付与された社会的意味がかつてと異なることを意識するために、出身階層と到達階層とで社会的地位が一致していることの効果は弱くならざるをえない[6]。高価値変動モデルの“高地位者の割合の上昇するにつれ、地位継承者の一部の階層帰属意識が〈中〉に置き換えられていく”という仮定が実質的に意味することはこのことであり、ここから仮説2が導かれる。そして、その裏返しとして、もし高価値変動モデルが妥当するならば、以下の仮説3も成り立つはずである。

仮説3　構造変動の少ない時期は、親と同じ社会的地位に到達した場合、出身階層と到達階層の社会的地位が“一致している”ことを意識し、地位継承が階層帰属意識を規定する傾向は強まる。

もし自分がかつて所属していた出身階層での社会的地位と現に所属している到達階層での社会的地位とが同じであり、かつ両者の価値が一致しているならば、出身階層の資源を利用することで親の社会的地位を継承することに成功したとき、その個人は現在の自分の社会的地位の価値がかつて所属していた出身階層の社会的地位の価値と変わらないことを意識し、その階層への帰属意識が強まることが予測される。たとえば、父親と母親が高い学歴を保有する家庭に育った個人が高い学歴を獲得することに成功したとき、自分が獲得した学歴（の象徴的価値）が親のそれと一致していることを意識する個人は、出身階層と到達階層とで社会的地位が異なっている個人とは異なり、所属する階層に対して強い帰属意識をもつようになる。つまり、構造変動の少ない時期には、社会的地位を継承することに成功した個人は、継承した社会的地位のもつ象徴的価値が親のもつそれと一致していることを意識するために、出身階層と到達階層とで社会的地位が一致していることの効果が強まる。仮説3が意味することは、

6　今田（1989）は、移動レジームという概念を提示して、個人が親から継承した地位を守るためには（親とは異なる）より高い地位を獲得することが必要になることを指摘している。そして、そのような移動が実現するためには、親から継承した地位よりも高い地位が存在していなければならない。しかし、高学歴家庭に育った個人にはもはやそのような学歴は社会に存在していないので、そのような個人の階層帰属意識は、高学歴化によって単に弱まるほかにない。

このことである。

そして同時に、この仮説2と仮説3は、1970年代半ばには学歴が階層帰属意識に与える影響が弱く、1970年代以降になって学歴が階層帰属意識に与える影響が強まった理由を明らかにしてくれる。戦後の高学歴化は戦後一貫して進行したわけではなく、高等学校・大学への進学率が一気に上昇した時期と、それらへの進学率が横ばいに推移した時期とを区別することができる。1970年代半ばはちょうどその境にあたり、進学率の上昇が一気に進行した1970年代半ばまでは構造変動の激しい時期に相当し、また進学率が基本的には横ばいで推移した1970年以降は構造変動が少ない時期に相当する。

このように、前章で明らかにした命題3から導かれる仮説1、および高価値変動モデルから導かれる仮説2と仮説3は、先にあげた問題を理論的に説明してくれる。したがって、データの分析を通してこれらの仮説の妥当性が確認されたなら、私たちは地位継承が階層帰属意識に与える影響を確認できると同時に、学歴と階層帰属意識をめぐる（いっけんすると）直観に反する事実も、当然の帰結として理解できるようになる。

2. 方法

2—1. データ

分析にもちいられるデータは、SSM調査データである。本章では、すでに実施された6回分のSSM調査データの共通項目をとりあげ、合併データを作成し、そのデータにもとづいて分析をおこなう。

SSM調査は、日本の社会階層と社会移動の実態を明らかにすることを目的とした社会調査である。そのため、年齢、学歴、職業に関する回答者本人の属性はもちろんのこと、回答者本人については初職以降の詳しい職歴、さらに回答者の父親や、配偶者の社会的・経済的地位など、社会階層に関する詳しい情報が、共通のフォーマットにしたがった形で収集されている。また、そうした社会的・経済的地位変数以外に、SSM調査の重要な継続項目の一つとして、実施されたすべての調査において、回答者の階層帰属意識に関する質問項目が

表 3-1　SSM 調査（1955～2005）のサンプルサイズと回収率（男性票のみ）

調査票のタイプ	サンプルサイズ	回収数	回収率
1955 年	4500	2014	44.8%
1965 年	3000	2077	69.2%
1975 年	4001	2724	68.1%
1985 年 A	2030	1239	61.0%
1985 年 B	2030	1234	61.0%
1995 年 A	2016	1248	61.9%
1995 年 B	2016	1242	61.9%
2005 年	6506	2660	40.1%

*1955 年 SSM 調査と 1965 年 SSM 調査の公式回収数（回収率）は、それぞれ 3677（81.7%）と 2158（71.9%）である（SRDQ 事務局編『SRDQ：質問紙法にもとづく社会調査データベース』[http://srdq.hus.osaka-u.ac.jp]）。しかし、電子データとして提供されているケース数は、それよりも数が少なく、表では電子データとして提供されているケース数に合わせて回収数、回収率を計算している。
*2005 年 SSM 調査については、当初のサンプルサイズと実施された際のサンプルサイズとの間にずれがあり、2005 年 SSM 調査研究会では後者にもとづいた回収率を公式の回収率としている。表中の数字は、三隅・三輪（2008）による。

取り入れられている。このような特徴をもつ SSM 調査は、本章の問題関心にとって、もっとも好都合なデータセットだといってよいだろう。

SSM 調査は、20 歳から 70 歳までの日本の選挙権を有する成人を調査対象に設定している。ただし、1955 年から 1975 年までは男性のみが調査対象になっており、女性が調査対象に加えられたのは 1985 年以降になる。

SSM 調査のサンプリングは、二段階無作為抽出法で行われている。まず、人口規模に応じた重み付けにしたがって市町村単位のサンプリングが行われ、その後、選挙人名簿をもとに個人単位のサンプリングが行われている。ただし、各回の SSM 調査のサンプル規模は必ずしも同じではない。各回のサンプル設計と回収率は表 3-1 で示した通りである[7]。

表中の回収率の数字は、一部の項目について欠損値を含んだケースを含めてカウントした場合の数字である。したがって、分析にもちいる変数（たとえば、世帯収入）が欠損値になっているケースを考慮すると、実際に分析にもちいる

7　ただし、示しているのは、本章で分析にもちいた男性票のみである。

ことのできたケース数は表の数字よりもかなり少なくなる[8]。なお、分析にもちいた正確なケース数は、世帯収入を省いた分析では11,689であり、世帯収入を含んだ分析では10,374である。

前述の通り、SSM調査では利用できる女性のデータは1985年以降に限られている。1955年から1975年についてはそもそもデータが存在しないので、女性の階層帰属意識については、1955年から2005年までの50年間の変化を追いかけることはできない。このような理由から、本章では女性のデータを分析の対象から除いてある。もちろんこのことは、社会階層（および階層意識）の問題を考える際に男性のデータだけを考えれば十分であり、女性のデータを考慮する必要はない、ということを意味するものではない（Acker 1973, 1980, Korupp, Ganzeboom and van der Lippe 2002）。実際に、女性の階層帰属意識の分析については日本社会に限ってもすでに重要な先行研究が存在し、2005年のSSM調査データをもちいた分析もではじめている（直井 1990, 盛山 1994, 盛山 1998, 赤川 1998, 赤川 2000, Shirahase 2001, 神林 2004, 数土 1998, 数土 2003b, 数土 2007）。にもかかわらず、本章の目的は戦後の社会構造の変動と階層帰属意識との関連を明らかにすることであり、本章ではあえて1955年以降のすべての情報がそろっている男性のデータのみを取り上げ、1975年以前の情報が存在しない女性のデータを取り除いた。その意味で本章の主張が妥当する範囲は、おのずと男性に限定される。

2—2. 変数

従属変数

本章で従属変数としてもちいられるのは、階層帰属意識である。階層帰属意識は、1955年の調査から2005年の調査まで同一の質問文で回答を得ている数少ない質問項目の一つである[9]。SSM調査では回答者に自身が所属する階層と

8　SSM調査の回収率は回を追うごとに低下しており、とりわけ収入に関する項目は正確な情報をかつてよりも得られにくくなっている。調査データの質を考えると、これらの問題を軽視することはできないが、問題の原因は多岐にわたっており、それらの詳細な検討は本書の範囲を超えた作業となる。ここでは問題の存在のみを指摘し、この問題については、これ以上、深入りしないこととする。

して「上、中の上、中の下、下の上、下の下」の五段階から選択させているが、本章ではこれを〈上〉(＝上・中の上)、〈中〉(＝中の下)、〈下〉(＝下の上・下の下)の3カテゴリーに統合し、質的変数として分析にもちいた。このように3カテゴリーを統合した理由はすでに第1章で述べたので、そちらを参照にしてほしい。ちなみに、直井(1979)は1975年SSMデータをもとに階層帰属意識を分析し、「中の上」と「中の下」を構成する回答者の社会的・経済的地位には大きな差があり、「上」と答えるものの圧倒的な少なさを考えれば、実質的には「中の上」が〈上〉を意味していると指摘している[10]。

なお、階層帰属意識分布は必ずしも安定したものではなく、またその変化の趨勢も一貫しているわけではない。第1章で示した表1-2から分かるように、55年から75年にかけては階層帰属意識の分布は一貫して上方にシフトしており、75年から95年にかけては階層帰属意識の分布はきわめて安定している。また、95年から05年にかけては階層帰属意識は今度は下方にシフトしている。ただし、95年から05年にかけての変化については、SSM調査の回収率の急激な低下、あるいは階層帰属意識項目を訪問面接調査法から留置調査法に変更したなどの要因があり、この変化が実際の人々の意識の変化を反映したものであるかどうかは、議論の余地がある。

独立変数

本章で独立変数としてもちいられるのは、本人学歴と父学歴、そしてそれらと調査年度[11]の相互作用項である。従来の社会移動研究では職業に注目して分析が行われてきた。しかし、本章では、職業ではなく、学歴に注目して分析を行う。これは、職業移動よりも学歴移動の方が重要だからだという理由ではなく、学歴が職業や収入に比較すると安定した社会的地位であること、一般に

9　ただし、2005年SSM調査では、面接調査による回答ではなく、留置調査による回答となっている。分析結果を解釈する場合には、このことに注意する必要がある。

10　なお、この傾向は、日本人が謙譲を尊重する国民性を有しているから現れたというものではない。同じような傾向は、アメリカの階層帰属意識研究においても指摘されているし(Yamaguchi and Wang 2002)、階層帰属意識に関する国際比較研究についても同様の指摘がなされている(Evans and Kelly 2004)。

11　2005年SSM調査の一部は、2006年2月まで実施されていた。

階層帰属意識に対する影響は職業よりも学歴の方が強いと指摘されていることによる（吉川 2006）。

本章では、本人学歴および父学歴を「初等学歴」、「中等学歴」、「高等学歴」の3つのクラスに分け、それぞれのクラスについてダミー変数を作成した。よく知られているように、日本の教育制度は戦後を境にして大きく変化している。そのため、本人学歴と父学歴とを対応させる作業は、決して自明な作業ではない。本章では、旧制の中学は新制の高校に、旧制の高校は新制の大学に相当すると考え、新制の学歴と旧制の学歴から以下のようにして、3つのクラスを作成していた。

まず、初等学歴に分類されたのは、主として（新制）中学を最終学歴とする者のクラスである。旧制の尋常小学校・高等小学校、またごく少数であるが学歴なしという回答者もこのクラスに含まれる。いわば、新制の教育システムでの義務教育（9年）、もしくはそれ以下の教育を受けた人々のクラスである。中等学歴に分類されたのは、主として（新制）高校を最終学歴とする者のクラスである。旧制の中学校・実業学校・師範学校を最終学歴とする者もこのクラスに含めた。最後に、高等学歴に分類されたのは、（新制）大学、短期大学、高等専門学校、もしくは大学院を最終学歴とする者のクラスである。旧制学歴のうち大学、高等学校、高等師範学校、そして専門学校を最終学歴とする者もこのクラスに含まれる。なお、職業訓練を主とした専門学校への通学については、ここでは学歴にカウントしなかった。

また、階層帰属意識の判断メカニズムにおける地位継承の効果を時期別にみるため、学歴継承と調査年度の相互作用も独立変数としてもちいた。本章では、1955年から1965年までのデータセットを進学率上昇期に区分し、1975年から1995年までのデータセットを進学率安定期に区分し、2005年のデータセットを大学進学率再上昇期に区分した。図3-1は、学校基本調査（文部科学省 2006）で報告されている戦後日本の男性の進学率の変化である。図3-1をみると、高校への進学率は50年代から上昇を続け、1974年に90％を超えるとその後はこの高い水準で安定している。したがって、高校への進学を基準として考えたとき、1970年代前半を一つの区切りと考えることが適切である。また、大学進学率についても1975年頃までは一貫して上昇しており、1975年には40％

図 3-1　進学率の推移（1954 年－2006 年）
（文部科学省学校基本調査）

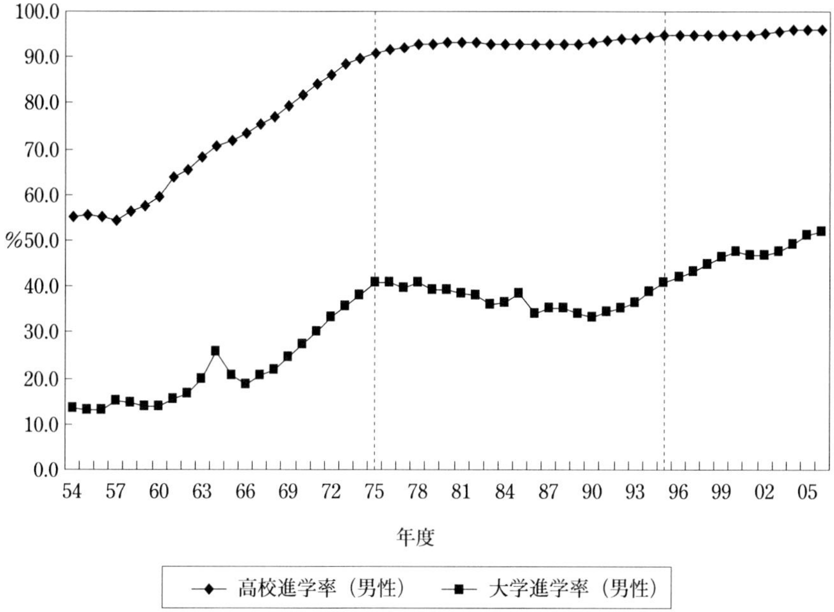

に到達している。しかし、その後、大学への進学率は 40% を割り、30% 台後半で安定する。したがって、大学への進学を基準として考えた場合にも、やはり 1970 年代前半に一つの区切りがあったと考えることが妥当だろう。しかし、その後、大学への進学率は少しずつ上昇し、2005 年では 50% を突破している。図 3-1 をもとに、安定期から上昇期へ転じた明確な区切りを見出すことは難しいが、ここでは 1975 年の水準を超えた 1995 年頃を安定期の終わりと考えることにした。

統制変数

本章では、人口学的な要因を統制するため、年齢を統制変数としてもちいた。年齢は、実年齢をそのまま量的変数としてもちいた。年齢以外に統制変数としてもちいたのは、本人職業および世帯収入の社会的・経済的地位変数である。

職業は、SSM8 分類をさらに 4 つに統合して、それぞれのカテゴリーについてダミー変数を作成した[12]。具体的には、上層ホワイト（専門職＋管理職）、下層ホワイト（事務職＋販売職）、ブルカラー（熟練労働者＋半熟練労働者＋非熟練労働者）、そして農業である。さらに、無職・学生についてもダミー変数を作成し、これも職業に関する統制変数とした。ただし、この変数は、実際の分析では参照カテゴリーとして省略されている。

世帯収入を統制変数としてもちいる場合には、2つの問題が存在する。1つは、少数の回答者が極端に高額な収入を得ているために生じる分布の歪みである。もう1つは、貨幣価値の長期的な下落である。

これらの問題を回避するために、本章では世帯収入額[13]をそのまま量的変数として投入するのではなく、"当該調査年度のデータセットにおける平均世帯収入と1955年のデータセットにおける平均世帯収入の比"を世帯収入額にかけて、その値の自然対数を世帯収入スコアとした[14]。具体的には、以下の式をもちいて世帯収入スコアを計算している。

$$Score_i = \log\left(income_i \times \frac{\overline{income_{1955}}}{\overline{income_j}} + 1\right) \quad (1)$$

ただし、$income_i$ は当該ケースの世帯収入、$\overline{income_j}$ はj年度における平均世帯収入、$\overline{income_{1955}}$ は1955年のデータセットにおける平均世帯収入を意味している。1を加えているのは、無収入（0円）の対数が定義されないことを避け

12　SSM職業分類の詳細については、1995年SSM調査コードブックを参照のこと（1995年SSM調査研究会 1998)。本章では、社会移動研究で国際的にもちいられるISCO-88にもとづいた職業分類（Ganzeboom and Treiman 1996）は使用しなかった。これは、1955年から1995年のSSMデータには、ISCO-88にもとづいた職業分類コードが用意されていないからである。

13　ただし、SSM調査では回答者に世帯収入の実額を尋ねているわけではなく、世帯収入について複数の選択肢を提示し、その中からもっとも近いものを選択させている。ここでは、各選択肢の中間値（たとえば、1000万円以上～1200万円未満という選択肢ならば、1100万円）を、回答者の世帯収入額とみなしている。

14　年度の異なる収入を比較するときにしばしばもちいられるのは、消費者物価指数による補正である。しかし、総務省統計局が公表しているデータには、1955年および1965年の指数が求められておらず、ここでは消費者物価指数を利用して世帯収入額を補正することをしなかった。

表 3-2　各変数の記述統計量

変数		平均/割合（%）	標準偏差	Min	Max
階層帰属					
〈上〉		21.4			
〈中〉		46.7			
〈下〉		31.8			
年齢		42.7	13.2	20	70
本人学歴					
高等学歴		24.0			
中等学歴		37.5			
初等学歴		38.5			
父学歴					
高等学歴		9.6			
中等学歴		17.1			
初等学歴		73.3			
世帯収入スコア		3.17	0.67	0.0	6.86
本人職業					
上層ホワイト		18.5			
下層ホワイト		25.5			
ブルーカラー		34.5			
農業		14.8			
無職/学生		6.9			
調査年度					
	1955	15.4			
	1965	15.4			
	1975	20.8			
	1985	17.7			
	1995	17.1			
	2005	13.7			

N=11,689
（ただし、世帯収入スコアについては、N=10,374）

るためである。

式（1）からわかるように、本書でもちいられる世帯収入スコアは対数をとることによって極端に高額な世帯収入の影響を緩和し、また各調査年度毎の平均世帯収入を1955年の平均世帯収入にそろえることで、異なった年度の世帯収入を比較できるようにしている。したがって、この世帯収入スコアをもちいることにより、先にあげた2つの問題点を回避することができる。

なお、独立変数および統制変数の記述統計量は、表 3-2 に示してある。

2—3. 方法

本項では、分析の手法として多項ロジットモデルを採用する[15]。多項ロジットモデルは、従属変数の値を直接予測する重回帰分析と異なり、確率のロジットを予測するモデルであり、質的変数で多変量解析を行う場合には一般的にもちいられる方法である。また本書では、階層帰属意識を判断するある程度普遍的な認知モデルの存在を仮定している。そして、そのモデルが変数の値に応じて、あるいは変数間の相互作用によって、人々に異なった階層帰属意識を抱かせるように作用するのだと考えている[16]。

まず、ベースラインとなるモデルは以下の式で表現される。

$$\begin{cases} \log\left(\dfrac{\phi_H}{\phi_M}\right) = \beta_{0H} + \beta_{1H} \cdot age + \sum\limits_i (\beta_{2Hi} \cdot education_i) + \sum\limits_j (\beta_{3Hj} \cdot occupation_j) \\ \qquad + \beta_{4H} \cdot Score + \varepsilon \\ \log\left(\dfrac{\phi_L}{\phi_M}\right) = \beta_{0L} + \beta_{1L} \cdot age + \sum\limits_i (\beta_{2Li} \cdot education_i) + \sum\limits_j (\beta_{3Lj} \cdot occupation_j) \\ \qquad + \beta_{4L} \cdot Score + \varepsilon \end{cases} \tag{2}$$

ただし、

ϕ_H：〈上〉に階層帰属意識をもつ確率、

15　本項で、順序ロジットモデルではなく、多項ロジットモデルをもちいた理由は、〈中〉の特異な性格に原因がある。階層帰属意識に関する項目を、訪問面接調査法（1955年—1995年）から留置調査法（2000年）へと質問の仕方を変えた結果、〈中〉が減り、逆に「わからない」が増えている。このことは、これまで〈中〉が“上とも、下ともいえない”という判断の保留を意味した“中間選択肢”としてこれまで意識されていた可能性を示唆している。それゆえ、ここでは、〈上〉、〈中〉、〈下〉が明確な順序を構成しているとは考えず、あえて多項ロジットモデルをもちいて分析をおこなった。

16　もちろん、現実的には、人々の階層帰属意識はこのような認知モデルによって決定論的に説明されるわけではない。本章で問題にされる認知モデルは、人々の階層帰属意識を判断する複雑な過程のある特定の側面に焦点をあてて抽象化したものに過ぎず、モデルの有効性は統計的な有意性でもって蓋然的に判断されるものでしかない。実際に、いくつかの要因に対して、いくつかのモデルが同時に作用していること（Yamaguchi 2002, Yamaguchi and Wang 2002）が考えられ、階層帰属意識の判断メカニズムがある特定の認知モデルに完全に還元しうると考えるのは、幻想であろう。

ϕ_M：〈中〉に階層帰属意識をもつ確率、
ϕ_L：〈下〉に階層帰属意識をもつ確率、
age：年齢
$\text{education}_\text{i}$：学歴カテゴリー i （初等、中等［参照カテゴリー］、高等、）
$\text{occupation}_\text{j}$：職業カテゴリー j （W 上層、W 下層、ブルーカラー、農業、無職・学生［参照カテゴリー］）
Score：世帯収入スコア
β：切片、もしくは各変数にかかる係数
ε：誤差
を意味する。

式（2）から分かるように、本書のモデルは、参照カテゴリーに〈中〉をおき、〈中〉に対する〈上〉（あるいは〈下〉）の確率のロジットが変数の値によってどのように変化するかを考えるモデルである。参照カテゴリーに〈中〉をおいた理由は、〈中〉が全体の階層帰属意識において占める割合が 4 割ともっとも高く、さまざまな情報が加わることによって〈中〉から〈上〉（あるいは〈下〉）へ移行すると考えたモデルがもっとも適当であると考えたからである。

本書では、このベースラインモデルに「本人学歴と父学歴との相互作用」を加えた次のモデルを考え、その係数の値を最尤法をもちいて推定した。

$$\begin{cases}\log\left(\dfrac{\phi_H}{\phi_M}\right)=\beta_{0H}+\beta_{1H}\cdot age+\sum_i(\beta_{2Hi}\cdot education_i)+\sum_j(\beta_{3Hj}\cdot occupation_j)\\ \qquad +\beta_{4H}\cdot Score+\sum_k(\beta_{5Hk}\cdot education_k\cdot father's_edu_k)+\varepsilon\\ \log\left(\dfrac{\phi_L}{\phi_M}\right)=\beta_{0L}+\beta_{1L}\cdot age+\sum_i(\beta_{i2L}\cdot education_i)+\sum_j(\beta_{j3L}\cdot occupation_j)\\ \qquad +\beta_{4L}\cdot Score+\sum_k(\beta_{5Lk}\cdot education_k\cdot father's_edu_k)+\varepsilon\end{cases} \tag{3}$$

ただし、$education_k\cdot father's_edu_k$ は本人学歴と父学歴の相互作用項を意味し、本人学歴と父学歴が一致するか否かを識別するダミー変数である。具体的には、本人学歴が中等学歴で父学歴も中等学歴の場合、本人学歴が高等学歴で父学歴も高等学歴の場合の 2 つのダミー変数が存在する。

図 3-2　父学歴の構成分布（本人学歴別）

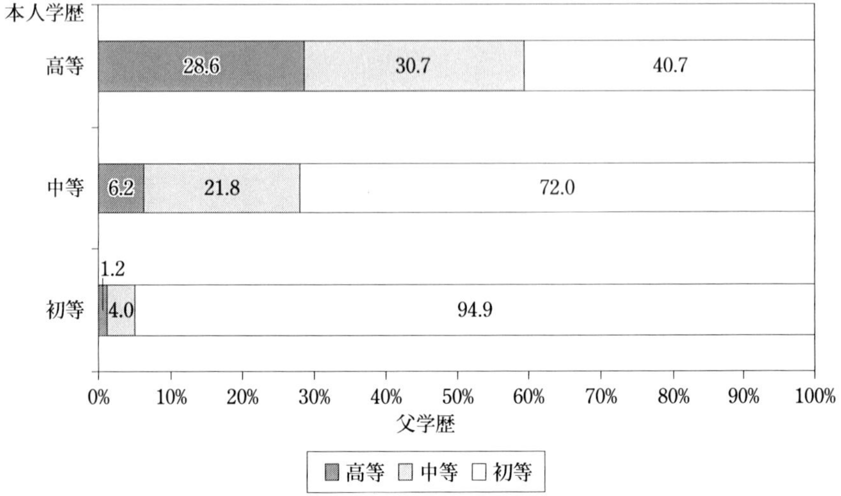

なお、本人学歴と父学歴の相互作用を検討する際、本人学歴が初等学歴で父学歴も初等学歴である場合の相互作用項はモデルから外してある。その理由は、初等学歴の継承者であることと、本人学歴が初等学歴であることとが、実質的には区別されないからである。

図 3-2 は本人学歴と父学歴の関係を示したものである。

図 3-2 から、本人学歴が初等学歴である回答者は、実にその 95％ が父学歴も初等学歴であることがわかる。つまり、初等学歴であることの効果と初等学歴の継承者であることの効果は重なっており、両者を区別することはほとんど不可能である。したがって、ここでは、初等学歴については本人学歴と父学歴の相互作用を検討することはしなかった。

一般的に学歴が高いほど階層帰属意識も高くなることが知られているので、もし仮説 1 が正しければ、本人も父親もともに高等学歴である場合には、そうでないケースと比較して、〈上〉という階層帰属意識をもつ可能性が高くなると予想される。一方、本人も父親もともに中等学歴である場合、どの階層に帰属する可能性が高まるかは、その時点での中等学歴の相対的な価値（ここでは、希少性）に依存して決まる。

本書ではさらに、ベースラインモデルに「本人学歴と父学歴と調査時期の相互作用」を加えた以下のモデルについても検討し、やはりその係数の値を最尤法をもちいて推定した。

$$
\begin{cases}
\log\left(\dfrac{\phi_H}{\phi_M}\right) = \beta_{0H} + \beta_{1H} \cdot age + \sum_i (\beta_{2Hi} \cdot education_i) + \sum_j (\beta_{3Hj} \cdot occupation_j) \\
\qquad + \beta_{4H} \cdot Score + \sum_k \sum_l (\beta_{5Hkl} \cdot education_k \cdot father's_edu_k \cdot period_l) + \varepsilon \\
\log\left(\dfrac{\phi_L}{\phi_M}\right) = \beta_{0L} + \beta_{1L} \cdot age + \sum_i (\beta_{i2L} \cdot education_i) + \sum_j (\beta_{j3L} \cdot occupation_j) \\
\qquad + \beta_{4L} \cdot Score + \sum_k \sum_l (\beta_{5Hkl} \cdot education_k \cdot father's_edu_k \cdot period_l) + \varepsilon
\end{cases}
\tag{4}
$$

ただし、$education_k \cdot father's_edu_k \cdot period_l$ は、時期カテゴリー $period_l$ と先に定義した（本人学歴と父学歴が一致するか否かを識別する）ダミー変数との相互作用を示している。時期カテゴリーは、1955年・1965年（進学率上昇期）、1975年・1985年・1995年（進学率安定期）、2005年（大学進学率再上昇期）の3カテゴリーが存在する。もし仮説2が正しければ、父親から本人へ学歴が継承されることで特定の階層帰属意識をもつ可能性が高まる効果は、学歴構造が安定している時期（高等学歴については進学率安定期、中等学歴については進学率安定期と大学進学率再上昇期[17]）に強まるはずである。また同様に、もし仮説3が正しければ、父親から本人へ学歴が継承されることで特定の階層帰属意識をもつ可能性が高まる効果は、学歴構造が変動している時期（高等学歴については進学率上昇期および進学率再上昇期、中等学歴については進学率上昇期）に弱まるはずである。

このように、これらのモデルから推定された係数を参照することで、本章の仮説の妥当性を明らかにすることができる。

17　大学進学率再上昇期において上昇している進学率は大学進学率だけであり、高校進学率が90%の水準を超えた段階で、高校進学率についてはもはや顕著な変化は存在しない。したがって、大学進学率再上昇期は、中等学歴者にとっては進学率安定期に相当する。

3. 分析結果

3—1. 学歴効果の分析

最初に、統制変数のみを投入したベースラインモデルについて確認しよう。表3-3は、多項ロジット分析の結果を示している。表3-3のモデル1およびモデル2[18]から分かるように、年齢、学歴、職業、そして世帯収入は、回答者の階層帰属意識に対して統計的に有意な効果をもっている。

まず年齢は、〈上〉に対してはプラスの効果をもち、〈下〉に対してはマイナスの効果をもっている。このことは、年齢が上がるにつれて〈下〉が減り、階層帰属意識は〈上〉もしくは〈中〉へと上方にシフトしていく傾向があることを示している。学歴をみてみると、高等学歴には〈上〉と回答する確率を高める効果と〈下〉と回答する確率を低める効果がある。一方、中等学歴にも〈上〉に対するプラスの効果と〈下〉に対するマイナスの効果をみいだすことができるが、〈上〉に対する効果は弱く、世帯収入スコアで統制すると消えてしまう。これらの事実は、一般的に高い学歴が階層帰属意識を高める効果をもつことを示唆しており、回答者によって学歴が階層帰属意識を判断するための社会的地位として明瞭に自覚されていることがわかる。

また職業をみてみると、上層ホワイトには〈上〉に対してはプラスの効果を、〈下〉に対してはマイナス効果をみいだすことができる。ただし、〈上〉に対する効果は、世帯収入スコアで統制すると消える。一方、下層ホワイトには〈上〉に対するマイナス効果と〈下〉に対するマイナスの効果をみいだすことができる（いいかえれば、〈中〉に対するプラスの効果が存在する）。とくに、〈上〉に対する効果は世帯収入スコアを統制した場合に強く現れる。ホワイトカラー層にとっては、自身の職が高収入に結びついているかいなかが、階層帰属意識に

18　経験的に、世帯収入スコアが階層帰属意識に対して大きな影響力をもっていることが知られているが、同時に世帯収入スコアは欠損値も多く、正確な推定が難しい。ここでは、世帯収入スコアを除いたモデルと世帯収入を投入したモデルの両方についてそれぞれ係数の値を推定している。

表 3-3　多項ロジット分析の係数 I

従属変数：階層帰属意識

変数	モデル 1	モデル 2	モデル 3	モデル 4
〈上〉/〈中〉				
年齢	0.008***	0.005**	0.008***	0.006***
	(0.002)	(0.002)	(0.002)	(0.002)
高等学歴	0.474***	0.403***	0.371***	0.313***
	(0.076)	(0.082)	(0.081)	(0.087)
中等学歴	0.145**	0.101	0.128*	0.082
	(0.065)	(0.069)	(0.068)	(0.072)
上層ホワイト	0.248**	−0.029	0.253**	−0.024
	(0.105)	(0.128)	(0.106)	(0.128)
下層ホワイト	−0.131	−0.299**	−0.115	−0.286**
	(0.105)	(0.127)	(0.105)	(0.127)
ブルーカラー	−0.249**	−0.346***	−0.224**	−0.323**
	(0.107)	(0.128)	(0.107)	(0.128)
農業	−0.172	−0.284**	−0.150	−0.262*
	(0.122)	(0.142)	(0.122)	(0.142)
世帯収入スコア		0.436***		0.430***
		(0.048)		(0.048)
高等×高等			0.392***	0.347***
			(0.093)	(0.102)
中等×中等			0.113	0.124
			(0.096)	(0.102)
定数	−1.241***	−2.403***	−1.295***	−2.431***
	(0.143)	(0.212)	(0.144)	(0.213)
〈下〉／〈中〉				
年齢	−0.004**	−0.005**	−0.004**	−0.005**
	(0.002)	(0.002)	(0.002)	(0.002)
高等学歴	−0.918***	−0.810***	−0.896***	−0.787***
	(0.074)	(0.080)	(0.079)	(0.086)
中等学歴	−0.537***	−0.472***	−0.554***	−0.486***
	(0.052)	(0.055)	(0.055)	(0.058)
上層ホワイト	−0.653***	−0.384***	−0.654***	−0.384***
	(0.105)	(0.125)	(0.105)	(0.125)
下層ホワイト	−0.340***	−0.193*	−0.342***	−0.194*
	(0.096)	(0.114)	(0.096)	(0.114)
ブルーカラー	−0.149	−0.058	−0.150	−0.058
	(0.094)	(0.111)	(0.094)	(0.111)
農業	−0.001	0.037	−0.002	0.037
	(0.102)	(0.118)	(0.102)	(0.118)
世帯収入スコア		−0.486***		−0.486***
		(0.039)		(0.039)
高等×高等			−0.086	−0.094
			(0.124)	(0.137)
中等×中等			0.083	0.074
			(0.086)	(0.094)
定数項	0.398***	1.754***	0.393	1.753***
	(0.126)	(0.172)	(0.127)	(0.173)
LL	−11783.3	−10257.8	−11771.4	−10249.5
N	11,689	10,374	11,689	10,374

括弧内の数字は標準誤差
学歴の参照カテゴリーは初等学歴
職業の参照カテゴリーは、無職・学生
$^{*}p<0.1$；$^{**}p<0.05$；$^{***}p<0.01$

少なからず影響を与えていることをうかがい知ることができる。また、ブルーカラーと農業には〈上〉と回答する確率を低める効果が観察されている。ただし、農業については、世帯収入スコアを統制しないモデルでは、この効果はみいだせない。これらの事実は、(1) 回答者が職業間に何らかの序列が存在することを意識しており、(2) その序列が階層帰属意識に影響を与えている一方で、(3) その序列も収入と独立ではなく、“実際に得ている収入の額”に影響を受けていることを明らかにしている。

最後に収入をみてみると、世帯収入スコアには〈上〉と回答する確率を高め、逆に〈下〉と回答する確率を低める効果がある。明らかに、収入は階層帰属意識に影響を及ぼしており、収入が高くなればなるほど、回答者の階層帰属意識も高くなる。

表3-3のモデル3とモデル4は、本人学歴と父学歴が一致するケースを高等学歴、中等学歴の2通りにわけ、それぞれをダミー変数として投入したモデルである。モデル3およびモデル4が示している係数の値からわかるように、有意水準に若干の変化はあるものの、値の符号を含め、統制変数については全体的に大きな変化はない。一方、本人学歴と父学歴の相互作用項については、本人が高等学歴で父親も高等学歴のケースについて、階層帰属意識に対する統計的に有意な効果を見出すことができる。したがって、本人学歴と父学歴の相互作用は、回答者の階層帰属意識に影響を与えている。少なくとも、高等学歴については、本人学歴を統制しても学歴継承の効果がはっきりと現れており、これらの統制変数とは独立の次元で回答者の階層帰属意識に影響を与えていることがわかる。

まず、本人が高等学歴で父親も高等学歴であるケースについてみてみよう。本人が高等学歴で父親も高等学歴であると、そうでないケースと比較して、〈上〉と回答する確率が高くなる。一方、〈下〉に対しては、特に確率に変化はみられない。高等学歴にはそれ自身に回答者の階層帰属意識を〈下〉から〈中〉へ、そして〈中〉から〈上〉へと引き上げる効果が存在するけれども、父親も高学歴であることは〈中〉から〈上〉へと引き上げる付加的な効果がさらに存在する。同じ高学歴であっても、父親も高学歴であるグループの方が、そうでないグループに対して、〈上〉により強くコミットしている。

次に、本人が中等学歴で父親も中等学歴であるケースについて検討してみよう。表3-3のモデル3およびモデル4をみると、本人が中等学歴で父親が中等学歴であることの相互作用項は、〈上〉と回答する確率（のロジット）を予測する場合にも、〈下〉と回答する確率（のロジット）を予測する場合にも、統計的に有意な値を示していない。つまり、本人が中等学歴で父親も中等学歴であるケースとそうでないケースとを比較しても、〈上〉と回答する確率、もしくは〈下〉と回答する確率に特に大きな変化は現れていない。これは、いっけんすると本人学歴と父学歴が中等で一致していることには階層帰属意識への影響が存在しないようにみえ、本人学歴と父学歴が高等学歴で一致するケースと比較すると、仮説から外れた分析結果のようにみえる。しかし後に明らかにするように、このことは、“本人学歴と父学歴が中等で一致していることには、階層帰属意識への影響が存在しない”ということを意味するものではない。本人学歴と父学歴が中等で一致することの効果は確かに存在するにもかかわらず、その効果が時期によって異なるために、時期を区別せずに分析したモデルではその効果が検出されなかったである。

このとき注意しなければならないことは、本人学歴と父学歴が中等で一致することの効果が時期によって異なっていたことは、その効果が時代によって移ろう不安定なものであったことの反映などでは決してなく、むしろ学歴をめぐる社会構造の変動によってもたらされた必然的な変化だったということである。にもかかわらず、モデル3とモデル4では1955年から2005年までのデータを合併して分析したために、時期によって異なる効果が相殺しあい、いっけんすると本人学歴と父学歴が中等で一致することに階層帰属意識への影響が存在しないかのように観察されたにすぎない。この論点は重要なので、時期別効果の分析結果を踏まえて、後で再述することにしよう。

いずれにしても、学歴について出身階層と到達階層が一致していることには（少なくとも、本人学歴と父学歴が高等で一致していることには）、もともとその学歴がもっていた効果をさらに強める効果が存在する。たとえば、自分だけが高等学歴であるだけでなく、父親も高等学歴であること（つまり、自分の社会的地位が親から継承されたものであること）が〈上〉に対する階層帰属意識をより強固なものにする。回答者の階層帰属意識は、単に回答者自身の社会的地位によって決まるだけでなく、そうした社会的地位を達成するまでに回答者が経験してきた、出身階層から到達階層への「社会移動／非移動」体験によっても影響されている。これは、本章の仮説1と一致する結果であり、階層帰属意識を、その回答者のある一時点の属性のみで予測することの不適切さを明らかにしている。

3−2. 時期別効果の分析

次に、本人学歴と父学歴との相互作用効果が調査時期によってどのように変化していたかを確認するために、「本人学歴と父学歴と調査時期の相互作用」を考慮した変数を投入したモデルについて検討しよう。表3-4では、本人学歴と父学歴と調査時期との3次の相互作用項を投入し、その結果を示している。

統制変数の係数をみると、全体の傾向としては表3-3の結果と大きな違いは存在しない。その一方で、本人学歴と父学歴と調査時期の3次の相互作用項のいくつかは統計的に有意な値を示しており、かつその方向性もその時期によって特徴がある。つまり、統制変数として投入した年齢、本人学歴、職業、収入といった要因とは独立した形で、本人学歴と父学歴の関係が回答者の階層帰属意識に影響を与えていること、かつその影響の仕方が時期によって変化していることがわかる。

本人学歴と父学歴が高等学歴で一致しているケースについて、まず検討してみよう。表3-4からわかるように、本人学歴と父学歴が高等で一致していることの効果には、調査時期との相互作用効果が存在する。具体的には、本人学歴と父学歴が高等学歴で一致することが回答者の階層帰属意識を高めるという効果は、高等教育機関への進学率が急上昇した最初の変動期（1955年〜1975年）には存在しないけれども、高等教育機関への進学率が横ばいに推移した安定期（1975年〜1995年）には統計的に有意な値を示している。そして、高等教育機関への進学率が1974年の水準を突破し、さらに上昇を続けている第二の変動期（1995年〜2005年）ではモデル6ではかろうじて統計的に有意な値を示しているものの、検定をクリアしている有意水準は10％と、その有意性は弱まっている。つまり、本人学歴と父学歴が高等で一致していることが回答者の階層帰属意識を高める効果は、調査時期から独立した不変的な効果ではなく、またその変化の仕方も調査時期に対して線形ではない。進学率の変化に対応するように

表 3-4　多項ロジット分析の係数 II

従属変数：階層帰属意識

変数	モデル 5	モデル 6
〈上〉／〈中〉		
年齢	0.008***	0.006**
	(0.002)	(0.002)
高等学歴	0.370***	0.309***
	(0.081)	(0.087)
中等学歴	0.127*	0.080
	(0.068)	(0.072)
上層ホワイト	0.267**	−0.037
	(0.106)	(0.129)
下層ホワイト	−0.101	−0.294**
	(0.106)	(0.127)
ブルーカラー	−0.208*	−0.333***
	(0.108)	(0.129)
農業	−0.137	−0.269*
	(0.123)	(0.143)
世帯収入スコア		0.443***
		(0.048)
高等×高等（1955-1965）	−0.067	−0.293
	(0.212)	(0.227)
高等×高等（1975-95）	0.536***	0.493***
	(0.109)	(0.189)
高等×高等（2005）	0.266	0.387*
	(0.182)	(0.209)
中等×中等（1955-1965）	−0.193	−0.275
	(0.255)	(0.298)
中等×中等（1975-95）	0.307***	0.315***
	(0.112)	(0.119)
中等×中等（2005）	−0.317	−0.265
	(0.197)	(0.222)
定数項	−1.303***	−2.441***
	(0.145)	(0.213)
〈下〉／〈中〉		
年齢	−0.005***	−0.005***
	(0.002)	(0.002)
高等学歴	−0.904***	−0.792***
	(0.079)	(0.086)
中等学歴	−0.556***	−0.488***
	(0.055)	(0.058)
上層ホワイト	−0.685***	−0.412***
	(0.106)	(0.126)
下層ホワイト	−0.373***	−0.220*
	(0.096)	(0.115)

ブルーカラー	−0.190**	−0.090
	(0.094)	(0.112)
農業	−0.030	0.015
	(0.103)	(0.118)
世帯収入スコア		−0.484***
		(0.039)
高等×高等（1955-1965）	−0.584*	−0.443
	(0.302)	(0.306)
高等×高等（1975-95）	−0.137	−0.128
	(0.152)	(0.166)
高等×高等（2005）	0.359	0.323
	(0.219)	(0.266)
中等×中等（1955-1965）	−0.163	−0.097
	(0.217)	(0.230)
中等×中等（1975-95）	−0.173	−0.112
	(0.114)	(0.120)
中等×中等（2005）	0.570***	0.528***
	(0.135)	(0.160)
定数項	0.451***	1.798***
	(0.127)	(0.173)
LL	−11741.1	−10228.2
N	11,689	10,374

括弧内の数字は標準誤差
学歴の参照カテゴリーは初等学歴
職業の参照カテゴリーは、無職・学生
*p<0.1；**p<0.05；***p<0.01

逆U字型をしている。

次に、本人学歴と父学歴が中等学歴で一致しているケースについて、検討してみよう。やはり表3-4のモデル5およびモデル6からわかるように、中等で本人学歴と父学歴が一致していることの効果には、調査時期との相互作用効果が存在する。具体的には、“本人学歴と父学歴が中等で一致することが回答者の階層帰属意識に及ぼす”効果は、高等学校への進学率が急上昇した変動期（1955年～1975年）には存在しないけれども、高等学校への進学率が90%に到達した以降の安定期（1975年～2005年）には統計的に有意な値を示している。ただし、このとき注意しなければならないことは、その効果の向きが1975年～1995年と2005年とで逆になっていることである。つまり、1975年～1995年の時期には〈上〉と回答する確率を高める効果をもっていたのに対して、2005年の時期では逆に〈下〉と回答する確率を高める効果をもっており、回答者の階層帰属意識を高める効果から回答者の階層帰属意識を低める効果へと、まったく正反対の方向に変化してしまっている。このことから、調査時期との相互作用を考慮せずに本人学歴と父学歴の相互作用を検討した表3-3のモデル3およびモデル4において、中等で本人学歴と父学歴が一致するケースについては統計的に有意な効果がみられなかったことの理由が明らかになる。その理由は、本人学歴と父学歴が中等で一致することの効果に調査時期との強い相互作用を存在し、1975年～1995年における階層帰属意識を高める効果と、2005年における階層帰属意識を低める効果とが互いに打ち消しあい、分析結果から本人学歴と父学歴が中等で一致することの効果がみえなくなってしまったのである。

それでは、これらの分析結果は、本章の仮説にとってどのような意味を持つのだろうか。すでに、前項において高等学歴については仮説1が支持されることを確認した。問題は、この分析結果が仮説2および仮説3を支持するものになっているかである。

まず、仮説2についてみてみよう。社会構造（ここでは、学歴構造）が大きく変動している時期には、社会構造によって付与される社会的地位（ここでは、学歴）の価値もそれに伴って大きく変化するため、たとえ社会的地位（学歴）が継承されたとしてもその地位がかつてもっていた価値と一致しない。このことから、たとえ出身階層と到達階層が一致していたとしても、そのことでもって特定の階層意識が強化される効果は弱まる。以上が、仮説2の内容だった。そして、高校への進学率は1970年代半ばまで一貫して上昇していたけれども、確かにこの時期、本人学歴と父学歴が中等学歴で一致していることの効果は現れていない。また、大学への進学率は1970年代半ばまで一貫して上昇した後、1990年代半ばまで1970年代半ばの水準を超えることなく、1990年代半ばにその水準を超えた後は一貫して上昇し、現在は大学への進学率は50%を突破している。そして、1970年代半ばまでの進学率が上昇していた時期には本人学歴と父学歴が高等学歴で一致していることの効果は、確かに現れておらず、また1990年代半ば以降の再上昇期にもその効果の有意性は弱まっているか、ないしは消えている。これらの事実は、いずれも仮説2の妥当性を支持するものである。

次に、仮説3についてみてみよう。社会構造（ここでは、学歴構造）の安定している時期には社会構造によって付与される社会的地位（ここでは、学歴）の価値も安定しているため、社会的地位（学歴）が継承されたことの意味が明確化する。このことから、出身階層と到達階層が一致していることは、その階層意識を強化する効果をもつ。以上が、仮説3の内容だった。高校への進学率は1970年代半ば以降に90％に到達すると、その水準で飽和し、その後はずっと安定している。そして、1970年代から1990年代までと、2000年代とでは確かに現れた効果の方向性は異なっているものの、本人学歴と父学歴が中等で一致していることの効果自体は統計的な有意性を維持している。また、大学への進学率は1970年代半ばから1990年代半までは比較して安定した水準で推移しているけれども、この時期、本人学歴と父学歴が高等で一致していることの効果はやはり統計的な有意性を維持している。これらの事実は、仮説3の妥当性を支持するものであると同時に、中等学歴についても仮説1が妥当することを意味している。

このように、1955年から2005年のSSM調査データをもちいた分析の結果は、いずれも本章の仮説を支持するものになっている。つまり、出身階層の社会的地位を引き継ぐことは、そうでないケースと比較して、自身の社会的地位の指示する階層により強くコミットさせる効果をもつが、その効果は社会変動の強弱に依存していることが判明した。

4. 議論

本章では、前章で検討した階層帰属判断メカニズムの妥当性を検証すると同時に、階層帰属意識と学歴の関連を取り上げ、学歴の階層帰属意識に対する、私たちの直観に必ずしもそぐわない関連がどのようにして産み出されていたのかについても問題にしてきた。

従来の研究は、階層帰属意識は当人の社会的・経済的地位（と社会意識）によって説明されると考え、実証的な成果を積み重ねてきた。しかし、本章で試みられたことは、前章で検討した階層帰属判断メカニズムを手がかりにして、階層帰属意識はそのような、その個人のある一時点の属性によって説明される意識ではなく、長い時間をかけてその個人の内部に蓄積されていく意識であることを明らかにすることだった。このような視点に立って階層帰属意識の長期的な動態を明らかにした研究はこれまでにほとんどなく、本章の意義は階層帰属意識研究をはじめてその方向に向けて展開させた点にある。

本章が具体的に注目したのは、個人の出身階層と到達階層の相互作用が階層帰属意識に及ぼす効果である。個人の出身階層と到達階層が一致しているとき、すなわちその個人が社会階層の継承に成功したとき、その個人の階層帰属意識の形成過程はつねに一貫した環境の内部でおこなわれており、そのため個人の階層帰属意識は、出身階層と到達階層が一致しない場合と比較して、より強固になる。これが前章で明らかにした命題3から導かれた仮説1であった。そして、この仮説はSSM調査データによって確かに確認することができた。

仮説1の具体的なイメージは、次のようになる。ミドルクラスの家庭に生まれ、その家庭環境の中で育ち、そしてホワイトカラーになった個人は、よりミドルクラスに対して強い帰属意識をもつ。一方、仮に高い学歴を取得し、ホワイトカラーの職に就いた個人であっても、労働者クラスの家庭に生まれ、その家庭環境の中で育った個人は、幼少期に培われた階層帰属意識と現在の階層帰属意識とが食い違っており、仮にミドルクラスに対して帰属意識をもつにしても、その度合いは出身階層からミドルクラスであった個人と比較すると弱いものになる。このイメージはやや誇張されているかもしれないが、理解の一助にはなるだろう。

本章が次に注目したのは、そのような出身階層と到達階層が一致していることの効果が戦後日本の激しい社会変動の中でどのように変化してきたのかということである。またそれは、前章で検討したモデルのうち、現実にもっと近いモデルが何であるのかという問題とも関連していた。前章で検討したモデルのうち、再生産モデルの仮定はこれまでの社会階層研究が実証的に確認してきた事実にもとづいており、また複世代モデルの仮定の妥当性は、私たちの社会の成り立ちを考えるなら、自明といえるだろう。焦点は、現実により近いのは基本モデルと高価値変動モデルのどちらであるかに絞られるが、本章では仮説2および仮説3を検討することで、このことに答えを与えようとした。

社会構造が大きく変動する時期には、仮に出身階層によって機会格差が存在したとしても、強制移動という形で出身階層と到達階層の異なる個人が多く産出される（安田 1971）。そして、このような社会移動の発生は、出身階層と異なった到達階層に所属する個人だけにではなく、出身階層と同じ到達階層に所属する個人にとっても、その階層帰属意識に対して何らかの影響を与えてしまう。

具体的には、親が高学歴で自分自身も高学歴を得ることに成功した個人、いいかえれば社会的地位の継承に成功した個人は、しかし学歴をめぐる社会変動を知っているので、自身の学歴が親の世代のそれとは同じ価値をもっていないことを意識せざるをえない。つまり、客観的には親世代の社会的地位を継承しているようにみえても、当人の視点にたてば、出身階層とは異なる社会階層に所属しているかのようにみえる。その結果、たとえば進学率が急伸し、希少性という学歴の象徴的価値が下落しているような局面では、学歴が出身階層と到達階層とで一致していても、そのことの効果は弱くならざるをえない。

このように、社会階層構造が大きく変動している時期には、社会階層が再生産されるということの社会的な意味合いも、そしてそうした再生産過程が個人の社会意識に及ぼす影響も、何らか変化を被むってしまう[19]。高価値変動モデルから導かれた仮説2が意味することは、まさしくこのことであった。

これに対して、社会階層構造が安定している時期には、社会階層の再生産過程が強固なものであればあるほど、所属する階層に対して抱くことになる帰属意識は強いものになるだろう。具体的には、親が高学歴で自身も高学歴を得ることに成功した個人、いいかえれば社会的地位の継承に成功した個人は、階層構造の中で自分が占めている位置を、生育環境からまさに意識の内奥に織り込まれる形で学習し、そして生育後もその意識を安定して維持していくことが可能になる。この場合、その個人は、単に客観的に親世代の社会的地位を継承したというだけでなく、その社会的地位に付随する階層意識をも併せて継承したといえる。たとえば進学率が安定し、学歴の象徴的価値に対する評価が人々によって広く共有されているような時期には、出身階層と到達階層が一致していることの効果は、それ以外の時期と比較して顕著に現れてくる。仮説3が意味することはまさしくこのことであり、これは仮説2の裏返しになっている。

19　この論点は、ブルデューの社会理論を日本社会に適用する際（宮島 1994，石井 1993）に、重視されてこなかった。

そして、この仮説2と仮説3が実証されたことによって、前章で検討したモデルのうち、基本モデルよりも高価値変動モデルが現実により近いモデルであったことが確認された。

このことに加えて、学歴と階層帰属意識の関連について、2つの大きな問題があることを本章の冒頭で示しておいた。1つは、1970年代以降になって学歴が階層帰属意識に対して強い影響力をもちはじめるようになった理由である。もう1つは、進学率の上昇は高学歴の希少性を喪失させることをごく自然に予想させるにもかかわらず、学歴の象徴的価値は失われるどころか、むしろ増しているようにみえる理由である。少なくともデータにしたがうならば、人々の階層帰属意識を予測する際に、学歴という情報の重要性は増しているのである。

前者については、仮説2および仮説3がデータによって支持されたことで、その理由を明らかにすることができた。1970年代以前と1970年代以降とで学歴の階層帰属意識に対する影響力の大きさが異なっているのは、それ以前と以降とで社会構造の安定性が異なっていたからである。

しかし、後者についてはどうだろうか。実は、後者についても、仮説1、仮説2、仮説3を組み合わせることで、整合的な説明を与えることができる。

個人の階層帰属意識を考える際に注目しなければならないことは、本人学歴と親学歴との関係であった。かりに進学率が上昇し、高い学歴を得ている個人が増えたとしても、親の学歴に注目するならば、親世代においては高い学歴を得ていることは決して一般的なことではなかった。そのために、高い学歴を得ている親をもっている個人は依然として少数派なのであり、とうぜん本人学歴と親学歴が高学歴で一致している個人も少数派にならざるをえない(図3-2)。

このように、仮説1から派生的に導かれる予想は、高学歴化が個人の階層帰属意識に及ぼす影響にはタイムラグがあるということである。仮に高学歴化によって学歴の象徴的価値が喪失されるのだとしても、学歴の象徴的価値が決定的に失われる場面は現世代において現れるのではなく、(現世代を親世代とする)子世代において現れるのである。

さらに、このことと仮説2および仮説3を組み合わせると、人々の階層帰属意識の変化は次のように説明される。

まず、進学率が上昇している時期について考えてみよう。仮説2から、この時期、学歴が階層帰属意識に与える影響は弱く、学歴の象徴的価値は高くないようにデータからは読み取れる。実際は希少性によって測られる学歴の象徴的価値は高いのだが、高学歴を獲得している多くの個人がその社会的地位を親世代から継承したわけではなく、当人が達成した当人の高い学歴だけでは、出身階層から到達階層へと至る全過程を通じて形成される階層帰属意識に与える影響は小さいものにならざるをえない。

次に、進学率が安定的に推移している時期について考えてみよう。仮説３から、この時期、学歴が階層帰属意識に与える影響は安定している。それは、出身階層と到達階層が一致している個人の階層帰属意識が安定しているからである。しかし、実際は希少性によって測られる学歴の象徴的価値は、進学率が安定する前の進学率が低かった時期と比較するならば、低下している。にもかかわらず、学歴の象徴的価値が増しているようにみえるのは、階層帰属意識が当人の学歴だけに影響されるのではなく、本人学歴と父学歴との相互作用にも影響を受けるからである。本人学歴だけに注目すれば高学歴の希少性はすでに失われていても、父学歴にも注目すれば高学歴の希少性は依然として維持されている。つまり、高学歴が出身階層から到達階層へと至る全過程を通じて形成される階層帰属意識に与える影響は、その象徴的価値を維持したまま、この時期になって安定的に現れる。

確かに、単純に進学率だけを比較してみるならば、進学率が上昇しつつあった時期よりも、進学率が高い水準で安定している時期の方が高く、希少性だけが高学歴の象徴的価値を決定すると考えるならば、進学率の推移と高学歴の象徴的価値の変化は矛盾するようにみえる。しかし、それは本人の学歴だけに注目することで生じる錯覚にしか過ぎない。父学歴を考慮すれば、学歴の象徴的価値の下落は時間的には一世代遅れて生じるので、進学率が高い水準で安定しはじめた最初の段階では依然として高い象徴的価値をもったまま、高学歴の階層帰属意識に対する影響が安定的に現れるようになる。それゆえ、あたかもデータからは高学歴の象徴的価値が増しているかのように観察されたのである。

このことは、中等学歴（高校）の階層帰属意識に対する影響の時代的な変化がよく例証している。

仮説２および仮説３が示唆するように、本人と父親の学歴が中等で一致していることが階層帰属意識に与える影響は、進学率が90%を突破し、そこで安定しはじめた1970年代以降、顕著に現れている。このとき注目すべきことは、本人と父親の学歴が中等で一致することの効果は1990年代までと2000年代とでその向きを正反対に変えてしまっていることである（表3-4)。1990年代までは本人学歴と父学歴が中等で一致することの効果は階層帰属意識に対してプラスの影響をもっていた。それに対して、その効果は2000年代になってマイナスに転じている。これは、中等学歴のもっている象徴的価値が2000年代になって消失してしまったことを示唆している。

しかし、高校への進学率が90%を超えて飽和したのは1970年代においてであった。なぜ、中等学歴の象徴的価値は1970年代になってでなく、2000年代になって下落したのだろうか。この現象は、本人の学歴だけを見ていたのではわからない。親の学歴を同時に考慮することで、はじめて整合的な理解が可能になる。

図3-3からわかることは、当人の学歴に注目すれば、中等学歴以上を得ている個人は1970年代にすでに半数を超えていること、しかし親学歴に同時に注目すれば親も子もともに中等以上の学歴を得ている個人は1990年代までは依

図3-3　本人学歴×父学歴の構成分布（調査年度別）

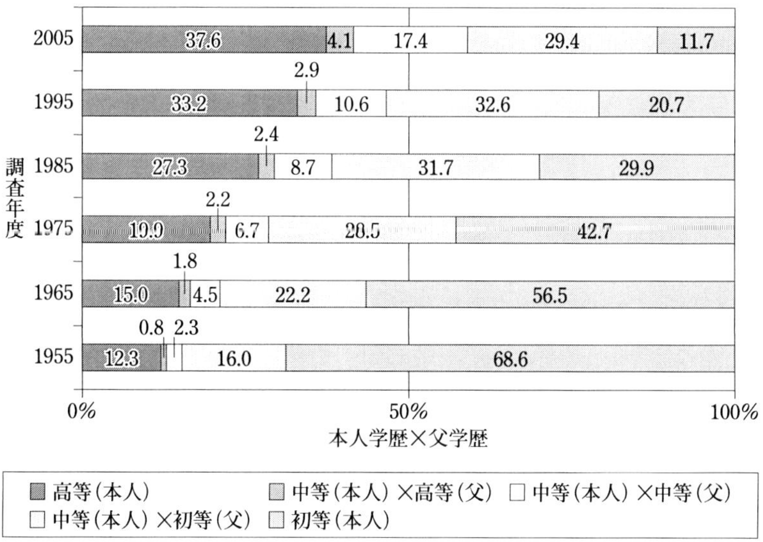

然として半数以下であり、2000年代になってようやく半数を超えたことである。つまり、生育環境と現在の社会的地位が中等学歴以上で一致している個人、いいかえれば中等学歴を自身の社会的地位として分裂を含むことなく意識できる個人が全体の半数を超えてはじめて、中等学歴はその象徴的な価値を失ったのである。中等学歴を得ているものの割合が半数を超えたとしても、その学歴が親の学歴と一致している個人がまだ少数派である限り、学歴はその象徴的価値を失わない。

このように、進学率が上昇していたとしても、そのことによる学歴の象徴的価値の下落には一世代という長い時間を要する。実際に、中等学歴がその象徴的価値を失い、階層帰属意識を下げる影響をもつまでには、高等学校への進学率が1970年代に90%を超えてから2000年代になるまでの、およそ30年という世代が一巡する時間を要したのである。

それでは、これから学歴と階層帰属意識の関係はどのように変化していくのだろうか。おそらくそれは、大学への進学率が今後どのように変化していくのか、このことに依存するだろう。考えられうるシナリオの一つは次のようなものである。

男性の大学への進学率は1990年代の後半に1970年代に達成した水準を超え、その後もじりじりと上昇し、2004年には50%を超えている。しかし、大学への進学率がこのまま100%に近い水準まで上昇するとは考えにくく、おそらくどこかの水準で落ち着くことになるだろう。もしそうなれば、中等学歴と階層帰属意識との間に生じた現象が、高等学歴と階層帰属意識との間の関係にも生じることになる。つまり、大学への進学率が安定した段階で、高等学歴は階層帰属意識に対して強い影響をもつようになり、特に親も高学歴で自分も高学歴という個人の階層帰属意識が高くなる。もちろん、大学への進学者が半数を超えている段階で、すでに高等学歴それ自身の象徴的価値は失われているはずだが、しかし親学歴に注目すれば高等学歴の取得者は依然として少数派であり、かりに大学への進学率が50%を大きく上回っていたとしても、高等学歴に対して一貫して同一化できる個人は依然として半数以下にとどまらざるをえない。しかし、進学率がある水準で安定し、その期間が一世代交代するまでに至ったとき、高等学歴の象徴的価値は、劇的に失われるはずである。つまり、親も高等学歴で自分も高等学歴という個人が全体の半数を超えてしまったら、もはや高等学歴はその象徴的価値を維持することができないからである。

もちろん、このシナリオは、あくまでも可能なシナリオの一つでしかない。今後、大学への進学率がどのように推移していくかは、少子化の傾向が今後どうなっていくのか[20]、また大学へのいくことのベネフィットとコストの関係がどう変化していくのか、こういった問題とも複雑に絡んでいる。また、大学へ進学することが珍しくなくなると、学校間格差、あるいは学部間格差がより注目を浴び、学歴から学校歴（Breen and Jonsson 2000）、あるいは学部歴へと不平等の焦点が移行していくこともありうるだろう。

5. 結論

本章が明らかにしようとしたのは、社会構造と階層意識はどのようにして相互に影響を与えているのかということであった。現実にはさまざまな構造的な不平等が存在しながら、多くの人々が階層帰属意識として〈中〉に同一化してきたことからもわかるように、社会構造と階層意識の関係は必ずしも単純なものではない。また本章では、社会構造と階層意識の関係を明らかにする手がかりとして、人々の意識・行動を規定する典型的な社会構造として学歴構造を取り上げた。それは、学歴と階層帰属意識の関係が以下の2つの点で、自明でない対応を示していたからであった。

1つは、“学歴の階層帰属意識に及ぼす影響の度合いが時期によって異なっている”という問題である。もう1つは、“進学率の上昇によって学歴の象徴的価値は衰えているはずなのに、階層帰属意識に及ぼす学歴の影響の度合いを見る限り、学歴の象徴的価値を衰えているどころか、むしろ増しているようにみえる”という問題である。

20　進学率の再上昇は団塊ジュニア世代が卒業した後も、大学が経営維持のために定員を大きく減らせなかったことも要因の一つと考えられる。しかし、進学適齢期を迎える子供数の減少は今後も続くものの、団塊ジュニア世代が大学を卒業してから20年で体験したほどの急激な減少は今後しばらくはない（厚生労働省 2006a）。それでもなお大学への進学率がこのまま上昇を続けていくのかどうか、現段階では不確定というほかない。

まず、階層帰属意識を“個人のある一時点での社会的・経済的地位で決まる階層意識”と考えるのではなく、“個人が現時点に至るまでに体験した複数の社会的・経済的地位が統合化された階層意識”と考えることが必要だった。個人の階層帰属意識は、その個人の社会的・経済的地位に依存するだけでなく、その個人がそうした地位に至った経路にも依存して決定される。たとえば、出身階層から到達階層まで一貫して同一の階層に所属していた個人は所属する階層に対して強くコミットすることができるけれども、出身階層と到達階層が異なる個人は、所属する階層が二つにまたがっており、最終的にいずれかの階層に帰属するにしても、そのコミットメントの程度は弱いものにとどまらざるをえない。そして、そのような個人の階層帰属判断は、社会構造の変動から独立しているわけではなく、構造変動による社会的・経済的地位の価値の変化にも影響されている。

分析の結果はこの仮説を支持しており、本書が提示した階層帰属意識に対する新しいモデル、とくに高価値変動モデルは、経験的データによって支持されたといえる。またそれだけでなく、本書が提示したモデル、とくに高価値変動モデルは、学歴と階層帰属意識の自明でない関係を首尾一貫したものとして説明することにも成功した。

進学率の上昇は、学歴の象徴的価値を不安定にすると同時に、学歴について出身階層と到達階層の異なる個人を構造的に産出する。このように出身階層と到達階層の異なった個人が大半を占めるようになると、学歴と階層帰属意識の対応関係は社会全体で曖昧なものになっていく。逆に、進学率が安定すると、学歴の象徴的価値も安定し、かつ出身階層と到達階層が一致する個人の占める割合が増すと、学歴と階層帰属意識の対応関係は社会全体でより明確化されていく。

また、かりに進学率が上昇し、高学歴の希少性が失われたとしても、学歴の象徴的価値はすぐには下落しない。なぜなら、個人は自身の学歴だけでなく父親の学歴との関係も意識しているため、たとえその世代では高学歴の象徴的価値が失われていたとしても、父学歴との関係で考えた場合には依然として高い象徴的価値を維持しつづけるからである。学歴の象徴的価値の下落がはっきりするためには、学歴構造の変化が一世代下にまでいきわたるための時間が必要だったのである[21]。

21　この事実も、高価値変動モデルの方がより現実に適合していることを示唆しているといえよう。実際に、2005年の階層帰属意識分布はそれまでの分布から下方にシフトしており、高価値変動モデルが予測する階層帰属意識分布の下方シフトも確かに生じている。しかし、2005年の階層帰属意識分布については1章で指摘したように議論の余地が多く、この点については、性急に結論を出すことは避け、指摘だけにとどめたい。

第4章　職業継承の効果

1. 問題

前章では、親学歴と本人学歴が一致するという学歴継承が階層帰属意識に及ぼす効果について考察した。しかし、階層帰属意識に影響を与える社会的地位として考えられるのは、学歴だけではない。職業もまた、階層帰属意識に影響を及ぼしている社会的地位の1つだと考えられる[1]。そして、戦後日本において高学歴化が顕著な構造変動の1つであったように、急激な近代化を経験した戦後日本においては急激な産業化もまた考慮すべき重要な構造変動の1つであった。後に検討するように、急激な産業化は、日本社会の就業構造の大規模な変容をもたらしている。したがって、前章で確認したように親学歴と本人学歴の一致／不一致がその当人の階層帰属意識に何らかの影響を及ぼしているのなら、とうぜん親の職業と本人の職業の一致／不一致、すなわち職業継承／職業移動も、その当人の階層帰属意識に何らかの影響を及ぼしているはずだと考えるのは自然であろう[2]。したがって、本章では、社会的地位としての職業に注

1　本書では扱わないけれども、忘れてはならない要因としてこのほかに収入もある。実際に収入についても世代間継承を考えることができる（Solon 2002）。

2　従来の社会移動研究は、多くの産業国の社会移動に、構造変動に関係なく、ある特定のパターンが存在することを明らかにしてきた（Erikson and Goldthorpe 1992, Featherman, Jones and Hauther 1975, Kurz and Muller 1987, Jones et al. 1994, Xie 1992, Whelan and Layte 2001）。しかし、これは社会移動が構造変動に影響を受けないということを意味するものではない。たとえば、中国（Bian 2002, Cheng 1995）や、ソ連（Gerber & Hout 1995, Gerber 2000）など、大きな制度変革を経験した社会に構造変動が

目し、職業継承が階層帰属意識に与える影響を分析する。

表4-1は、1955年から2005年のSSM調査合併データ（ただし、男性のみ）をもちいて作成した父主職と本人現職のクロス表である[3]。表からわかるように、本人の現職は父親の主たる職業と無関係には決まっていない。非対角セルと比較して対角セルの数字は高くなっており、それがどのようなメカニズムによって実現されるかは別にしても[4]、親と子供の間に職業が継承される傾向が存在することをはっきりと読み取ることができる[5]。

もちろん、それは世代間で職業の継承がなされやすいというだけのことであり、世襲制のように親の職業によって子供の職業が完全に決定されているわけではない。実際に、対角セルの数字の合計（5,344）と非対角セルの数字の合計（6,607）を単純に比較すると、後者の数字が前者の数字を上回っており、絶対

表4-1　父主職×本人現職クロス表（男性）

1955-2005年SSM調査データ

	本人現職				
	上W	上W	ブルー	農業	合計
父主職					
上W	775	521	297	46	1,639
下W	498	1,028	605	70	2,201
ブルー	494	780	1,845	129	3,248
農業	502	887	1,778	1,696	4,863
合計	2,269	3,216	4,525	1,941	11,951

社会移動に及ぼす影響の大きさを見て取ることができる。またそうでなくても、特定のパターンに拠りつつも、そこにはさまざまなバリアントが存在することも明らかにされている（Grusky and Hauser 1984, Yamaguchi 1987, Ishida et al. 1991, Muller and Karle 1992, Chan 1995, Pisati 1997, Western 1999, Sieben et al. 2001）。本章では、このような構造変動と職業移動の関係を踏まえつつ、それらが結果として階層帰属意識にどのような影響が与えるのか、このことを考察の対象におきたい。

3　職業カテゴリーの分類について、2-2. を参照のこと。

4　継承のメカニズムの種別については、Erikson and Jonsson（1998）を参照のこと。

5　このような世代間移動をあつかった先行研究のこれまでの流れについては、Ganzeboom, Treiman and Ultee（1991）を参照のこと。また、このような再生産過程は学歴によって媒介されているわけだが（Kerckhoff 1995, Breen and Goldthorpe 2001, Gerber 2003）、しかしその社会によっては人種間の文化的な背景の違いなどといった影響（Hout and Rosen 2000）も考えられ、それに尽きるとは必ずしもいえない。

数だけを考えれば父親の主職と本人の現職とが一致しないケースの方が多い。ここで問題にされているのは、たとえば父の主職がホワイトカラーである個人はそうでない個人と比較して上層ホワイトになりやすいという、“なりやすさ”の違いである。

いずれにしても、1つの社会の中に職業継承した（親と同じカテゴリーの職業に就いた）個人と職業移動した（親と異なるカテゴリーの職業に就いた）個人とが同時に存在することで、両者の間に階層意識の違いが生じることが予想される。“職業継承した個人は、幼少期の階層体験と成年時の階層体験が一致することで、自身の社会的地位が示す階層的地位により強くコミットするはずであり、逆に職業移動した個人は、幼少期の階層体験と成年時の階層体験が食い違うことで、自身の社会的地位が示す階層的地位に対するコミットは弱まる”というのが、本章の基本的な予想である。そして、幼少期の階層体験と成年時の階層体験が異なる個人は、一方が指し示す高い階層的地位にも、もう一方が指し示す低い階層的地位にも十分にコミットできないために、中間的な階層的地位にコミットしやすく、それゆえこのような個人は〈中〉という階層帰属意識をもちやすいと考える。

以上の予想は、第2章で検討したモデルから導かれる命題3に基本的にはもとづいている。この予想が、先に検討した“学歴継承・学歴移動と階層帰属意識の関係”に関する予想を、学歴を職業に置き換えて、再度適用したものであることは一目瞭然である。学歴が階層的地位を構成する社会的地位の1つであり、そして職業もやはりそのような社会的地位の1つであるならば、学歴と階層帰属意識の関係に当てはまった説明は、とうぜん職業と階層帰属意識の関係にも当てはめることができるはずである。さらに、高価値変動モデルの仮定から導かれ、かつデータによって支持された前章の仮説2および仮説3を、職業と階層帰属意識についても適用し、高価値変動モデルの妥当性をデータによって再確認することもできるはずだ。もちろん、基本的なモデルは同一であるにしても、まったく同じモデルで考えることはできない。考えなければならない主な違いとして、とりあえず3つの点を指摘できる。1つは、職業カテゴリー間の順序をどう考えるか、である。もう1つは世代内移動をどう考えるか、である。最後は、職業の価値変動をどのように時期区分するか、である。

学歴を問題にした場合には、教育年数を基準にして、初等学歴・中等学歴・高等学歴を順序づけすることができた。しかし、職業カテゴリーについては、そのような順序の存在はけっして自明ではない。むしろ、“職業に貴賎なし”という立場に立つならば、職業カテゴリー間に順序が存在すると仮定することそのものが問題となるかもしれない。しかしその一方で、職業威信スコア研究（Wegener 1992, Hauser and Warren 1997, Zhou 2005）が明らかにしてきたように、人々は暗黙のうちに職業間に序列を見出しており、少なくとも人々の意識上では職業の間にある種の序列が存在している。この問題は重要かつ繊細な問題だけれども、本章ではこの問題に深く立ち入ることはあえて避け、後述するような方法で職業カテゴリーと階層的地位との対応関係を設定し、それをもとに職業継承・職業移動の階層帰属意識に対する影響を考えていくことにする。

また、学歴を問題にした場合には、多くの場合は最終学歴が存在し、実際に分析の対象とされたのは、その個人もしくはその親の最終学歴であった[6]。しかし、職業を問題にする場合には、それはその個人の現職となり、かつ分析の対象とされる多くの個人は依然としてキャリア形成の途上にある。つまり、現在は下層ホワイトであっても、上層ホワイトに移ることが高い可能性でもって期待できる個人もいるし、現在は見習いであっても、将来的には家業とそれに伴う資産を受け継ぐことが高い可能性でもって期待できる個人もいる。父親の職業であれば、学歴を分析対象におく場合の最終学歴に相当するような主たる職業を定めることがある程度可能であるが、本人の職業については少なくない個人がいまだキャリア形成の途上にあるので、そのような形での主職を定めることは難しい。この問題は、かつて佐藤（2000）が試みたような（分析に利用できるケースが減少することを覚悟の上で）分析を40歳時の職業に限定するというやり方や、鹿又（2004）が試みているように世代内移動と世代間移動を同時に分析対象におくというやり方で、限定的には回避できるかもしれない。

しかし本章では、職業移動そのものを分析を対象にしているのではなく、その個人の“現在”の階層帰属意識を分析の対象にしている。かりに、その個人

6　もちろん、生涯学習という形で、ある程度キャリア形成がなされた後、新たに学位を取得する、学歴世代内移動と呼べるようなケースも存在する。しかし、このようなケースが分析結果に与える影響は、職業世代内移動と比較するとさほど大きいものではない。

は依然としてキャリア形成途上にあり、将来的には上層ホワイトに移動にすることでより高い階層帰属意識をもつことがありえるにしても、いやそうでなくても世代内移動によって階層帰属意識が変化しうることは十分に予想される事態であるけれども、それは本章の分析課題とまた別の問題である。本章では、職業については世代内移動という撹乱要因があることを前提にしつつ、しかしその個人の現在の階層帰属意識の形成過程を明らかにするために、あくまでもその個人の現職にこだわって分析をおこなう[7]。

最後に、学歴を問題にした場合には進学率の変化を参考にして、上昇期、停滞期、そして大学進学率再上昇期を区分できた。しかし、職業については進学率という明確な基準が存在しないので、学歴継承・学歴移動の場合と異なり、職業の社会的地位の価値変動について明確な区切りを設けることはそれほど簡単なことではない。これに対して本章では、経済成長率、産業別従業者数の割合、出生数などといった指標を傍証的にもちいて、戦後日本を大きく構造変動期と構造安定期に分割し、それぞれの時期における職業継承・職業移動の効果をみていくことにする。そのような分割が可能であることの議論は4節において詳しく展開することになるが、このような分割によって、職業継承・職業移動の効果がその時代の構造的要因に制約を被っていることが明らかにされる。

したがって、先に検討した学歴継承・学歴移動のモデルをそのまま職業継承・職業移動に置き換えることができるわけではないにしても、考え方の大枠はそのまま利用できる。

このように、学歴継承・学歴移動のモデルを職業継承・職業移動に置き換えることで、モデルから得られた仮説を職業継承・職業移動の場合にあてはめることもできるようになり、かつそれらの仮説をSSM調査データをもちいることで検証することもできるようになる。むしろ、同一のモデルをもちいることで、学歴継承・学歴移動が階層帰属意識に与えていたのとは異なる効果を、職業継承・職業移動の階層帰属意識に対する効果に見出すことができたなら、それはそれぞれの社会的地位の特異性を明らかにしているということで、それ自身の発見的な意義を期待することもできる。

7　したがって、調査の時点で無職だった個人の職業カテゴリーは、かつて就いていた職業のカテゴリーを代わりにおくのではなく、あくまでも無職として分類している。

本章で検討される仮説を、明示的に確認すれば、次のようになる。

仮説1　出身階層と到達階層とで社会的地位が一致しているとき、階層帰属意識はより強固に形成される。

この仮説を職業について当てはまるようにいいかえると、ある個人の職業カテゴリーとその親の職業カテゴリーとが一致しているケースでは、その個人はその職業カテゴリーが指示する階層的地位により強くコミットする、ということになる。具体的には、高い社会的地位を示す職業カテゴリーに就いている個人は〈上〉と答える可能性がより高くなり、逆にそうではない社会的地位を示す職業カテゴリーに就いている個人は〈中〉もしくは〈下〉と答える可能性がより高くなる。

仮説2　構造変動があまりない安定した時期は、各職業カテゴリーに付与されている社会的価値が過去と現在とで一致していることが予測され、職業継承が階層帰属意識に及ぼす影響が強まる。

この仮説は、学歴継承・学歴移動を問題にした際に仮定した仮説と同一の仮説である。仮説1で予想された効果は、構造変動が激しい時期よりも、構造変動の少ない安定した時期により顕著に見出されるはずであり、だとすれば、職業カテゴリーに関係なく、職業継承の効果は構造安定期に統計的に有意なものとして見出されなければならない。

また、構造変動が職業継承・職業移動に与える影響については、学歴が明確な順序をもつカテゴリーであったのに対して、それぞれは質的なカテゴリーとして独立であることを考慮し、もう少し細かく仮説を設定することができる。

仮説3A　構造変動が激しくかつ多くの上方移動が発生している時期は、それまで高い価値を与えられていた社会的地位についてはその価値の下落が予測され、職業継承が階層帰属意識に及ぼす影響が弱まる。

仮説3Aが意味することは、かりに高い威信をもった職業を継承することに成功したとしても、個人がその職業がもっている威信がかつてほどでないことを意識すれば、階層体験の一致よりも、むしろ階層体験の不一致（到達階層は出身階層よりも“低い”）の方を意識することになり、より中間的な階層的地位、すなわち〈中〉に帰属しやすくなるはずだということである。すなわち、上方に向かう構造変動期には、出身階層が高い個人については職業継承の効果は弱くなる。

仮説3B　構造変動が激しくかつ多くの上方移動が発生している時期は、それまで高い価値を与えられていなかった社会的地位については社会的地位の価値のさらなる下落が予測され、職業継承が階層帰属意識に及ぼす影響は強まる。

仮説3Aに対して、仮説3Bが意味することは、そもそも高い威信を与えられていなかった職業を継承した個人は、自身が継承した職業の威信が構造変動によってその意味をネガティブに強められることを意識することになり、より低い階層的地位、〈下〉に帰属しやすくなるはずだということである。つまり、上方移動を多く含む構造変動期には、出身階層が高くない個人に関する職業継承の効果は、より低い階層意識を強化する方向に強められる。

仮説3Aおよび3Bでは、構造変動が激しくかつ多くの上方移動が発生している時期の職業継承の効果を問題にしたけれども、その裏返しとして構造変動が激しくかつ多くの下方移動が発生している時期の職業継承の効果を問題にすることもできる。

もちろん、近代化は多くの場合、高学歴化や、産業化にともなうホワイトカラーの増大といった、上方移動をともなう構造変動をもたらしてきた。したがって、下方移動をともなう構造変動は、あくまでも理論上の仮定にしか過ぎないが、しかし高学歴化、産業化が終息し、その後、富が特定の階層に集中するようになれば、下方移動をともなう構造変動が生じないとはいいきれない。

仮説4A　構造変動が激しくかつ多くの下方移動を発生している時期は、高い価値を与えられていた社会的地位については社会的地位の価値のさらなる上昇が予測され、職業継承が階層帰属意識に及ぼす影響は強まる。

仮説4Aが意味することは、高い威信をもった職業を継承することに成功した個人は、その職業がもっていた威信がかつてよりもさらに高くなっていることを意識することで、より高い階層的地位、〈上〉に帰属しやすくなるはずだということである。すなわち、下方移動を産み出す構造変動期には、出身階層が高い個人については職業継承の効果は強くなることが予想される。

仮説4B　構造変動が激しくかつ多くの下方移動が発生している時期は、それまで高い価値を与えられていなかった社会的地位についても社会的地位の価値の上昇が予測され、職業継承が階層帰属意識に及ぼす影響は弱まる。

仮説4Aに対して、仮説4Bが意味することは、かりに高い威信を与えられていなかった職業を継承したとしても、その個人がその職業の威信がかつてよりも高くなっていることを意識すれば、階層体験の一致よりも、むしろ階層体験の不一致（到達階層は、出身階層よりも“高い”）の方を意識することになり、より中間的な階層的地位、〈中〉に帰属しやすくなるはずだということである。すなわち、下方移動を産み出す構造変動期には、出身階層がさほど高くない個人については職業継承の効果は弱くなると予想される。

すでに述べたように、現実にはこのような下方移動を産み出す構造変動を日本社会が体験しているわけではない。したがって、データによって検証されるのは仮説3Bまでであり、仮説4Aおよび4Bは理論的な可能性として指摘できるに過ぎない。にもかかわらず、本章の説明の論理的な構造をさらに見やすくするため、ここであえて言及した。

それでは、（仮説4Aおよび4Bは除外するとして、）現実社会のデータは本章が提示した仮説1から仮説3Bを確かに支持するようなものになっているのだろうか。以下の節では、このことを検討する。

2. 方法

2―1. データ

もちいられるデータは、前章と同様に、SSM 調査データである。SSM 調査データのうち、特に本章でもちいられるデータセットは、1955 年データ、1965 年データ、1975 年データ（職業威信データは含まない）、1985 年 A 票および B 票のデータ（1985 年 SSM 調査のサンプルは、A 票および B 票は男性だけで、F 票は女性だけで構成されている）、1995 年 A 票および B 票から女性を除外したデータ、2005 年 A 票および B 票から女性を除外したデータ、である。

1985 年、1995 年、2005 年データから女性のデータを除外したのは、1955 年から 1975 年までの SSM 調査のサンプルは男性だけで構成されており、1955 年から 2005 年までの通時的な分析を行うためには、女性のデータを取り除くことでサンプルの構成を一致させる必要があったからである。特に本章では、後述するように、1955 年－1965 年と 1975 年－2005 年との間に大きな違いを見出しており、この違いを明らかにするためには 1975 年以前のデータを欠いている女性を分析から除くという処理をせざるをえなかった。

しかしこのために、本章の分析は男性の職業継承・職業移動だけに焦点をあてた分析になっており、それゆえ女性の職業継承・職業移動をまったく無視した分析になっている。また、男親から息子への継承のみに焦点をあてることで、ある特定の家族形態を前提にした議論にもなっている。このような男性に偏向した分析や、特定の家族モデルに偏向した分析はこれまでにも痛烈な批判の対象となっており（Acker 1973, 1980）、本章の分析もこうした批判を免れえるものではない[8]。それゆえ、本章の分析が男性に限定にされているという事実は、分析結果を解釈する際には十分に注意しなければならない点である。実際に、男性についてあてはまることが女性についても無条件にあてはまるとは考えられず、今後は男性の職業継承・職業移動に焦点をあてた分析と対をなす、女性

8　家族形態によって、職業移動の影響が異なりうることについては、Biblarz, Raftery and Bucur（1997）を参照のこと。

の職業継承・職業移動に焦点をあてた分析が必要とされるだろう。

なお、サンプルの抽出方法、規模、回収率は、前章の表 3-1 において示してあるので、そちらを参照にしてほしい。

2―2. 変数

従属変数

本章においても従属変数としてもちいられるのは、階層帰属意識である。前章と同様に、「上、中の上、中の下、下の上、下の下」の五段階から回答者が自身の所属する階層として選択した回答を「上・中の上」、「中の下」、「下の上・下の下」の 3 カテゴリーに再統合し、それぞれを〈上〉、〈中〉、〈下〉と定義し直している。階層帰属意識の調査年度別の分布状況については第 1 章の表 1-2 を、また 3 カテゴリーに編成し直した理由については前章の従属変数に関する記述を、それぞれ参照にしてほしい。

独立変数

本章において独立変数としてもちいられるのは、本人現職と父主職、そして調査時期である。前章では学歴に注目して分析を行ったけれども、本章では、学歴ではなく、職業に注目して分析を行う。

本章では、SSM 職業分類を基に、本人現職および父主職を上層ホワイト、下層ホワイト、ブルーカラー、農業、無職・学生の 5 つのクラスに分け、それぞれのクラスについてダミー変数を作成した。

上層ホワイトに分類されたのは SSM 職業分類において管理職もしくは専門職に分類された職業であり、下層ホワイトに分類されたのは SSM 職業分類において事務職もしくは販売職に分類された職業である。また、ブルーカラーに分類されたのは SSM 職業分類において熟練職、半熟練職、非熟練職に分類された職業である。最後に、農業に分類されたのは、SSM 職業分類において農業に分類された職業であり、残ったケースのうち、身分が無職もしくは学生とわかるものは無職・学生に分類した。分類不能や、“そのほか”といったケースについては、分析から除外してある。

また SSM 調査では、1985 年までと 1995 年からとで、管理職の定義が変更されている。1995年からはかりに従業上の地位が管理職に相当する場合も、従業先規模が30人未満であれば管理職には分類されていない。これに対して、1985年まで従業先規模が5人以上であれば管理職に分類されている。この変更は、おそらくホワイトカラーの増大が背景にあり、実状に合わせての変更だと想像される。とはいえ、1955年から2005年までのデータを統合して分析する際、このような分類基準のずれは望ましいものではないかもしれない。しかし本章では、管理職の定義を一貫させた分析においても結論に大きな違いが生じていないことを確認したうえで、調査データのオリジナルの分類を尊重した。

職業移動を取り上げる場合、学歴移動を取り上げた場合とは異なり、問題になる点は、これらの職業カテゴリーの順序をどのように設定するか、ということである。学歴の場合は、教育年数が一つの目安になったけれども、職業カテゴリーについてはこのように一元化された尺度が存在するわけではない。そこで本章では、職業カテゴリーが単独で階層帰属意識に対してもつ効果を手がかりに職業カテゴリー間の潜在的な順序を再構成し、その順序をもちいて分析を行うことにした。

表4-2は、従属変数を階層帰属意識（〈中〉が参照カテゴリー）にした場合の多項ロジット分析の結果である。みたいのは、年齢・学歴を統制したときの、職業カテゴリー単独の効果である[9]。

表4-2から分かることは、〈上〉ないし〈下〉のいずれかに対して統計的に有意な効果をもっているのは、上層ホワイト、下層ホワイト、そしてブルーカラーの3カテゴリーだということである。ホワイトカラーであることは、上層であるか、下層であるかを問わず、〈下〉と答える可能性を低くする効果があり、とりわけその効果は上層ホワイトにおいて強い。また、上層ホワイトには、統計的な有意性は低いものの、〈上〉と答える可能性を高くする効果も観察することができる。それに対して、ブルーカラーであることは、〈上〉と答える可能性を低くする効果がある。職業を学歴のように教育年数という形ではっきりとした形で順序づけることはできないし、また学習される内容が比較的標準化されている学歴と異なって、職業を通じて取得するスキルは職業ごとに異な

9　本来であれば、収入も統制することが望ましいが、SSM調査での収入に関するデータは自己申告式で、また回答拒否率も高いため、ここではあえて変数として投入しなかった。

表 4-2　SSM1955−2005 による、職業カテゴリーに関する多項ロジット分析の結果

従属変数：階層帰属意識

変数	モデル 1
〈上〉／〈中〉	
年齢	0.007***
	(0.002)
高等学歴	0.324***
	(0.062)
初等学歴	−0.172***
	(0.063)
上層ホワイト	0.190*
	(0.103)
下層ホワイト	−0.161
	(0.103)
ブルーカラー	−0.311***
	(0.104)
農業	−0.195
	(0.118)
定数項	−1.049***
	(0.132)
〈下〉／〈中〉	
年齢	−0.003**
	(0.002)
高等学歴	−0.390***
	(0.067)
初等学歴	0.509***
	(0.495)
上層ホワイト	−0.611***
	(0.103)
下層ホワイト	−0.296***
	(0.940)
ブルーカラー	−0.097
	(0.091)
農業	0.058
	(0.099)
定数項	−0.180
	(0.118)
LL	−12524.4
N	12,435

括弧内の数字は標準誤差
学歴の参照カテゴリーは中等学歴
職業の参照カテゴリーは、無職・学生
$^{*}p<0.1$; $^{**}p<0.05$; $^{***}p<0.01$

り、きわめて多様である。したがって、職業に序列が存在するかいなかも含めて、その間に順序をつけることは簡単な作業ではない。しかし、分析の結果は、そうした原理的な困難さとはまた別に、少なくとも人々の意識の上では、ホワイトカラーとブルーカラーが明確に区別されていることを示している。これに対して、農業は〈上〉と答える可能性に対して、あるいは〈下〉と答える可能性に対しても、統計的に有意な効果をもっていない。これは、他のカテゴリーと異なり、“農業という職業カテゴリーは社会的地位を表示する機能が弱い”ことを示唆している[10]。この意味では、かつて人口の大半を占めていた農業という職業カテゴリーは、他の職業カテゴリーと比較すると、やや特異な職業カテゴリーだといえるだろう。

以上を参考にして、職業カテゴリーと階層的地位の対応関係を表にしたものが表 4-3 である。この結果を念頭におき、本章では、上層ホワイトを職業継承することに〈上〉という階層的地位へのコミットメントを強める効果が実際に観察されるのかどうか、およびブルーカラーを職業継承することに〈下〉という階層的地位へのコミットメントを強める効果が実際に観察されるのかどうか、これらのことを検討する。

また、職業継承の時期別の効果の違いをみるために、調査時期も独立変数としてあつかった。本稿では、1955 年から 1965 年までを構造変動期と考え、構造変動期に関するダミー変数を作成した。同様に、1975 年から 2005 年までは構造安定期と考え、構造安定期に関するダミー変数を作成した。

このように、調査時期を構造変動期と構造安定期の二つに分けて考えること

表 4-3　職業カテゴリーと階層的地位の対応関係

	〈上〉	〈下〉	対応する階層的地位
上層ホワイト	＋	－	〈上〉
下層ホワイト	±	－	〈上〉もしくは〈中〉
ブルーカラー	－	±	〈中〉もしくは〈下〉
農業	±	±	対応なし
無職・学生	――	――	――

10　かりに、農業が〈中〉という階層を指示していると人々によって考えられているなら、〈上〉および〈下〉と答える可能性を同時に低くする効果が現れるはずなので、農業であることが〈中〉と答える可能性を高めているわけでもない。

の正当性については、4節において改めて問題にする。

統制変数

本章では、人口学的な要因として年齢を統制した。具体的には、実年齢をそのまま量的変数としてもちいた。

年齢以外に統制変数としてもちいたのは、本人学歴および世帯収入の社会的・経済的地位変数である。

学歴は、回答者の学歴を初等学歴、中等学歴、高等学歴の3クラスに分類し、それぞれについてダミー変数を作成した。ただし、実際の分析では、初等学歴は参照カテゴリーとして省略される。具体的にどのような学校を卒業したものがどのクラスに分類されたのかについては、前章の2節を参照にしてほしい。

世帯収入を統制変数としてもちいる場合に、2つの問題が存在する。1つは、少数の回答者が極端に高額な収入を得ているために生じる分布の歪みである。もう1つは、貨幣価値の長期的な変動である。これらの問題を回避するために、本章では世帯収入額をそのまま量的変数として投入するのではなく、各調査年度の平均世帯収入と1955年データの平均世帯収入の比をかけて、さらにその値の自然対数をとって、世帯収入スコアとした。世帯収入スコアの具体的な求め方については、やはり前章の2節を参照にしてほしい。

なお、独立変数および統制変数の記述統計量は、表4-4の通りである。分析に使用したデータの欠損値処理の関係で、前章で示した記述統計量の値とは少し異なっている。

2―2. 方法

本章においても、分析の手法としては多項ロジットモデルがもちいられる。まず、ベースラインとなるモデルは以下の式で表現される[11]。

11　式では、世帯収入スコアを変数に含んでいるけれども、世帯収入の分析上の扱いの難点から、実際の分析では世帯収入スコアを変数から除いたモデルと併せて、結果を提示する。この点については、この後の式についても同様である。

表 4-4　各変数の記述統計量

変数		平均/割合（%）	標準偏差	Min	Max
階層帰属					
〈上〉		20.8			
〈中〉		46.4			
〈下〉		32.8			
年齢		43.1	13.2	20	70
本人学歴					
高等学歴		22.6			
中等学歴		37.1			
初等学歴		40.3			
世帯収入スコア		3.15	0.67	0.0	6.86
本人職業					
上層ホワイト		17.8			
下層ホワイト		25.2			
ブルーカラー		35.4			
農業		15.0			
無職/学生		6.8			
父親職業					
上層ホワイト		14.2			
下層ホワイト		18.3			
ブルーカラー		26.7			
農業		39.8			
無職/学生		0.9			
調査年度					
	1955	15.8			
	1965	15.4			
	1975	20.0			
	1985	17.4			
	1995	17.5			
	2005	14.0			

N=12,435
（ただし、世帯収入スコアについては、N=10,984）

$$\begin{cases} \log\left(\dfrac{\phi_H}{\phi_M}\right) = \beta_{0H} + \beta_{1H} \cdot age + \sum_i (\beta_{1Hi} \cdot education_i) + \sum_j (\beta_{2Hj} \cdot occupation_j) \\ \qquad + \beta_{3H} \cdot Score + \varepsilon \\ \log\left(\dfrac{\phi_L}{\phi_M}\right) = \beta_{0L} + \beta_{1L} \cdot age + \sum_i (\beta_{1Li} \cdot education_i) + \sum_j (\beta_{2Lj} \cdot occupation_j) \\ \qquad + \beta_{3L} \cdot Score + \varepsilon \end{cases}$$

ただし、

ϕ_H：〈上〉に階層帰属意識を持つ確率、

ϕ_M：〈中〉に階層帰属意識を持つ確率、

ϕ_L：〈下〉に階層帰属意識を持つ確率、

age：年齢

$education_i$：本人学歴カテゴリーｉ（初等、中等［参照カテゴリー］、高等）

$occupation_j$：本人現職カテゴリーｊ（上層 W、下層 W、ブルーカラー、農業、無職・学生［参照カテゴリー］）

$Score$：世帯収入スコア

β：切片、もしくは各変数にかかる係数

ε：誤差

を意味する。

本章では、このベースラインモデルに本人現職と父主職との相互作用を加えた、以下のモデルを検討する。

$$\begin{cases} \log\left(\dfrac{\phi_H}{\phi_M}\right) = \beta_{0H} + \beta_{1H} \cdot age + \sum_i (\beta_{2Hi} \cdot education_i) + \sum_j (\beta_{3Hj} \cdot occupation_j) \\ \qquad + \beta_{4H} \cdot Score + \beta_{5H} \cdot WH \cdot WH + \beta_{6H} \cdot B \cdot B + \varepsilon \\ \log\left(\dfrac{\phi_L}{\phi_M}\right) = \beta_{0L} + \beta_{1L} \cdot age + \sum_i (\beta_{i2L} \cdot education_i) + \sum_j (\beta_{j3L} \cdot occupation_j) \\ \qquad + \beta_{4L} \cdot Score + \beta_{5L} \cdot WH \cdot WH + \beta_{6L} \cdot B \cdot B + \varepsilon \end{cases}$$

ただし、$WH \cdot WH$ は本人現職が上層ホワイト、かつ父主職が上層ホワイト

であることを示すダミー変数である。同様に、$B \cdot B$ は本人現職がブルーカラー、かつ父主職がブルーカラーであることを示すダミー変数である。

もし仮説 1 が正しければ、本人現職と父主職がともに上層ホワイトであれば〈上〉と答える可能性が高くなるはずである。したがって、β_{5H} の値は統計的に有意になり、かつその符号はプラスになると予想される。同様に、もし仮説 1 が正しければ、本人現職と父主職がともにブルーカラーであれば〈下〉と答える可能性が高くなるはずである。したがって、β_{6L} の値は統計的に有意になり、かつその符号はプラスになると予想される。

本章ではさらに、ベースラインモデルに「本人現職と父主職と調査時期の相互作用」を加えた、以下のモデルについても検討する。

$$
\begin{cases}
\log\left(\dfrac{\phi_H}{\phi_M}\right) = \beta_{0H} + \beta_{1H} \cdot age + \sum_i (\beta_{2Hi} \cdot education_i) + \sum_j (\beta_{3Hj} \cdot occupation_j) \\
\qquad + \beta_{4H} \cdot Score + \sum_l (\beta_{5Hl} \cdot WH \cdot WH \cdot period_l) \\
\qquad + \sum_l (\beta_{6Hl} \cdot B \cdot B \cdot period_l) + \varepsilon \\
\log\left(\dfrac{\phi_L}{\phi_M}\right) = \beta_{0L} + \beta_{1L} \cdot age + \sum_i (\beta_{i2L} \cdot education_i) + \sum_j (\beta_{j3L} \cdot occupation_j) \\
\qquad + \beta_{4L} \cdot Score + \sum_l (\beta_{5Ll} \cdot WH \cdot WH \cdot period_l) \\
\qquad + \sum_l (\beta_{6Ll} \cdot B \cdot B \cdot period_l) + \varepsilon
\end{cases}
$$

ただし、$WH \cdot WH \cdot period_l$ および $BB \cdot BB \cdot period_l$ は、時期カテゴリー $period_l$ と先に定義した二つのダミー変数（本人現職と父主職が上層ホワイトで一致することを示すダミー変数と、本人現職と父主職がブルーカラーで一致することを示すダミー変数）との相互作用を示している。時期カテゴリーは、1955－1965 年の構造変動期（$period_1$）、1975－2005 年の構造安定期（$period_2$）の 2 カテゴリーが存在する。

もし仮説 2 が正しければ、構造安定期において職業継承の効果が強まるはずである。したがって、β_{5H2} および β_{6L2} の値は統計的に有意になり、かつその符号はプラスになると予想される。これに対して、もし仮説 3A および 3B が正しければ、上方にシフトしている構造変動期において上層ホワイトの職業継承の効果は弱まり、逆にブルーカラーの職業継承の効果は強まるはずである。したがって、β_{5H1} は統計的に有意な値を示さず、逆に β_{6L1} の値は統計的に有意になり、かつその符号はプラスになると予想される。

このように、これらのモデルを検証することによって、本章の仮説の妥当性を明らかにすることができる。

3. 分析結果

3—1. 職業継承と階層意識

分析結果を確認することにしよう。表4-5は、従属変数を階層帰属意識（〈中〉が参照カテゴリー）にした多項ロジット分析の結果である。独立変数は、年齢、学歴、職業、そして収入である。ここでは、調査実施年度による区別をせず、1955年から2005年までの合併データをもちいている。

表4-2のモデル1が、独立変数から収入を除いたベースラインモデルになる。モデル1から、社会的地位が階層帰属意識に及ぼすおおよそ影響を把握することができる。

まず、年齢は高いほど〈上〉と答える可能性が高くなり、年齢が低いほど〈下〉と答える可能性が低くなる。したがって、年齢には階層帰属意識を上昇させる効果がある。しかし、この効果は、世帯収入スコアを投入したモデルでは弱まっているので、収入を媒介にした間接効果の占める部分が大きい。背景には、若いときにはさほどでない年収の差が、年齢があがるにつれて次第に大きくなっていく、年功序列制があると思われる。

次に、学歴が高等学歴であれば〈上〉と答える可能性が高くなり、逆に〈下〉と答える可能性が低くなる。また、初等学歴であれば、〈下〉と答える可能性が高くなる。学歴が高いほど、より高い階層を答える可能性が高くなるという結果は、私たちの直観に合致した自然な結果だといえる。

職業については、先に検討したように、上層ホワイト、下層ホワイト、そしてブルーカラーの3カテゴリーに統計的に有意な効果を見出すことができる。上層ホワイトには〈上〉と答える可能性と高める効果と〈下〉と答える可能性

表 4-5　SSM1955－2005 による、職業継承に関する多項ロジット分析 I

従属変数：階層帰属意識

変数	モデル 2	モデル 3	モデル 4
〈上〉／〈中〉			
年齢	0. 007***	0. 005**	0. 005**
	(0. 002)	(0. 002)	(0. 002)
高等学歴	0. 284***	0. 230***	0. 255***
	(0. 632)	(0. 067)	(0. 068)
初等学歴	－0. 174***	－0. 100	－0. 100
	(0. 063)	(0. 067)	(0. 067)
上層ホワイト	0. 056	－0. 090	－0. 228*
	(0. 109)	(0. 127)	(0. 132)
下層ホワイト	－0. 166	－0. 344***	－0. 347***
	(0. 103)	(0. 125)	(0. 125)
ブルーカラー	－0. 346***	－0. 437***	－0. 461***
	(0. 110)	(0. 125)	(0. 131)
農業	－0. 210*	－0. 325**	－0. 341**
	(0. 119)	(0. 138)	(0. 138)
上層 W×上層 W	0. 391***		0. 411***
	(0. 100)		(0. 107)
ブルー×ブルー	0. 052		0. 021
	(0. 092)		(0. 098)
世帯収入スコア		0. 437***	0. 438***
		(0. 047)	(0. 047)
定数項	－1. 034***	－2. 258***	－2. 241***
	(0. 132)	(0. 204)	(0. 205)
〈下〉／〈中〉			
年齢	－0. 003*	－0. 004**	－0. 004**
	(0. 002)	(0. 002)	(0. 002)
高等学歴	－0. 402***	－0. 341***	－0. 394***
	(0. 068)	(0. 073)	(0. 074)
初等学歴	0. 513***	0. 457***	0. 462***
	(0. 050)	(0. 053)	(0. 053)
上層ホワイト	－0. 658***	－0. 382***	－0. 415***
	(0. 110)	(0. 122)	(0. 129)
下層ホワイト	－0. 296***	－0. 181	－0. 177
	(0. 094)	(0. 112)	(0. 112)
ブルーカラー	－0. 155	－0. 027	－0. 092
	(0. 095)	(0. 108)	(0. 112)
農業	0. 052	0. 081	0. 078
	(0. 099)	(0. 114)	(0. 114)
上層 W×上層 W	0. 160		0. 121
	(0. 134)		(0. 142)
ブルー×ブルー	0. 136**		0. 159**
	(0. 068)		(0. 073)

世帯収入スコア		−0.455***	−0.456***
		(0.037)	(0.037)
定数項	−0.185	1.178***	1.170***
	(0.118)	(0.164)	(0.165)
LL	−12514.79	−10851.94	−10841.94
N	12,435	10,984	10,984

括弧内の数字は標準誤差
学歴の参照カテゴリーは中等学歴
職業の参照カテゴリーは、無職・学生
*$p<0.1$; **$p<0.05$; ***$p<0.01$

を低める効果が、下層ホワイトには〈下〉と答える可能性を低める効果が、ブルーカラーには〈上〉と答える可能性を低める効果が、それぞれ見出されている。

このベースラインモデル（モデル1）に、職業継承に関する変数を投入したモデルが表4-5のモデル2である。上層W×上層Wは、父親の主たる職業が上層ホワイトであり、かつ本人の現職が上層ホワイトであることを意味している。すなわち、専門職あるいは管理職という職業的地位を継承した個人なのかどうかを区別する変数である。また、ブルーカラー×ブルーカラーは、父親の主たる職業がブルーカラーであり、かつ本人の現職がブルーカラーであることを意味している。すなわち、ブルーカラーという職業的地位を継承した個人なのかどうかを区別する変数である。

尤度比検定（$\varDelta G^2=19.21$, $df=4$, $p<0.001$）をパスしており、職業継承に関する変数を投入することには意味がある。新しく投入した変数を個別に見てみると、専門職あるいは管理職という職業的地位を継承した個人は〈上〉と答える可能性が高くなっており、逆にブルーカラーという職業的地位を継承した個人は〈下〉と答える可能性が高くなっている。つまり、親と同じ職業カテゴリーに分類される個人は、そうでない個人と比較して、職業が階層帰属意識に与える影響がはっきりと現れる。これは、職業を継承することが、その職業によって示される階層的地位により強いコミットメントを抱かせるという本章の仮説1を支持する結果になっている。

ただし、ブルーカラーそれ自身の、〈下〉と答える可能性に与える効果は統計的には依然として有意な値を示していない。つまり、職業継承といった変数をコントロールしたとしても、ブルーカラーそれ自身にはある個人をして〈下〉に帰属させる効果は存在しない。このことは、いっけんすると些細な事実であるが、分析結果の含意を検討する際に重要な意味をもつことになる。

以上の結果は、統制変数として世帯収入を加えた場合にも基本的にはあてはまる。モデル3は統制変数に世帯収入を加えた場合のベースラインモデルであり、モデル4はモデル3に職業継承に関する変数を加えたモデルである。

SSM調査データでの世帯収入変数は比較的多くの欠損値を含み、しかも調査実施年度があたらしくなるにつれ欠損値が増えるという傾向があるため、世帯収入を変数として投入する場合にはその扱いに注意する必要がある。しかし、世帯収入を除いたモデルと世帯収入を入れたモデルを比較して、数字の出方に大きな違いがないことは、後者のモデルの妥当性を間接的に示す結果だといえよう。

もちろん、世帯収入を投入することで結果に違いがでている箇所もある。一つは初等学歴の〈上〉へ帰属させない効果が若干弱まっていること、下層ホワイトに〈上〉へ帰属させない効果が現れ、逆に〈下〉に帰属させない効果が消えていること、そして農業の〈上〉へ帰属させない効果が強まっていることである。これらのことから、2つのことがわかる。1つは、学歴が階層帰属意識に及ぼす影響の一部は、初等学歴であるために世帯収入が高くならないという、世帯収入を介した間接効果[12]だったことである。もう1つは、高い世帯収入には社会的地位の低さを補う効果があることである[13]。

モデル3とモデル4を比較してみよう。やはり尤度比検定（$\varDelta G^2=20.00$, $df=4$, $p<0.01$）をパスしており、職業継承に関する変数を投入することには意味がある。父親が上層ホワイトで、自身も上層ホワイトを継承した場合の変数を示す上層W×上層Wの係数も、父親がブルーカラーで、自身もブルーカラーを継承した場合の変数を示すブルー×ブルーの係数も、統計的に有意な値を示している。

以上から、階層帰属意識を形成する際に、親の職業を継承することの重要性

---

12 Becker（1964（1976））の人的資本論を想起させる事実である。

13 逆に、低い世帯収入は高い社会的地位の効果を弱める効果のあることが、数土（1998, 1999）によって指摘されている。

が明らかにされた。学歴だけでなく、職業もまた、親からその地位を継承する体験がその個人の階層帰属意識形成に大きな影響を与えている。今回の分析結果で特に注目すべきは、上層ホワイトとブルーカラーがそれぞれ単独で階層帰属意識形成に与える影響と、職業継承がなされた場合の上層ホワイトとブルーカラーが階層帰属意識形成に与える影響の違いである。

今回の分析からは、上層ホワイトそれ自身には、〈上〉と答える可能性を高める効果が弱いことが示されている。その意味では、個人の社会意識に定位した場合、上層ホワイトは、〈中〉と強くは区別されていないという意味で、そのほかの職業と比較してとりわけ序列の高い職業カテゴリーになっているわけではない。しかし、職業カテゴリーを単独で取り上げたときには、そのような職業威信の高さを示す結果が得られていないにもかかわらず、上層ホワイトに就いている個人の親の職業に注目すると、また異なる結果がでてくる。具体的には、当人の職業カテゴリーが上層ホワイトで、父親の主たる職業のカテゴリーも上層ホワイトである場合（すなわち、上層ホワイトで職業継承がなされた場合）、その個人は〈上〉と答える可能性がより高くなる。このことから、階層帰属意識形成における職業継承の重要性を窺い知ることができる。

同様に、ブルーカラーそれ自身には、個人が〈下〉と答える可能性を高める効果はない。その意味では、個人の社会意識に定位した場合、ブルーカラーはそのほかの職業と比較してとりわけ序列の低い職業カテゴリーというわけでは決してない。しかし、職業カテゴリーを単独で取り上げたときには、そのような職業間の序列を窺わせるような結果が得られていないにもかかわらず、親の職業的地位と当人の職業的地位との間の相互作用を仮定すると、人々の意識上に職業カテゴリーに関する明確な序列が存在していたことが明らかになる。具体的には、父親の主たる職業のカテゴリーがブルーカラーで、当人の現職カテゴリーもブルーカラーである場合（すなわちブルーカラーについて職業継承がなされた場合）、その個人は〈下〉と答える可能性が高くなる。

これらのことは、親の職業的地位によって示される出身階層と、本人の職業的地位によって示される到達階層が一致していることが、その個人の階層的地位を巡るアイデンティティ形成に大きな影響を与えていることを明らかにしている。吉川（2006）では、階層帰属意識の規定要因に関する時系列分析をもとに、学歴と比較して、職業の階層帰属意識に及ぼす効果が不安定であることが示されている[14]。そして、当人の職業カテゴリーを単独で取り上げた場合には、本項のモデルでも同じような結果が得られており、これは比較的頑健な結果といえるだろう。しかしその一方で、職業継承という親子間での職業的地位の相互作用（いいかえれば、社会移動体験の有無）に注目することで、職業の効果について異なる解釈が可能になった。その個人が世代を超えた社会的地位の再生産過程に取り込まれているとき、世代内では存在しているようにみえなかった職業カテゴリーの間に序列がみいだされ、そしてどのような職業を継承したかがその個人の階層帰属意識形成に無視できない影響を与えていたことがわかる。

しかし、ここで明らかにされた職業継承が階層帰属意識に与える影響は、戦後日本の近代化の過程において、一貫して存在していたものなのだろうか。戦後日本は、近代化という過程の中で産業構造が大きく変動し、その結果、大規模な社会移動が生じた。もちろん、そうした社会移動には職業構造の変化によって説明される部分もあるし、就業機会の開放性の高まりによって説明される部分もある（安田 1971, 富永 ed. 1979, 直井・盛山 eds. 1990, 原・盛山 1999）。いずれにしても、親の職業と同じ職業に就くことが必ずしも当たり前でなくなった時代を人々は生きてきた。

そして、構造変動の規模は戦後 60 年の間、必ずしも一様であったわけではなく、こうした構造変動の波が職業継承にともなうアイデンティティ形成に何らかの違いを生み出していたことを予想できる。次項では、本項で明らかにされた職業継承の効果がそうした構造変動とともにどのように変化してきたのかを検討する。

3−2. 職業継承の時期別効果

分析結果を確認することにしよう。表 4-6 は、前項の分析から職業継承変数を外し、その代わりに職業継承×調査時期の相互作用変数を入れたモデルである。本項では、SSM 調査データが含む 1955 年から 2005 年までの期間を大きく 1970 年半ば以前（構造変動期）と 1970 年代半ば以後（構造安定期）に区分する。

---

14 同様に、収入と比較しても、その影響は強いものではない（Beller and Hout 2006）。

表 4-6　SSM1955－2005 による、職業継承に関する多項ロジット分析 II

従属変数：階層帰属意識

変数	モデル 5	モデル 6	モデル 7
〈上〉／〈中〉			
年齢	0.007***	0.007***	0.007***
	(0.000)	(0.000)	(0.000)
高等学歴	0.277***	0.325***	0.278***
	(0.063)	(0.062)	(0.063)
初等学歴	−0.173***	−0.161**	−0.161**
	(0.063)	(0.064)	(0.064)
上層ホワイト	0.056	0.192*	0.059
	(0.109)	(0.104)	(0.109)
下層ホワイト	−0.168	−0.160	−0.167
	(0.103)	(0.103)	(0.103)
ブルーカラー	−0.330***	−0.332***	−0.351***
	(0.104)	(0.110)	(0.110)
農業	−0.213*	−0.198*	−0.217*
	(0.119)	(0.119)	(0.119)
上層 W×上層 W			
×変動期	−0.315		−0.315
	(0.219)		(0.219)
×安定期	0.523***		0.524***
	(0.107)		(0.107)
ブルー×ブルー			
×変動期		−0.202	−0.206
		(0.184)	(0.184)
×安定期		0.101	0.101
		(0.098)	(0.098)
定数項	−1.011***	−1.050***	−1.012***
	(0.132)	(0.132)	(0.132)
〈下〉／〈中〉			
年齢	−0.003**	−0.002	−0.002
	(0.002)	(0.002)	(0.002)
高等学歴	−0.406***	−0.394***	−0.409***
	(0.068)	(0.067)	(0.068)
初等学歴	0.509***	0.468***	0.468***
	(0.049)	(0.050)	(0.050)
上層ホワイト	−0.660***	−0.620***	−0.668***
	(0.110)	(0.103)	(0.110)
下層ホワイト	−0.299***	−0.297***	−0.299***
	(0.094)	(0.094)	(0.094)
ブルーカラー	−0.103	−0.141	−0.146
	(0.092)	(0.095)	(0.095)
農業	0.052	0.072	0.066
	(0.099)	(0.099)	(0.099)

上層W×上層W			
×変動期	0.036		0.039
	(0.252)		(0.252)
×安定期	0.191		0.187
	(0.147)		(0.146)
ブルー×ブルー			
×変動期		0.605***	0.604***
		(0.108)	(0.108)
×安定期		−0.071	−0.071
		(0.077)	(0.077)
定数項	−0.170	−0.209*	−0.199
	(0.118)	(0.118)	(0.119)
LL	−12509.36	−12498.32	−12483.25
N	12,435	12,435	12,435

括弧内の数字は標準誤差
学歴の参照カテゴリーは中等学歴
職業の参照カテゴリーは、無職・学生
$^*p<0.1$; $^{**}p<0.05$; $^{***}p<0.01$

具体的には、1955年から1965年までのデータセットを構造変動期に分類し、1975年から2005年までのデータセットを構造安定期に分類した。1つの考え方として、さらに1997年のアジア金融危機以前（構造安定期）とアジア金融危機以後（構造再変動期）とに分けて考えることも可能かもしれない。しかし、“1990年代後半以降、日本社会は大きな構造変動が経験した”という仮定が妥当かどうかに加え、1997年以降のSSM調査データが2005年データしかなく、そのデータの蓄積が十分でないことと、また2005年データの階層帰属意識に関する結果にはいくつか不確定要因が含まれているため[15]、ここでは2005年データ単独で構造再変動期を設定することを避け、便宜的に2005年データも構造安定期へ分類した。とうぜん、今後のデータの蓄積に応じて、この区別は再検討の対象になりうる。

構造変動期、とりわけ産業化、高学歴化が進行し、大規模に上方移動が生じた構造変動期に関するここでの仮説は、次のようなものであった。

産業化、高学歴化によって多くの人々が上昇移動を経験する時期には、それまで希少性をもち、高い威信を与えられていた社会的地位の価値が失われてい

15　第1章を参照のこと

くことを予想できるために、かりに“高い”社会的地位を継承していたとしても、その社会的地位が表示する価値とかつてその社会的地位が表示していた価値とを同一視することが難しくなる。したがって、そのような時期には、かりに職業継承が生じて幼少期の階層体験と成年時の階層体験とが一致していたとしても、その“高かったのに、普通になってしまった”社会的地位の、“高い”階層に帰属させる効果は“弱い”ものになる。

一方、産業化、高学歴化によって多くの人々が上昇移動を経験する時期には、それまで多数派を形成していた社会的地位が少数派に転じる中、依然としてその社会的地位を占め続けている人々は他の多くの人々がより威信の高い社会的地位を得ていくことを予想するために、かりに今までと同じ社会的地位を継承していたとしても、その社会的地位が表示する価値とかつてその社会的地位が表示していた価値とを同一視することが難しくなる。したがって、そのような時期には、かりに職業継承が生じて幼少期の階層体験と成年時の階層体験とが一貫していたとしても、その“普通であったのに、低くなってしまった”社会的地位の、“低い”階層に帰属する効果は強いものになる。

つまり、上方移動が盛んな時期は、それまで高かった社会的地位の“上”に対する地位表示機能が失われ、逆にそれまで高くはなかった社会的地位の“下”に対する地位表示機能が強化されるというのが、基本的な考え方であった。

一方、構造安定期、すなわち産業化、高学歴化が一段落した時期に関するここでの仮説は、次のようなものであった。

構造が安定し、さほど大きな変動が観察されない時期は、ある社会的地位に付与されている価値も安定したものになるために、その社会的地位にコミットしたアイデンティティ形成も容易になる。したがって、そのような時期には、“高い”社会的地位について職業継承が生じ、そこで幼少期の階層体験と成年時の階層体験が一貫したものになるならば、職業継承の“高い”階層に帰属させる効果は強いものになるし、“低い”社会的地位について職業継承が生じ、そこで幼少期の階層体験と成年時の階層体験が一貫したものになるならば、職業継承の“低い”階層に帰属させる効果も強いものになる。

では実際に、職業継承と時期の相互作用変数を投入したモデルにおいて、これらの仮説を支持するような結果を見出すことができたのだろうか。

モデル5では、職業継承と時期の相互作用を含んだ変数として、上層ホワイト×上層ホワイト×時期の相互作用項を投入している。その結果、社会構造が大きく変動していた1970年代半ば以前では、上層ホワイト×上層ホワイト×構造変動期のダミー変数は、〈上〉に帰属させる可能性についても、〈下〉に帰属させる可能性についても、統計的に有意な効果をもっておらず、ホワイトカラーに関する職業継承の効果はみいだせないことが判明した。しかし、社会構造が安定しだした1970年代半ば以降には、上層ホワイト×上層ホワイト×構造安定期のダミー変数は、〈上〉に帰属させる可能性を高めることに統計的に有意な効果をもっており、ホワイトカラーについて職業継承の影響をみいだすことができた。この結果は、社会構造が安定せず、上方移動が激しい時期には威信の高い職業カテゴリーの職業継承の〈上〉に帰属させる影響は弱くなり、逆に社会構造が安定している時期には威信の高い職業カテゴリーの職業継承の〈上〉に帰属させる影響は強くなるという、仮説3Aをまさに支持する結果だといえる。

モデル6では、職業継承と時期の相互作用を含んだ変数として、今度はブルーカラー×ブルーカラー×時期の相互作用項を投入している。その結果、社会構造が大きく変動していた1970年代半ば以前では、ブルー×ブルー×構造変動期のダミー変数は、〈上〉と答える可能性については統計的に有意な効果をもっていないけれども、〈下〉と答える可能性については統計的に有意な効果をもっており、ブルーカラーについて職業継承の影響をみいだせた。しかし、社会構造が安定しだした1970年代以降には、ブルー×ブルー×構造安定期のダミー変数には、〈上〉と答える可能性についても、〈下〉と答える可能性についても、統計的に有意な効果はなく、ブルーカラーに関する職業継承に効果をみいだすことはできなかった。この結果は、社会構造が安定せず、上方移動が激しい時期には、威信の高くない職業カテゴリーの職業継承の〈下〉に帰属させる影響が強くなるという、仮説3Bを支持する結果だといえる。

最後に、モデル7は、職業継承と時期の相互作用を含んだ変数として、上層ホワイト×上層ホワイト×時期およびブルーカラー×ブルーカラー×時期の変数を同時に投入したモデルである。統制変数を含めて、モデル7の係数の推定値は、モデル5およびモデル6のそれぞれの値とさほど大きな違いはない。このことは、職業継承の影響は、上層ホワイトとブルーカラーとそれぞれ独立の次元で作用していることを意味している。

しかし、個人にとって仕事は生活の糧をえる手段的な側面が強い。したがって、これらの効果は、その職業によって得られる収入の多寡に強い影響を受けていると容易に想像できる。世帯収入スコアを統制変数として加えたとしても、それでもなお、先の分析において見出された職業継承の影響を観察できるのかどうか、このことを確認する必要があるだろう。

表4-7は、モデル5、モデル6、モデル7の各モデルに対して世帯収入スコアを加えたものである。

モデル8は、上層ホワイトにおける職業継承の効果が、構造変動期と構造安定期とでどのように変化しているかを確認するモデルである。世帯収入スコアを加えることによっては、上層ホワイトの職業継承の効果は変化しないことがわかる。したがって、職業継承は、どのような収入を得ているのか、あるいは経済的なゆとりがどの程度であるのか、こういったこととは独立に、個人の階層意識形成に大きな影響を与えていたことになる。世帯収入スコアを統制しても、上層ホワイトについては依然として仮説2、仮説3Aが予測した結果を得られており、この結果の頑健性が示されている。

確かに、職業は生活の糧を得るための手段という側面をもっている。実際に、統制変数としての上層ホワイトの効果をみてみると、上層ホワイトの職に就いているだけでは〈上〉と答える可能性は高くならない。つまり、かりに上層ホワイトという社会的地位を得ていたとしても、それが収入に結びつかなければ、その個人は自身を〈上〉に帰属させようとはしない。しかし、職業継承という形で、職業的地位の社会的価値がアイデンティティ形成過程を通じて個人の内面に取り込まれると、それは単に生活の糧を得るためというだけでない、独特の象徴的価値をもちはじめ、その個人を〈上〉に帰属させる可能性を高めるのである。つまり、個人がある職業的地位に就いていることは、単にその個人がその職業にともなう（高い）収入を得ていることだけを意味するのではなく、個人史を考慮に入れた場合、その職業が含んでいた象徴的価値の獲得を意味する場合もある。

表 4-7　SSM1955－2005 による、職業継承に関する多項ロジット分析 III

従属変数：階層帰属意識

変数	モデル 8	モデル 9	モデル 10
〈上〉／〈中〉			
年齢	0.005**	0.005**	0.005**
	(0.002)	(0.002)	(0.002)
高等学歴	0.250***	0.301***	0.251***
	(0.069)	(0.067)	(0.069)
初等学歴	−0.099	−0.085	−0.084
	(0.067)	(0.068)	(0.068)
上層ホワイト	−0.230*	−0.091	−0.231*
	(0.132)	(0.127)	(0.132)
下層ホワイト	−0.352***	−0.345***	−0.353***
	(0.125)	(0.125)	(0.125)
ブルーカラー	−0.458***	−0.449***	−0.470***
	(0.125)	(0.131)	(0.131)
農業	−0.345**	−0.330**	−0.351**
	(0.138)	(0.138)	(0.138)
上層 W×上層 W			
×変動期	−0.314		−0.315
	(0.228)		(0.228)
×安定期	0.554***		0.555***
	(0.114)		(0.114)
ブルー×ブルー			
×変動期		−0.309	−0.313
		(0.195)	(0.195)
×安定期		0.094	0.094
		(0.105)	(0.105)
世帯収入スコア	0.439***	0.442***	0.444***
	(0.047)	(0.047)	(0.047)
定数項	−2.221***	−2.268***	−2.230***
	(0.205)	(0.205)	(0.205)
〈下〉／〈中〉			
年齢	0.004**	0.003*	−0.003*
	(0.002)	(0.002)	(0.002)
高等学歴	−0.353***	−0.344***	−0.357***
	(0.074)	(0.073)	(0.074)
初等学歴	0.457***	0.410***	0.410***
	(0.053)	(0.054)	(0.054)
上層ホワイト	−0.419***	−0.383***	−0.419***
	(0.129)	(0.122)	(0.129)
下層ホワイト	−0.182	−0.173	−0.175
	(0.112)	(0.112)	(0.112)
ブルーカラー	−0.033	−0.071	−0.076
	(0.108)	(0.111)	(0.112)

農業	0.076	0.105	0.100
	(0.114)	(0.114)	(0.114)
上層W×上層W			
×変動期	−0.086		−0.084
	(0.269)		(0.269)
×安定期	0.177		0.173
	(0.155)		(0.155)
ブルー×ブルー			
×変動期		0.672***	0.671***
		(0.113)	(0.113)
×安定期		−0.082	−0.082
		(0.083)	(0.083)
世帯収入スコア	−0.455***	−0.461***	−0.461***
	(0.037)	(0.037)	(0.037)
定数項	1.187***	1.158***	1.166***
	(0.165)	(0.165)	(0.165)
LL	−10837.37	−10821.69	−10807.07
N	10,984	10,984	10,984

括弧内の数字は標準誤差
学歴の参照カテゴリーは中等学歴
職業の参照カテゴリーは、無職・学生
*p<0.1 ; **p<0.05 ; ***p<0.01

モデル9では、ブルーカラーにおける職業継承の効果が、構造変動期と構造安定期とでどのように変化しているかを確認するモデルである。世帯収入スコアを加えることによっては、ブルーカラーの職業継承の効果は変化しない。したがって、上層ホワイトの場合と同様に、ブルーカラーの職業継承の効果は、その個人がどのような収入を得ているか、あるいは経済的なゆとりがどの程度のものであるのか、こういったことには影響を受けていないことがわかる。

具体的には、ブルーカラーの職業継承には〈下〉に帰属させる効果がある。世帯収入スコアを除いて分析した際には、ブルーカラーを継承することの効果は構造変動期に現れており、構造安定期にはその効果をみいだすことができなかった。同様に、統制変数として世帯収入スコアを含めて分析しても、ブルーカラーを職業継承することの効果は構造変動期のみに観察することができ、構造安定期にはその効果をみいだすことができなかった。

世帯収入を統制しても構造変動期におけるブルーカラーを継承することの効果が残っているということは、この時期にブルーカラーにとどまり続けた個人の階層帰属意識の低さは、その職によってどの程度の収入を得ているのかといったこととは無関係に観察できることがわかる。つまり、高学歴化が進行し、農業人口が減っていくという構造変動の中でブルーカラーにとどまり続けることは、職業階層の再生産過程に取り込まれることで、“取り残されていく”感覚を生み出していたことを意味する。そこには、“生活の糧を得る”という手段的な意味とはまた別次元の、職業の象徴的価値が反映されていると判断できる。

それに対して、世帯収入を統制しても、構造安定期におけるブルーカラーの職業継承の〈下〉に帰属させる効果を観察できなかったということは、社会構造が安定することでそうした“取り残される”感覚が弱まったことを示唆している[16]。実際に、（無職・学生を参照カテゴリーとした場合、）社会的地位としてのブルーカラーそれ自身は、〈下〉と答える可能性を高める効果をもっているわけではなかった。世帯収入スコアを統制して判明したことは、ブルーカラーそれ自身には、確かに〈上〉に帰属させない効果をみいだすことはできたけれども、〈下〉に帰属させる効果をみいだすことはできないということである。つまり、ブルーカラーであることが問題なのではない。職業階層の再生産過程に取り込まれることで、そこから抜け出せないこと、その“取り残される”感覚が〈下〉に帰属させる可能性を高めていたのである。そしてこれは、仮説 3B を支持する結果が得られたことを意味している。

最後に、モデル 10 は、職業継承と時期の相互作用を含んだ変数として、上層ホワイト×上層ホワイト×時期およびブルーカラー×ブルーカラー×時期の変数を同時に投入したモデルである。統制変数を含めて、モデル 10 の係数の推定値は、モデル 8 およびモデル 9 のそれぞれの値とさほど大きく違っているわけではない。このことは、職業継承の効果は、世帯収入と独立した効果であると同時に、上層ホワイトとブルーカラーのそれぞれで独立に作用していること

16　たとえば、こうした傾向は、階層帰属意識についてだけでなく、生活満足感にも見出すことができる。内閣府が実施している『国民生活に関する世論調査』（内閣府 2007）によると、高度成長期の人々の生活満足感は低く、逆にその後の安定成長期の生活満足感の方が高い。これは、全体として生活水準が上昇しているとき、上昇している個人は周囲も上昇しているためにそこから得られる満足感は低いものにとどまる一方で、逆に取り残される人々の不安・不満が高くなっていくこと、つまり一種のアノミーが生じていたことを示唆している。

とを示している。

本項では、1955年から2005年にかけて、職業継承が人々の階層帰属意識形成に影響を及ぼしていたことを明らかにした。興味深いのは、1955年から2005年のSSM調査データを構造変動期と構造安定期の二つの時期に区分すると、職業カテゴリーによってその効果が統計的に有意になる時期が逆になるということであった。つまり、単独にある時期を取り上げるなら、ある職業カテゴリーについては確かに職業継承の効果を見出すことができるのに、別の職業カテゴリーについてはそのような効果を見出すことができない。いっけんすると、このような現象は職業継承の影響の不安定さを意味するように思われるが、しかし構造変動にともなう社会的地位の価値変動を想定することによって職業継承の影響が職業カテゴリーによって、そして問題とされる時期によって異なってしまうことを理論的に説明できる。

ちなみに、職業継承のような世代を超えた社会的地位の相互作用が、より長期的な構造変動によっても規定されているというメカニズムを明らかにするためには、長期間にわたって継続的に実施されている社会調査データが必要であり、ここで検討されたメカニズムはSSM調査データによってはじめて確認することのできたメカニズムだといえる。

4. 議論

4—1. 戦後日本社会の時期区分

本章では、戦後日本社会の時期を大きく構造変動期と構造安定期とに区別した。そして、その境界を1970年代前半、象徴的にいえば石油ショックの前後に求めた。しかし、このような区別は単に便宜的なものではなく、この時期に日本社会がその質を大きく変えたと考えることのできるいくつかの証拠が存在する。本項では、まずそのことを確認し、職業継承が構造帰属意識に与える影響がなぜ構造変動期と構造安定期とで変化したのか、その理由を明らかにしたい。

構造変動期と構造安定期の区別を1970年代の半ばに求めることの一つの証

図 4-1　戦後日本の実質経済成長率の推移：1956-2004
（出典　内閣府）

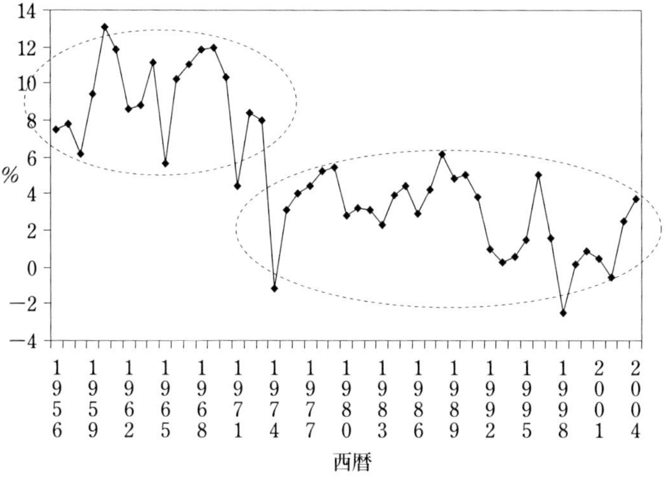

拠は、経済成長率の変化にある。図 4-1 は、戦後日本の実質経済成長率の推移をグラフにしたものである[17]。

グラフからわかるように、日本の実質経済成長率の範囲は、石油ショック翌年の 1974 年にマイナス成長を記録した後、下方にシフトしている。1973 年以前の実質経済成長率は、だいたい 6% から 12% の範囲に収まっており、そこから大きく外れることはなかった。非常に高い水準の経済成長が続いており、いわゆる高度経済成長となっている。しかし、1975 年以降の実質経済成長率は、−2% から 6% の範囲に収まっており、そこから大きくは外れていない。つまり、高度経済成長は終息し、1970 年代半ば以降は比較的安定した水準で経済成長は推移している[18]。人々の生活に大きな変化をもたらす大規模な経済

17　グラフの数値を読む際には、以下の二点に注意してほしい。第一点は数値は固定基準年方式によるということであり、第二点は 2000 年までは平成 2 年基準に、2001 年以降は平成 7 年基準による数値ということである。詳細は、http://www.esri.cao.go.jp/ を参照のこと。

18　もちろん、一般に安定成長期といわれるのは 1991 年のバブル崩壊直前までで、それ以降の実質経済成長率の水準はさらに下方シフトしている。しかし、グラフからわかるように、その落差は高度成長期以前/以後の方が大きい。

成長は、人々の階層意識にも何らかの影響をもたらしていたはずであり[19]、この点に、1970年代半ばに一つの区切りを見出すことの妥当性がある。

構造変動期と構造安定期の区別を1970年代の半ばに求めることのもう一つの証拠は、産業別就業構造の変化にある。以下は、戦後日本の産業別就業数の割合の変化を国勢調査の結果をもとにしてグラフ化にしたものである[20]。

グラフからわかるように、日本の産業別就業者数割合の特徴は、第1次産業に従事する者の急激な減少と、第3次産業に従事するものの一貫した増大である。農業に代表される第1次産業には、1955年では全人口のおよそ半分が従事していたにもかかわらず、2005年にはもはや全人口の10%未満のものしか従事していない。それに対して、サービス業に代表される第3次産業には、1955年には全人口のおよそ3分の1弱のみが従事していた状態から、2005年には全人口の3分の2強が従事する状態へと変化している。また、鉱工業に代表される第2次産業に従業するものの割合は1975年までは少しずつ上昇し、それ以降は基本的に横ばいで推移した後、1990年代以降になって減少に転じている。

図4-2　戦後日本の産業別就業者数の割合の推移：1950-2005
（出典　国勢調査）

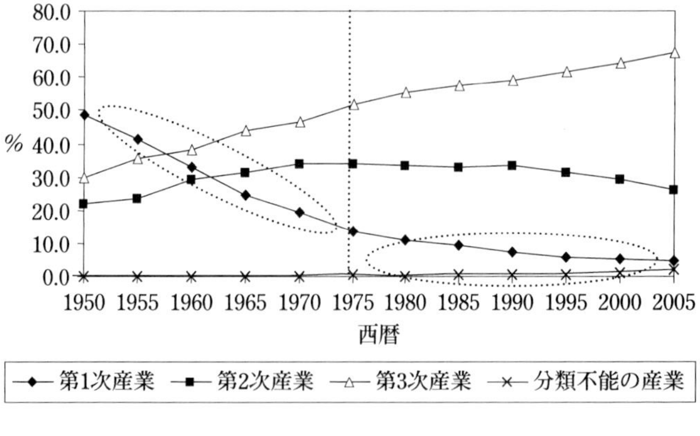

19　Breen（1997）は、階層の再生産が経済成長を抑制してしまうことを論じている。

20　グラフの数値は、2000年までは改定前の日本産業標準分類にしたがっており、2005年は2002年に改定された日本産業標準分類にしたがっている。詳細は、http://www.stat.go.jp/index.htm を参照のこと。

しかし、その変化の速度はつねに一貫していたわけではない。第1次産業に注目すると、1970年代半ばまで線形に近い形で一気に減少し、その後も就業者数の割合は減少し続けているものの、その減少の速度は緩やかになっている。したがって、ここにも1970年代半ばに一つの転機を見出すことできる。また、第3次産業に就業する者の割合は比較的線形に近い形で上昇し続けているのでそこに時代区分を見出すことは難しいが、第2次産業に就業するものの割合は、1975年までは少しずつ増え、その以降は横ばいないし減少に転じている。他の産業に比べるとその動きは緩慢だけれども、やはり1970年代にピークに達し、それ以降は減少に転じており、やはりここに転機をみいだすことが可能である。このような就業構造の変動は人々の階層意識にも何らかの影響をもたらしていたはずであり、やはり1970年代半ばに一つの区切りを見出すことが妥当になる。

最後に、構造変動期と構造安定期の区別を1970年代の半ばに求めることのもう1つの証拠として、出生数の変化を挙げることができる。図は、戦後日本の出生数の変化を人口動態調査の結果をもとにしてグラフ化にしたものであ

図 4-3 出生数の推移（1947年－2005年）
（厚生労働省人口動態調査）

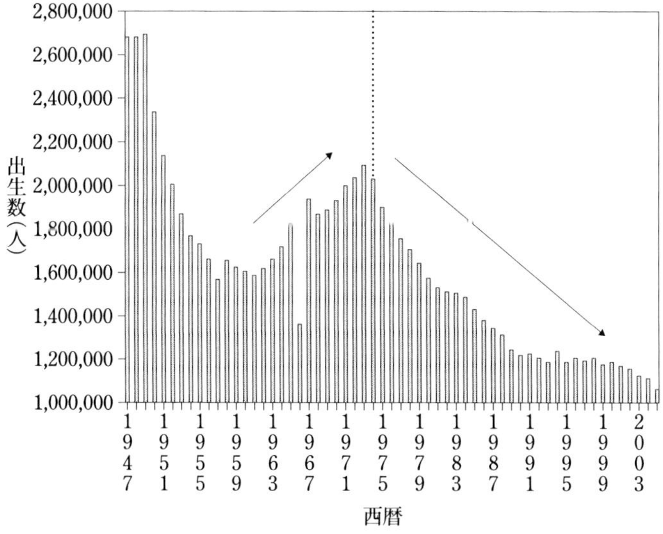

る。

グラフからわかるように、出生数の変化には、2つの特徴がある。1つは、ベビーブームの直後に急激な少子化が生じていることである。この少子化は、1957年に底を打ち、その後は今度は逆に出生数が上昇している。もう1つの特徴は、1950年代後半から続いた出生数の増加が1973年でピークを迎え、その後、再度少子化が生じていることである。最初のピークを形成した世代がいわゆる団塊の世代であり、そして次のピークを形成した世代がいわゆる団塊ジュニアの世代である。

このように、出生数の変化は時期に応じてある種の傾向性をもっていた。最初の少子化が1950年代半ばで底を打った後は1970年代まで出生数は増える傾向にあったのであり、昨今話題になっている少子化はそのような出生数の増加を経由した上で生じている。出生数の増加が減少に転じたという点で、1970年代半ばに一つの転機を見出すことが妥当である。

このほか、学歴継承について検討した章でも言及したように、戦後の進学率の変化についても1970年代前半に高校への進学率が90%を超えてほぼ飽和水準に達し、大学への進学率も最初のピークに達している。そして何よりも、本章がテーマとしている階層帰属意識そのものが、1970年代を境にして、〈中〉の増加という趨勢が消え、分布が安定するようになった。これらの事実は、私たちにただ一つの真実を告げている。それは、1970年代半ばのこの時期に、日本の社会構造は大きく変容したということである。

高度経済成長が終息し、急激な高学歴化も一息つき、産業構造の変化が緩慢になり、人口が増える速度にブレーキがかかる。そして、こうした社会変化に呼応するかのように、階層帰属意識分布も安定し、その後まったく変化しなくなる。これらの事実を照し合わせれば、1950年代から続いた大規模な構造変動が1970年代に終息し、その後、社会構造は大きく変動することのない、比較的落ち着いた時期へと移行していったと考えられる。

4—2. 職業継承と階層意識

これまでの分析結果を踏まえて、職業継承と階層帰属意識の関係について明らかになったことを確認し、それが意味することについて検討しよう。

職業継承を分析する際に、とりわけ本章が注目したのは、上層ホワイトと、ブルーカラーであった。それは、上層ホワイトが〈上〉の階層的地位に対応し、ブルーカラーが〈下〉の階層的地位に対応すると考えることができたからである。

まず、上層ホワイトについてみてみよう。上層ホワイトには、（無職・学生を参照カテゴリーにおいた場合、）他の職業カテゴリーと比較して、〈上〉に帰属させるマイナスの効果は存在せず、その意味では階層意識を高める影響を見出すことができた。しかし、このような上層ホワイトそれ自身の影響を統制しても、父親の主たる仕事が上層ホワイトで、自身の現職が上層ホワイトであった個人、すなわち上層ホワイトという社会的地位を継承した個人の〈上〉と答える可能性は統計的にみて有意に高かった。したがって、職業継承には、単に上層ホワイトという職業カテゴリーそれ自身の社会的地位の高さ以外に、階層帰属意識を高める何らかの影響を個人に及ぼしている。

しかし、職業継承することで高い階層帰属意識をもつ個人は、職業を継承することでいったい何を得ているのだろうか。たとえば、農業や、自営業のように、家業を継承するということであれば、その個人は家業を営むためのさまざまな資産を継承したと推測できる。しかし、上層ホワイトについては、このような議論は一般には成り立たない。

この現象に対して可能性としてはさまざまな説明がありうるが、個人は職業継承によって安定したアイデンティティを形成するための基盤を与えられたと、本章では考えた。つまり、出身階層での階層体験と、到達階層での階層体験が一致することで、その個人は〈上〉という階層的地位に強いコミットメントをもつようになったと考えた。

次に、ブルーカラーについてみてみよう。ブルーカラーには、（無職・学生を参照カテゴリーにおいた場合、）上層ホワイト・下層ホワイトと比較して、〈下〉に帰属させるマイナスの効果は存在せず、その意味では階層意識を低める影響を見出すことができた。しかし、このようなブルーカラーそれ自身の影響を統制しても、父親の主たる仕事がブルーカラーで、自身の現職がブルーカラーであった個人、すなわちブルーカラーという社会的地位を継承した個人の〈下〉と答える可能性は統計的にみて有意に高かった。したがって、職業継承には、単にブルーカラーという職業カテゴリーの社会的地位それ自身の効果以外に、階層帰属意識を低くする何らかの影響を個人に及ぼしている。この関係は、ちょうど上層ホワイトと〈上〉の対応関係をひっくり返したものになっている。

しかし、ブルーカラーを職業継承することで低い階層帰属意識をもつ個人は、上層ホワイトを職業継承した個人が得ているものを単にマイナスにしたものを得ているわけではない。

本章では、個人はブルーカラーを職業継承することによって、安定したアイデンティティを形成するための基盤を与えられたと考えた。しかし、それは必ずしも個人にとってポジティブなものではなかった。ブルーカラーを職業継承したことが、単にブルーカラーである以上に階層意識を低くする効果をもつということは、上方移動の趨勢から外れ、階層的地位の再生産過程に取り込まれてしまったことへのネガティブな感覚が示唆されている。

このように、それが上層ホワイトであれ、あるいはブルーカラーであれ、親と同じカテゴリーの職業に就くという職業継承は、階層意識に対して、職業それ自身の効果とは別の独立した効果をもつ。確かに、階層帰属意識に関する先行研究では、収入を得るための手段としてみなされがちの職業は、学歴と比較すると、階層帰属意識に対する直接効果は弱いと指摘されてきた（吉川 2006）。しかし、職業が階層帰属意識の形成に与える影響は収入や学歴と比較すると弱いものかもしれないが、その背景には、急激な近代化にともなって生じた大規模な社会移動が個人の階層体験の一貫性が損なってきたという事実が存在することを考慮しなければいけない。親の社会的地位によって示される幼少時の階層体験と、自身の社会的地位によって示される成年時の階層体験の分裂、いいかえれば世代間移動による階層意識形成の分裂が、実際以上に職業の階層意識に対する効果を弱めてきた。世代間で職業移動した個人と比較して、世代間で職業継承した個人の方により強く職業の効果が現れるということは、大規模な社会移動による階層体験の分裂が存在したことを間接的に示しているのである。

階層帰属意識は、その個人のアイデンティティの一部を構成している。社会の中で自分をどこに位置づけるのかを問題にする階層帰属意識は、“この社会（関係）の中で自分はいったいどのような存在であるのか”という、より一般的な問いの変異体の一つだからである。したがって、階層意識とある一時点でのその個人の社会的・経済的地位との関係を問題にするのではなく、“その個人がどのような経路を辿ってその地位に到達したのか”、このことを問題にする必要があった。このとき気をつけなければならないことは、階層意識と個人史の関係を問題にするといっても、それは親の学歴や職業の影響を問題にすることとは同じでない、ということである。なぜならば、父学歴であれ、母学歴であれ、あるいは父の職業であれ、母の職業であれ、それ自身の単独の効果を問題にするのであれば、それもまたその時点におけるその個人の、そのほか多くの社会的・経済的地位の一つでしかないからである。そうではなく、そうした社会的・経済的地位がどのような順番で生起したのか、それらの間に一貫性が存在するのか（それとも分裂が存在するのか）、そうした社会的・経済的地位間の複雑な相互作用を個人の歴史から抽出することが必要だったのである。

そういった意味では、本章の分析も、階層帰属意識が形成される複雑な過程のごく一部分を扱っているに過ぎず、その最終的な解明にはまだ遠く及ばない。個人の階層体験はさまざまでありえるために、そのすべてのパターンを抽出し、その影響を明らかにすることはほとんど不可能といってよい。しかし少なくとも、本章で問題にした職業継承の階層帰属意識に及ぼす影響は、そのような過程の一側面の解明に成功している。

また、階層意識は個人のアイデンティティであると同時に、それが集合化された場合には社会構造の一部を形成する。数土（2003a）が明らかにしているように、人々は階層意識を経由して、社会的公平感といった、そのほかのさまざまな社会意識を規定されているからである。

したがって、本章では、ミクロ水準での各個人の階層帰属判断がマクロ水準での社会構造（およびその変動）にどのように規定されているのか、このことを明らかにしてきたけれども、その次の段階として、そのようにして形成された階層意識が今度は逆にマクロ水準の社会構造とその変動をどのように規定しているのか、このことを明らかにする必要がある。

こうした問題意識から明らかなように、階層意識は社会階層論のミクロ―マクロ・リンクの要になっている。そして本章では、社会構造変動が個人の階層判断に影響を及ぼすマクロ―ミクロの連結部分に分析の焦点をあてていた。したがって、本章で明らかにされたマクロ―ミクロの連結を意識しつつ、ミクロ水準の個人の判断・行動が集合化されることで、今度は逆にマクロ水準の社会構造においてどのような変化が起きたのか、そしてこれからどのような変化が引き起こすのか、このことの解明が今後の私たちの課題として残される。

4−3. 構造変動期と構造安定期

本章では、社会構造が個人の階層帰属判断に与える影響が時期によって異なることを仮定し、戦後日本（1950 年代～2000 年代）を大きく構造変動期と構造安定期に区分して、その影響の違いを分析した。その際、本章では、構造変動期において社会構造が個人の階層帰属判断に与える影響、とりわけ職業継承が個人の階層帰属判断に与える影響を次のように仮定した。

社会構造の変動が激しいと、その変動にともなって社会的地位としての職業カテゴリーの価値も大きく変動する。構造変動が高学歴化や、農業人口の減少とホワイトカラーの増大というように構造的な上方移動を産出している時期には、それまで高い威信をもっていた職業は相対的にその価値を落とし、またそれまでさほど高い威信をもっていなかった職業は相対的にその低い価値をより強められる。その結果、高い威信をもっていた職業カテゴリーでの職業継承の（階層帰属意識を高める）効果は弱まり、逆にその価値を低められてしまった職業カテゴリーの職業継承の（階層帰属意識を低くする）効果が強まる。

逆に、構造変動が低学歴化や、ホワイトカラーの減少というように、下方移動を構造的に産出している時期には、それまで高い威信をもっていた職業は相対的にその高い価値をより強められ、またそれまでさほど高い威信をもっていなかった職業も相対的にその価値を増す。その結果、高い威信をもっていた職業カテゴリーの職業継承の（階層帰属意識を高める）効果は強まり、逆にその価値を高めることになったさほど高い威信をもっていなかった職業カテゴリーの職業継承の（階層帰属意識を低くする）効果は弱まる。

つまり、構造変動が上方移動を産出しているときには、職業継承の階層帰属意識を高める効果は一般に弱まり、逆に下方移動を産出しているときには、職業継承の階層帰属意識を低める効果が一般に強まると考えたのである。

一方、本章では、構造安定期における職業継承の階層帰属意識に対する影響を次のように仮定した。構造安定期は、構造変動期と異なって、社会的地位に付与されている価値も安定している。したがって、ある社会的地位を占めている個人は、自身の占めているその社会的地位の価値を正しく知ることで、より安定的に自身が所属する階層を判断できるようになる。具体的には、上層ホワイトに分類される職業に就いている個人は自身が所属する階層を〈上〉と判断する傾向が強まるだろうし、逆にブルーカラーに分類される職業に就いている個人は自身が所属する階層を〈下〉と判断する傾向が強まるはずである。

つまり、社会構造が比較的安定している時期には、職業継承の効果は全体としてバランスよく観察できると考えたのである。

それでは、本章のこのような仮説は、SSM 調査データの分析によって、どのように支持されたのかを確認しよう。

構造変動期に関する仮説については、下方にシフトする構造変動が現実に存在していないので、上方にシフトする構造変動に関する仮説のみが検証された。分析結果は、構造変動期に上層ホワイトの職業継承の効果は弱まり、逆にブルーカラーの職業継承の効果は強まっている事実を明らかにしているので、少なくとも上方にシフトする構造変動に関する仮説は支持されたといってよい。

しかし、構造安定期に関する仮説については、分析結果は、構造安定期での上層ホワイトの職業継承の効果は確かに強まっているものの、ブルーカラーの職業継承の効果は逆に弱まっている。したがって、上層ホワイトについては仮説が支持されたが、ブルーカラーについては仮説は支持されなかった。

構造安定期におけるブルーカラーの職業継承の効果がみいだされなかった理由として、次のようなことが考えられる。それは、ブルーカラーに分類されている職業は、それ自身で積極的に〈下〉に帰属させる効果をもっておらず、人々のより一般的な意識の上では〈上〉には分類されないものの、〈下〉にも分類されない職業として認知されていたという可能性である。実際に分析結果をみると、ブルーカラー単独の〈下〉に帰属させる効果は多くのモデルでは統計的に有意でない。世帯収入を統制した場合には統計的に有意な効果をみいだせるモデルもあったが、その有意性は低いものにとどまっている。したがって、かりにブルーカラーを職業継承したとしても、そもそもブルーカラーに付与されている象徴的価値が〈下〉に相当するものでないために構造安定期であっても〈下〉と答える可能性を高める効果は観察されなかったということである。

これに対して、（上方移動を産出する）構造変動期では、社会的地位の象徴的価値が低下するので、階層意識を低める効果がより強調されて現れるために、この時期にのみ、その効果を観察できた。

このように考えれば、本章の仮説は、おおむね SSM 調査データによって支持されたといえる。したがって、これまでの結果から、職業継承が階層意識の形成に大きな影響をもっていると同時に、その影響はその個人がおかれている時代背景とは無関係でないこと、またそのことが個人によって自覚されているかどうかは別にして、個人の階層帰属意識は社会構造によって規定されていることを明らかにすることができた。いわば、ミクロ－マクロ・リンクの、マクロ水準の社会構造がミクロ水準における個人の階層帰属判断を規定する経路の解明に成功したといえる。それでは、今度は逆に、ミクロ水準における個人の階層帰属判断がマクロ水準の社会構造を規定する経路についてはどうなっているのだろうか。本書では、第 2 章において、数理モデルをもちいつつ、個人の判断がマクロ水準の社会意識構造を規定する過程を検討した。そこで、本章で明らかにされた経験的事実と 2 章において明らかにされた理論的予測との対応関係がどのようなものであったのか、最後にこのことについても簡単に確認することにしよう。

数理モデルの説明力は、モデルの前提の妥当性に大きく依存する。命題 3 から帰結された仮説 1 がデータによって支持され、また高価値変動モデルから帰結された仮説 2、仮説 3A、仮説 4A もデータによって支持されたことで、2 章で検討した高価値変動モデルには、階層意識構造の変動をある程度の説明できると期待される。しかしそれと同時に、本章で検討した仮説およびデータには、2 章で検討した数理モデルにはなかった要因がいくつか含まれており、そのために数理モデルとデータが示す現実とを同一視することはできない。まず、2 章で検討した高価値変動モデルでは、社会的地位の区別は高地位／非高地位の 1 つしかなかった。しかし、本章ではホワイトカラー以外にブルーカラーの職業継承を問題にし、かつ両者は独立に作用していることを確認した。つまり、社会的地位の区別をより複雑化し、仮説 3B、仮説 4B も検討の対象を加えた。また、本章では戦後日本を構造変動期と構造安定期とに区分したけれども、産業別就業者数の割合の変化をみてみると（図 4-2）、構造安定期においてさえホワイトカラーは一貫して増大していることを推測できる。つまり、構造安定期にもある部分では依然として構造変動が継続しており、社会的地位の構成の変化として帰結される構造変動は、現実のデータでは複合化されている[21]。

もちろん、数理モデルはその抽象的な形式性に特徴があり、基本的な論理構成が同一であれば、ただ1つの社会的地位を取り上げようが、あるいは複数の社会的地位を同時に取り上げようが、そこから導かれる結論に根本的な違いが生じるわけではない。したがって、この問題についてより注意深い検討を必要とする問題は、後者の“現実の構造変動は複合化されており、構造変動期と構造安定期を明確に区分できるわけではない”とい問題であろう。

本章では、いくつかの証拠を取り上げて、1970年代半ばを境にして日本社会の社会構造変動を区分できること、というよりは区分しなければいけないことを示してきた。しかし、図4-2を注意深く観察すれば分かるように、1970年代半ばに一つの大きな区分を置くことをできる一方で、そうした区分とは別に第三次産業に従事する人々の割合は“コンスタント”に増え、そしていまだに“コンスタント”に増え続けている。したがって、もし2章で検討した数理モデルの社会的地位に、(上層)ホワイトカラー／非(上層)ホワイトカラーを適用するならば、その結果は職業継承にもあてはまる。

2章で検討した数理モデルの重要な結論は、ある(高い)社会的地位を占める個人の割合が一貫して上昇することで、その上昇局面の初期段階では急激な階層帰属意識の上方シフトを引き起こされるけれども、ある段階を過ぎると階層帰属意識の上方シフトはスピードダウンし、〈中〉が全体の半分を占める状態が長期間持続するということだった。そして、社会的地位の区分を(上層)ホワイトカラー／非(上層)ホワイトカラーにおいて考えたとき、現実の階層

21 (上層)ホワイトカラーは戦後一貫して上昇していることが推測できるにもかかわらず、本章では仮説3Aと仮説3Bがデータによって支持されている。しかし、たとえば農業人口の急激な減少と比較すると、ホワイトカラーの変化は戦後一貫している分だけ相対的に緩慢でもある。上層ホワイトの地位継承の効果が、自身の構成比の(緩慢な)変化にではなく、社会全体の(急激な)変化に対して敏感に反応したことがこのような結果をもたらしたと考えられる。モデルでは単純化されていた変動要因も、現実にはさまざまな水準で複数の変化が同時に発生しており、ここにもその複合化された作用を正確に捉えることの難しさがある。

帰属意識の変化も実際にそのようになっていた。これは、2章で検討した数理モデルを職業継承に適用することの妥当性を示している。

いっけんすると、階層帰属意識分布の変化は1970年代前半までの上方シフト期と、それ以降の安定期とに分類でき、この分類は本章で区別した構造変動期と構造安定期に対応しているようにみえる。しかし、ここで気をつけなければならないことは、階層帰属意識分布の変動にそのような違いを生み出した背景には、ホワイトカラーの増大という（一貫した）構造変動があったということである。1章で指摘したように、いっけんすると社会変化に対応しているようにみえる階層帰属意識分布の長期的な趨勢は、よくよく考えてみるならば自明とはいえない現象であった。しかし、2章の数理モデルを（上層）ホワイトカラー／非（上層）ホワイトカラーに適用するならば、階層帰属意識分布が（結果として）構造変動と対応しているかのように変化した過程を明らかにすることができる。

もちろん、階層帰属意識形成過程で個人が社会構造から受ける影響は、ここで問題にしている（上層）ホワイトカラーを継承しているかどうかだけではなく、それ以外にもさまざまな要因を含んでいる。したがって、2章で検討した数理モデルによって説明できる範囲には自ずと限界がある。にもかかわらず、この発見は個人の階層帰属意識形成過程に対する私たちの理解をより深いものにしてくれる。特に重要なのは、このモデルを援用することで、ミクロ水準の個人の階層帰属判断からマクロ水準の階層意識構造の変動が生じた過程を明らかにすることができたということである。1970年代半ばに戦後日本社会の大きな歴史的区分を見出すことの正当性を議論した際に、そのような判断を支持する根拠の一つとして、人々の階層意識構造の変動をとりあげた。人々の階層帰属意識構造は、1970年代までは〈中〉が増えるという形で上方シフトし、1970年代半ば以降は数十年間にわたって安定している。もしこのような階層意識構造が人々の階層帰属判断の集積によって形成されているのなら、本章で問題にした1970年代半ばの区分は私たちの（階層）意識によって（も）もたらされていたのである。

本章では、その時代の社会構造変動が人々の階層帰属判断に及ぼす影響に焦点をあてることでマクロ水準での社会構造がミクロ水準での個人の意識・判断に影響を及ぼす過程を問題にした。そして、それと同時に、2章での数理モデルによる知見を援用することで今度はミクロ水準での個人の意識・判断がマクロ水準での社会構造（の変動）を導く過程についても問題にすることができた。具体的には、1970年代半ばにある種の質的な転換が日本社会に生じたとき、そのような転換は“マクロ水準での構造変動”とそれらを媒介する“ミクロ水準での個人の意識・判断”との相互作用によって導かれたのである。

5. 結論

本章では、（それがどのようなメカニズムに由来するものであれ）親世代から職業という社会的地位を継承することが、階層帰属意識に対してどのような影響を与えているのか、このことを問題してきた。具体的には、上層ホワイトとブルーカラーのそれぞれの職業継承が個人の階層帰属意識形成に与える影響を検討し、かつその影響が時期によってどのように変化してきたのかについて問題にした。その結果、個人にとって自身の社会的地位が継承されたものであるかどうかは、社会的地位それ自身の効果とはまた別に、自身の階層的地位を判断する際には無視できない影響力をもっていることが確認された。この事実は、私たちの階層意識が単に自身の社会的・経済的地位のみによって規定されているのではなく、その社会的・経済的地位に到達するまでの過程がどのようなものであったのか、このことにも規定されていることを示している。

しかも、このような階層帰属判断の認知メカニズムは、その個人を取り囲んでいるさまざまな階層構造と決して独立ではなかった。個人が階層帰属判断する際に拠って立つ社会的地位の価値が、その個人を取り囲んでいる階層構造によって規定されていたからである。確かに、個人は、ある程度普遍的な認知メカニズムに拠りながら、自分の所属する階層を判断する。しかし、階層構造によってある社会的地位の相対的な価値が決まるために、構造変動が激しい時期には職業継承の影響が特定の職業カテゴリーのみに強く現れたりするなど、自身を取り囲んでいる階層構造の歴史性から逃れることもできない。いわば、個人は、“社会的地位の順序”という暗黙の了解にしたがうことで、その意識を構造的に規定された存在へと創り上げられていく。

しかし、そうした個人の階層帰属判断の集積は、階層意識構造として、個人を規定していたはずの階層構造を逆に規定していく。本章の分析において、構造変動期と構造安定期の区別は重要な意味をもっていた。そして、このような区別を有意義なものにする一つの手がかりが、個人の階層帰属判断の集積である階層意識分布の通時的な変化だったのである。

しかし、この階層帰属意識分布の通時的な変化は、個人が自覚的に生成したものではない。ミクロ水準における個人の階層判断が集積されて、それが階層帰属意識分布として1つの階層構造を形成するとき、階層帰属意識分布は個人の意思を離れたダイナミクスに導かれ、独特な挙動を示すことになる。そして、2章での数理モデルにもとづいた分析結果は、構造変動期と構造安定期の現れはこのダイナミクスの必然の結果であったことを示している。

個人の階層帰属判断のメカニズムと階層構造が変動するダイナミクスとが互いに媒介しあって成立する相互関係[22]に、かつてギデンズによって指摘された“構造の二重性”(Giddnes 1976 (1987), 1979 (1989), 1984) をみいだすことができる。構造の二重性とは、ギデンズの構造化理論の核となるアイディアの一つであり、構造が行為者の判断・選択を規定する一方で、そうやって行為者の判断・選択を規定しているはずの構造が行為者の判断・選択に逆に規定されていることを明らかにする概念である。ギデンズの構造化理論それ自身は、ギデンズの意図とは離れて、高度に抽象的な純理論に終始し、その妥当性を実証的に検証することは現実的には困難である。しかし、本章が明らかにした分析結果が、“構造の二重性”という概念で首尾よく説明できることは、注目に値する。

もちろん、幾度も繰り返し指摘してきたように、これだけ多くの紙幅を費やしたにもかかわらず、本章が明らかにしえた階層帰属判断の認知メカニズムは、現実の、高度に複雑な階層帰属判断の認知メカニズムと比較するならば、そのほんの一部分でしかない。同様に、階層構造が変動するメカニズムについても、メカニズムを規定する条件を完全に明らかにしえたわけではなく、いまだ多く

22　階層研究において、階層構造がミクロの水準における行為者の（合理的な）行為によってどのように規定されているかの解明は、重要なテーマとして注目を浴びつつある (Breen and Jonsson 2005)。本書は、階層“意識”の領野について、この作業を展開することを目指した研究だったといえよう。

の不確定な部分をもっている。実際に、これから階層意識構造が上方にシフトしていくのか、それとも下方にシフトしていくのか、このような基本的な事柄についても、確実な予想ができているわけではない。本章が明らかにしたメカニズムをもちいて、階層構造がどのような条件下で、どのように変動していくのか、そしてそのことが私たちの階層帰属判断にどのような影響を新たにもたらすのか、これらのことを正確に予想できるまでには、まだ多くの理論的および実証的な作業が必要とされるだろう。しかし、そのような限定にもかかわらず、階層帰属判断のメカニズムと階層構造を支配するダイナミクスを理論的かつ実証的に明らかにしえたことは、本章の階層意識研究への大きな貢献だと考える。

第5章　階層帰属意識と結婚：数理モデル

1. 問題

1―1. 階層帰属意識と社会的地位

私たちが自分の所属する階層を〈上〉であるとか、〈中〉であるとか、あるいは〈下〉であるとか、そうした判断を下しているとき、私たちが手がかりにしている基準は何なのだろうか。生活満足感や、生活向上感といった主観的な判断基準を除けば、私たちが自分の所属する階層を判断するときの基準としてもちいているものは、第一に収入や資産といった経済的地位であり、その次に学歴や職業といった社会的地位といったものがくる（直井 1979, 吉川 1999, Kikkawa 2000）。しかし、これらは経験的にそうであることが知られているに過ぎず、実際に社会的地位が私たちの階層帰属意識判断にどのように作用しているのかといった理論的メカニズムについては、少数の例外を除いては、詳しいことは研究が進んでいない。これまで日本の社会階層研究において、階層帰属意識に関する研究は記述的な分析が大半を占めており、理論的な研究も「現状をどう解釈するか」といったデータの解釈の水準にとどまっていた（間々田 1988, 1990, 盛山 1990）。これに対して、本章では、社会的地位が私たちの階層帰属判断に作用する理論モデルを構築し、モデルから演繹的に階層帰属意識分布を説明することを目的にしている。

このような方向性をもった例外的な研究として、階層帰属意識の分布の生成を説明するファラロ＝高坂モデル（以下、FK モデル）を挙げることができる（高坂 1988, 高坂・宮野 1990, Fararo and Kosaka 1992, 高坂 2000, Fararo and Kosaka 2003, 渡辺・土場 1995, 与謝野 1996, 石田 2003)。FK モデルとは、個人の階層帰属意識が複数の社会的地位の総合判断によって説明されることを前提にし、そうした複数の社会的地位の総合判断によって階層帰属意識が定められる結果、階層帰属意識が〈中〉に集中したり、あるいは客観的には地位の高いものが低い階層帰属意識を、逆に客観的には地位がさほど高くないものが高い階層帰属意識を持つようになる現象を、理論的に説明することを試みたモデルである。確かに、FK モデルは階層帰属意識分布の生成を演繹的に説明することにある程度成功しており、その点で高い評価を与えることができる。しかし本書では、FK モデルについて2つの点で問題があると考えている。第1点は、FK モデルはあくまでも個人の社会的・経済的地位にのみ注目しており、たとえば親世代から受け継いだ文化資本であるとか、あるいは配偶者の社会的・経済的地位であるとか、個人の社会的・経済的地位に還元することのできない社会的・文化的環境と階層帰属意識との相互作用が考慮されていない。第2点は、FK モデルは階層帰属意識分布を説明する、いわば静的なモデルになっており、階層帰属意識分布の動的な変化が考慮されていない。したがって、階層帰属意識分布が、職業構造であるとか、あるいは学歴構造であるとか、そうした社会構造を構成する諸パラメータに依存してダイナミックに変化しうることが FK モデルからはみえてこない[1]。そして、FK モデルが抱え込むこうした限界は、具体的には、FK モデルによっては階層帰属意識の“性差”を説明できない、あるいは FK モデルによっては階層帰属意識分布の“歴史的な変化”を説明できない、といった点に現れている。

したがって、こうした FK モデルの限界を乗り越えるという意味では、親世代の社会的・経済的地位、あるいは配偶者の社会的・経済的地位との相互作用を含み、また階層帰属意識を規定する社会的・経済的地位の象徴的価値が社会構造とともに変化することを考慮に入れた理論モデルの構築が必要になる。しかし、当人の社会的・経済的地位、親世代の社会的・経済的地位、配偶者の社会的・経済的地位、これらすべての相互作用を同時に考慮するとモデルは複雑

1　この点は、渡辺・土場（1995）の批判とも関連している。

になりすぎ、一般的な知見を導くことが困難になるだろう。本書では、すでに当人の社会的地位と親の社会的地位の間の相互作用を扱ったモデルについては第2章において検討し終えているので、本章では本人の社会的地位と配偶者の社会的地位との相互作用に焦点を絞ったモデルの構築を試み、このモデルをもちいることで階層帰属意識分布上にどのようにして性差が生じるのか、あるいは階層帰属意識分布が長期的にどのように変化し、そして今後どのように変化しうるのか、こうしたことの解明を試みていく。

また、以上のことに加えて3節では、このような本章の試みが、女性の階層をめぐるJ. Acker（Acker 1973, 1980）とJ. Goldthorpeら（Goldthorpe 1983, 1984, Erikson and Goldthorpe 1988, 1992）の議論の背後にあった、“階層を構成する単位は個人なのか、それとも世帯なのか”という、社会階層をめぐるもっとも根本的な問いにどのような新しい知見を付与しうるのか、このことについても確認する。

1—2. 個人モデルか、世帯モデルか

AckerとGoldthorpeらの論争は、表面上は女性の階層的地位をめぐる論争であったけれども、それと同時に“社会階層研究は階層の単位として世帯を考えるべきなのか、それとも個人を考えるべきなのか”という、社会階層研究の根源的な問いをめぐる争いでもあった。Ackerは、従来の社会階層研究が世帯を単位にとることで、社会階層研究を家長である男性の問題に限定し、女性の問題を研究の視野から排除していると批判した。このとき、Ackerは“社会階層の単位は個人である”とする個人モデルの立場に立っているといってよい。それに対してGoldthorpeらは、女性の階層帰属意識が自身の社会的・経済的地位よりも配偶者である男性の社会的・経済的地位に規定されていることに注目し、女性を家族から切り離して、個人で階層を形成していると考えるのは現実的でないと批判した。このとき、Goldthorpeらは“社会階層の単位は世帯である”とする世帯モデルの立場に立っているといってよい。

そこで、個人を単位として考える立場にも、そして世帯を単位として考える立場にも、それぞれに正当な理由があると思われる一方で、しかし実際にこの社会を生きている個人は社会階層の自然な単位として何を考えているのかに注

目する必要がある。そして、個人の階層帰属判断のメカニズムを明らかにしようとする階層帰属意識研究は、この問いに答える貴重な手がかりを与えてくれる。したがって、本章では、個人が階層帰属判断をしているとき、個人の属性に準拠して判断しているのか、それとも世帯の属性に準拠して判断しているのか、そしてその準拠の仕方に性差があるのか、もし性差があるとすればそれは何に起因しているのか、こうした問題に注意しながら、個人の階層帰属判断メカニズムの理論化を試みる。

Acker と Goldthorpe らの論争を、個人モデルと世帯モデルの妥当性をめぐる争いだと解釈したとき、両者の主張はそれぞれ微妙に整合性を欠いている。まず、男性の社会的・経済的地位の分析に注目してきた従来の社会階層研究を擁護する Goldthorpe らは、女性の所属階層を世帯単位で考える世帯モデルの立場を採りながら、世帯の属性を男性個人の社会的・経済的地位に限定することで、男性の所属階層については個人モデルの立場を採っている。いわば、世帯モデルと個人モデルの使い分けについて混乱があるといえる。それに対して、Acker も、女性の所属階層を家族の属性（より特定すれば、配偶者の属性）から切り離して考えることで個人モデルの立場を採りながら、男性の属性を中心に据える立場と世帯を中心に据える立場を明確に区分しないまま従来の研究を批判することで個人モデルと世帯モデルの境界を曖昧なものにしてしまっている。やはり、世帯モデルと個人モデルの使い分けについて混乱があるといえる。

しかし、この混乱は、あながち両者（あるいはそれぞれの立場に賛意を示した他の論者）の責任に帰することはできない。なぜなら、このような非整合性は、これまで明らかにされてきた経験的な事実の反映だからでもある。これまで経験的データは、男性については個人モデルが妥当する一方で、女性については配偶者の影響を無視することができず、個人モデルに還元することの難しさが指摘されてきたからである（Baxter 1992, Baxter 1994, 盛山 1998）。したがって、経験的データにもとづいて、個人モデルが妥当するのか、それとも世帯モデルが妥当するのか、このことを決定することに難しさが存在した。

この問題に対して、本書では、以下のように考えることで説明の整合性を維持できると考えている。

まず、階層帰属意識は基本的には個人の社会的・経済的地位によって形成され、そしてこの原則について男性と女性の間に差はないと考える。このことは、本章では社会階層を構成する単位として、世帯ではなく、個人を考えることを意味する。しかし同時に、本章では完全な個人モデルの立場を採らず、個人が階層帰属意識を判断するときに準拠される個人の社会的・経済的地位のうちに（配偶者を含む）家族の社会的・経済的地位が含まれると考える。たとえば、個人が特定の職業集団に所属することでその職業の威信を自身の地位と感じるように、あるいは個人が特定の学歴集団に所属することでその学歴の威信を自身の地位と感じるように、個人は特定の家族集団に所属することでその家族の威信を自身の地位と感覚するのだと考える。この意味で、個人の社会的・経済的地位と、家族の社会的地位・経済的地位を切り離すことはできない。とうぜん、このことについても男性と女性との間に差はないと考える。

このとき、自身の所属する階層を判断するメカニズムが男女で違いがないにもかかわらず、経験的には、男性には個人モデルが適合し、女性には世帯モデルが適合してしまうことを次のように説明できる。

まず、女性について考えてみよう。その女性が無職である（専業主婦である）場合、あるいは職に就いていても経済的な自立ということを考えた場合にはきわめて不十分な収入しかない場合、その女性はカウントできる職業的地位や経済的地位をもっていない。そのため、その女性は、所属する階層を判断する際、自身の社会的地位（たとえば、学歴）以外の、家族全体の収入であるとか、あるいは他の家族の成員（たとえば、配偶者）の職業的地位などによって構成される世帯の属性を考慮する比重が大きくなる。このとき、経験的なデータは、そうした女性については個人モデルよりは世帯モデルの方が適合しやすくなるはずである。

一方、男性について考えてみよう。その男性が職をもち、かつ世帯収入の主たる部分を担っている場合、上述のような立場におかれた女性と比較すると、その男性はカウントできる個人の職業的地位や経済的地位がはっきりとしている。そのため、その男性は、所属する階層を判断する際に、自身の社会的・経済的地位（たとえば、学歴、職業、個人収入）を考慮する比重が大きくなる。このとき、経験的なデータは、そうした男性については世帯モデルよりは個人モデルの方が適合しやすくなるはずである。

つまり、女性を労働市場の周辺に位置づけることで男性への経済的依存を強いるような社会（上野 1990）では、所属する階層を判断する認知メカニズムには性差がないのに、性によって判断のベースが世帯に置かれているようにみえたり、あるいは個人に置かれているようにみえたりするのである。

家族の地位を個人の地位の一部に含んだ上で個人モデルを採用する本章のモデルは、以上のように、これまでの議論において混乱していた部分を整合的に再構成することができる。また、このモデルの基本的な考え方は単に夫婦間の関係に適用されるだけでなく、親と子供の関係に適用することができるだろう。

たとえば、20歳前後の大学生の階層帰属意識について考えてみよう。学生であるから、その個人は職に就いていないだろうし、また収入もないだろう。もちろん、学生であっても何らかの職に就いているかもしれないが、その職は非常勤のアルバイトであることがほとんどだろうし、それゆえ経済的自立ということを考えるならばきわめて不十分な収入しかないはずである。しかし、この学生に階層帰属意識を判断させて、その答えは「下の下」に集中するかといえば、そうではない。個人によって、「中の上」と答える場合もあるだろうし、「中の下」と答える場合もあるだろうし、あるいは「下の上」と答える場合もあるかもしれない。それでは、学生は、自身の階層帰属を判断するとき、何に準拠しているのだろうか。

このような現象に対しても、本章の説明は有効である。先の説明に従うならば、学生は特定の家族集団に属しており、家族の成員の社会的・経済的地位を自身の地位の一つと考えることができる。したがって、学生は、自身の学歴（しかし、この学歴も形成途上にあり、完結したものではない）と併せて、両親の社会的・経済的地位も所属する階層を判断する際に参照している。いわば、自身の社会的・経済的地位がまだカウントできる状態にないために、階層帰属判断の際に世帯の属性を考慮する比重が大きくなり、その判断メカニズムは個人モデルよりは世帯モデルに近づいていくことになる。しかし、その学生も大学を卒業し、職に就き、まがりなりにも経済的に自立可能な収入を得るようになると、所属する階層を判断するときに自身の社会的・経済的地位として自身の職業や個人収入をカウントできるようになり、結果として判断メカニズムは世帯モデルから個人モデルに近づいていく。そして、その学生がさらに結婚し、新しい家族を形成し、それまで育った家族集団から完全に離脱すると、自身の社会的・経済的地位に加えて今度は配偶者の社会的・経済的地位が階層帰属判断の際に参照されるようになり、いっけんすると新しい世帯モデルに移行したかのようにみえる。このとき、その個人は、そのライフステージに応じて世帯モデルから個人モデルへ、あるいは個人モデルから世帯モデルへと移行しているようにみえるけれども、しかしその根本にあるのはあくまでも個人モデルである。ただ、所属する集団が変化することで、階層帰属判断の際にカウントされる社会的・経済的地位の集合が変化するに過ぎない。

もちろん、階層帰属判断の際に個人によって参照される社会的・経済的地位の集合が、その後のライフステージに応じて変化していくというのは、あくまでも本章のモデルから導かれる仮説にしか過ぎない。しかし、これらは経験的には検証可能な仮説であり、本仮説の妥当性の検証は今後の研究の課題となるだろう。

しかし、以上のアイディアを正確に反映するような数理モデルを構築することは容易ではない。すでに確認したように、個人によって階層帰属判断の際に引用される社会的・経済的地位は一つではないし、またライフステージによっても変化し、固定的なものではないからである。また、単に階層帰属判断に引用される社会的・経済的地位が複数存在するというだけでなく、たとえば自身の社会的・経済的地位と家族の成員である配偶者の社会的・経済的地位との相互作用、あるいは自身の社会的・経済的地位とやはり家族の成員である両親の社会的・経済的地位との相互作用、こうしたものを考慮することで考えられるモデルはきわめて複雑なものにならざるを得ない。

また、忘れてならないのは、階層帰属判断における個人特有の要因の占める割合の大きさである。階層帰属意識は社会的属性によって説明される部分がほかの社会的意識に比べると相対的に大きいとはいえ、実際には社会的属性によって説明される部分はそれほど大きくなく、やはり個人特有の要因がもつ影響の大きさを無視することはできない。ふたりの個人を取り上げて、両者が同じような学歴をもち、また同じような職業に就いており、さらに同じような収入を得ていたとしても、それでもなお両者の階層帰属判断が完全に一致するとは到底いえないのである。

こうしたことを考慮して、本章では、“個人の階層帰属判断を忠実に再現できるよう、できるだけ精密なモデルを構築する”ことは目的にせず、想定されるモデルはできるだけ簡潔なものにし、そのような簡潔なモデルから導かれる階層帰属意識分布が、現実の階層帰属意識分布とどの程度近似するのか、このことの確認を目的とする。そしてそのことによって、本章のモデルが想定しているメカニズムが複雑な階層帰属判断の過程に確かに織り込まれていることを明らかにしようと思う。

具体的には、本章では、とりわけ結婚が階層帰属意識に与える影響に注目し、個人の社会的地位とその配偶者の社会的地位の相互作用を織り込んだ階層帰属判断メカニズムの数理モデル化に作業の焦点を絞り込む。もし個人の階層帰属意識を正確に予想することが、あるいは社会全体の階層帰属意識分布を正確に予想することが本章の目的であるならば、このような限定を設けることは適切でないかもしれない。しかし、繰り返していえば、本章の目的は階層帰属意識について正確な予想を可能にしてくれる精密なモデルを構築することにあるのではない。本章の目的は私たちの階層帰属判断の背後にある複雑な諸作用を構成する“ある原理”を明らかにすることなのである。あくまでも、数理モデル化はそのための便宜的な手段にしか過ぎない。もし本章の数理モデルが社会全体の階層帰属意識分布の近似的な再現に成功し、またそのことによってモデルの基本的な仮定の妥当性が確認されたなら、個人の社会的地位とその配偶者の社会的地位の間と同様に、親と子供のようなそれ以外のケースについても、それぞれの社会的地位の間に同種の相互作用が働きうると考えられる。

2. 基本モデル

本章では、結婚と階層帰属意識の関係を数理モデル化するために、次のような仮定を満足する社会を考える。

仮定 1　社会に人口規模の等しい二つの集団（男性集団と女性集団）が存在する。

仮定 2　社会には、高い社会的地位を保有する個人と、そうではない個人とが存在する。このとき、各世代毎の高い社会的地位を保有する個人の割

合を $p(t)$ $(0<p(t)\leq 1)$ とする。

仮定3　ある個人は、もう一方の集団から無作為に選び出されたある個人と結婚する。

仮定4　社会には〈上〉、〈中〉、〈下〉の階層が存在し、すべての個人はそのいずれかに対して帰属意識をもつ。

仮定5　高い社会的地位を保有する個人は、パートナーも高い社会的地位を保有していれば、〈上〉の階層帰属意識をもつ。逆に、パートナーが高い社会的地位を保有していなければ、〈中〉の階層帰属意識をもつ。

仮定6　高い社会的地位を保有していない個人は、パートナーも高い社会的地位を保有していなければ、〈下〉の階層帰属意識をもつ。逆に、パートナーが高い社会的地位を保有していれば、〈中〉の階層帰属意識をもつ。

ここで上方婚と下方婚を次のように定義する。

定義1　高い社会的地位を保有している個人が高い社会的地位を保有していない個人と結婚した場合、高地位者の選択を下方婚と定義し、非高地位者の選択を上方婚と定義する。

つまり、自分よりも地位の低い相手との結婚が下方婚であり、自分よりも高い地位をもつ相手との結婚が上方婚である。これらの仮定と定義から、第2章で階層帰属意識に関する地位継承の数理モデルを検討した際と同様に、いくつかの命題が導かれる。

命題1　高い社会的地位は、すべての個人の階層帰属意識が〈中〉になるケースを除き、階層意識を高める効果をもつ。

証明　仮定5から、高地位者の階層帰属意識はつねに〈中〉以上となる。また、仮定6から、非高地位者の階層帰属意識はつねに〈中〉以下となる。したがって、非高地位者の階層帰属意識が高地位者の階層帰属意識を上回ることはない。

もしすべての個人の階層帰属意識が同じでないならば、〈上〉の階層帰属意識をもつ個人は高地位者に、〈下〉の階層帰属意識をもつ個人は非高地位者に限定されるので、前者の階層帰属意識の平均は後者の階層帰属意識の平均をつねに上回り、高地位はその個人の階層意識を高める効果をもつといえる。（終）

命題２　離婚・死別し、かつ再婚していない個人を除くと、その社会全体における上方婚の数と下方婚の数は厳密に一致する。

証明　上方婚を選択した個人のパートナーは、定義から下方婚を選択している。同様に、下方婚を選択した個人のパートナーは、定義から上方婚を選択している。すべての上方婚および下方婚についてこのことがあてはまるので、上方婚と下方婚は必ず１対１の対応をしている。したがって、その社会全体における上方婚の数と下方婚の数は厳密に一致している。（終）

命題３　下方婚には階層帰属意識を低める効果があり、上方婚には階層帰属意識を高める効果がある。

証明　下方婚を選択できる個人は、高地位者に限られる。仮定５から、高地位者の階層帰属意識は〈上〉ないし〈中〉に限られ、かつ下方婚を選択した高地位者の階層帰属意識は〈中〉となる。すなわち、高地位者は、下方婚により、階層帰属意識として｛〈上〉、〈中〉｝からより低い〈中〉を配分される。

同様に、上方婚を選択できる個人は、非高地位者に限られる。仮定６から、非高地位者の階層帰属意識は〈中〉ないし〈下〉に限られ、かつ上方婚を選択した非高地位者の階層帰属意識は〈中〉となる。すなわち、非高地位者は、上方婚により、階層帰属意識として｛〈中〉、〈下〉｝からより高い〈中〉を配分される。（終）

命題４　上方婚および下方婚は、〈中〉の階層帰属意識を生成する。

証明　高地位者が〈中〉の階層帰属意識をもつのは、下方婚を選択した場合に限られる。また、非高地位者が〈中〉の階層帰属意識をもつのは、上方婚を選択した場合に限られる。ある個人が〈中〉の階層帰属意識をもつのはこの2ケースに限られるので、上方婚および下方婚を選択した個人だけが〈中〉の階層帰属意識をもつ。上方婚および下方婚が存在しない社会では〈中〉の階層帰属意識が存在しないので、上方婚および下方婚が〈中〉の階層帰属意識を生成しているといえる。(終)

ここで注目すべきことは、命題1、命題3、命題4は、いずれも経験的データによって検証できるということである。たとえば、命題1は、これまで先行研究が明らかにしてきたことである（吉川 1999, 2006, Kikkawa 2000）。また、SSM調査データをもちいて、学歴に関する上方婚と下方婚が階層帰属意識に与える効果を分析した数土（2007）の報告によると、命題3、命題4が示唆する現象も確かに観察されており、また統計的有意性ある[2]。したがって、本章のモデルは現実を記述するには単純すぎるようにみえるけれども、逆に単純であるがゆえに、結婚が階層帰属意識に与える効果と、その効果を生み出すメカニズムを明らかにしているといえる。

次に、高い社会的地位の保有率 p の変化によって、階層帰属意識の分布がどのように変化するのかを確認しよう。まず、男性集団の高地位者の割合は p であり、非高地位者の割合は $1-p$ である。これを

$$X_m = \begin{pmatrix} p \\ 1-p \end{pmatrix}$$

とする。同様に、女性集団における高地位者の割合は p であり、非高地位者の割合は $1-p$ である。これを

$$X_f = \begin{pmatrix} p \\ 1-p \end{pmatrix}$$

とする。このとき、

2　この点に関する詳細な分析は、別章でも検討する。

$$C = X_m X_f{}^T = \begin{pmatrix} p^2 & p(1-p) \\ p(1-p) & (1-p)^2 \end{pmatrix}$$

で求められる行列 C の成分は階層帰属意識の分布を示している。具体的には、

〈上〉の割合：$R_U = c_{11} = p^2$

〈中〉の割合：$R_M = c_{12} + c_{21} = p(1-p) + p(1-p) = 2p(1-p)$

〈下〉の割合：$R_L = c_{22} = (1-p)^2$

となる。

$\frac{d}{dp}R_U = \frac{d}{dp}p^2 = 2p > 0$ から、高地位者の占める割合が増すにつれて〈上〉の割合は増大する。また、$\frac{d^2}{dp^2}R_U = \frac{d}{dp}2p = 2 > 0$ なので、その増大の速度は次第に加速していく。逆に、$\frac{d}{dp}R_L = \frac{d}{dp}(1-p)^2 = -2(1-p) < 0$ から、〈下〉の割合は減少する。同様に、$\frac{d^2}{dp^2}R_L = \frac{d}{dp}-2(1-p) = 2 > 0$ なので、その“減少”速度は次第に緩やかになる。

これを図示すると図 5-1 のようになる。グラフはいずれも横軸は高い社会的地位の保有率 p を示しており、縦軸はそれぞれの階層帰属意識を抱く個人の割合を示している。

これに対して〈中〉の割合は、以下の式から保有率 $p = \frac{1}{2}$ までは増大し、逆に $p = \frac{1}{2}$ を過ぎると減少することがわかる。

$$\frac{d}{dp}R_M = \frac{d}{dp}2p(1-p) = 2(1-2p) > 0 \quad if \quad 0 < p < \frac{1}{2}$$

$$\frac{d}{dp}R_M = \frac{d}{dp}2p(1-p) = 2(1-2p) = 0 \quad if \quad p = \frac{1}{2}$$

図 5-1 〈上〉の割合の変化（左）と〈下〉の割合の変化（右）
横軸：保有率　縦軸：全体に占める割合

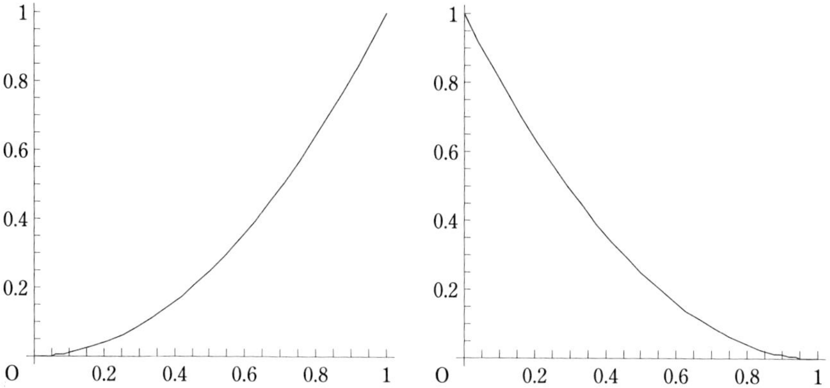

$$\frac{d}{dp}R_M = \frac{d}{dp}2p(1-p) = 2(1-2p) < 0 \quad if \quad \frac{1}{2} < p \leq 1$$

$\frac{d^2}{dp^2}R_M = \frac{d}{dp}2(1-2p) = -4 < 0$ なので、速度がプラスのうちはその速度は次第に鈍り、逆に速度がマイナス転じると“減少”の速度は次第に増すように変化する。

これを図示すると図 5-2 のようになる。グラフは横軸が保有率 p を示しており、縦軸は〈中〉の階層帰属意識を抱く個人の割合を示している。

つまり、かりに高い社会的地位の保有率の変化する速度が一定でも、階層帰属意識分布の変化は一定にはならない。最初は、〈下〉に帰属している個人が保有率の変化に敏感に反応し、その結果、〈下〉の占める割合が急激に減少する。しかし、保有率が 50% に近づくと保有率の変化に対する反応が鈍くなり、〈中〉が全体の半分程度の割合で安定する。表 5-1 からわかるように、現実の日本社会の階層帰属意識分布も、1970 年代までは大学進学率の上昇にしたがうかのように〈下〉（「下の上」と「下の下」）の割合が急激に減少し、その後は〈中〉（=「中の下」）が半分程度の割合で分布が安定している。大学への進学率は 50% に近いので、少なくともこの点については、このモデルは現実の近似に成功している。ただし、気をつけなければならない点が 2 つある。第 1 点は、

図 5-2 〈中〉の割合の変化
横軸：保有率　縦軸：全体に占める割合

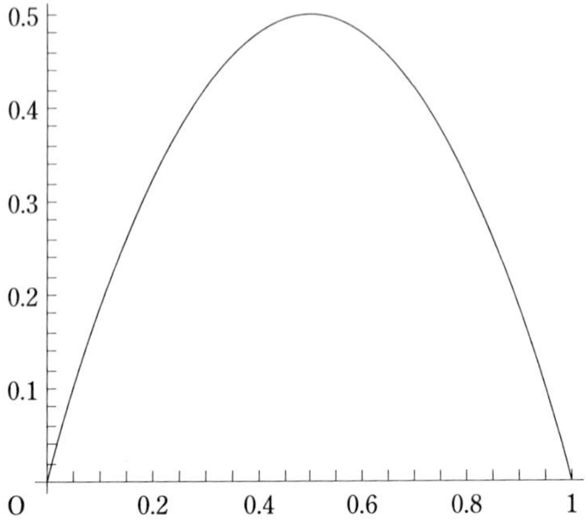

表 5-1 階層帰属意識構成と大学進学率（男性）

（%）

	1955 年	1965 年	1975 年	1985 年	1995 年	2006 年
上	0. 3	0. 4	1. 2	2. 0	1. 5	1. 1
中の上	7. 3	12. 6	23. 8	24. 8	26. 7	21. 6
中の下	35. 3	44. 4	54. 0	49. 0	49. 1	55. 1
下の上	38. 3	33. 5	17. 0	18. 1	16. 7	17. 6
下の下	18. 9	9. 2	4. 0	6. 2	6. 1	4. 6
進学率	13. 1	20. 7	41. 0	38. 6	40. 7	52. 1

＊1955 年～1995 年は SSM 調査、2006 年は中央調査社実施のオムニバス調査。
＊進学率は大学進学率。文部科学省学校基本調査（文部科学省 2006）。

1970 年代から 1990 年代までの大学進学率は停滞しているということである。上述の基本モデルは、この進学率の停滞について何も触れていない。第 2 点は、2006 年[3]では大学進学率は上昇しているのに、〈上〉（＝「上」と「中の上」）は逆に減っているということである。前者はともかく、後者はこの基本モデルから導かれる予想に反した結果になっている。この点は重要なので、次節にお

3　ここでは、比較に 2005 年 SSM 調査の階層帰属意識分布をもちいずに、その代わりに 2006 年中調オムニバス調査の階層帰属意識分布をもちいている。2005 年の階層帰属意識分布はそれまでの階層帰属意識分布と比較すると変化が大きすぎるので、ここでは変化が小さく、より妥当な結果を示していると思われる 2006 年中調オムニバス調査の階層帰属意識分布をあえて比較にもちいた。

いて再度検討することにしよう。

3. モデルの応用

3―1. 地位の価値と階層帰属意識分布の変化

前節で問題として指摘したのは、進学率が上昇し、その値が50％を超えた後、SSM調査データ（＋中央調査社実施のオムニバス調査）では全体の階層帰属意識の分布は上方にシフトするのではなく、むしろ下方にシフトしているようにみえる、ということであった。そして、この傾向を基本モデルによっては説明できなかった。

しかしよく考えてみるならば、データが示している階層帰属意識の下方シフトはある意味では当然のことである。なぜならば、進学率が上昇するにつれて、学歴の価値は低下すると考えるのが自然だからである。

たとえば、大学への進学率が100％になったとき、基本モデルでは全員の階層帰属意識が〈上〉になってしまう。しかし、〈中〉や〈下〉が存在せず、〈上〉だけが存在する社会というのは奇妙である（同様に、〈中〉や〈上〉が存在せず、〈下〉だけが存在する社会というのも奇妙であろう）。もし〈中〉に“普通”とニュアンスが含まれているとすれば、誰もが大学へ進学している状態では、全員の階層帰属意識が〈中〉で一致すると考える方がより自然である。

したがって、前節で検討した基本モデルに、“高い社会的地位の保有率の上昇によってその社会的地位の希少性が失われ、それにつれて社会的地位による階層帰属意識の弁別力が弱まり、地位の保有率が100％になった段階では全員の階層帰属意識が〈中〉になる”ようなメカニズムを組み込むことが、現実の階層帰属意識の変化を捉える場合には必要となる。

そこで、ここでは次のような重み付け行列Wを考え、基本モデルの階層帰属意識分布を意味する行列Cにこの重み付け行列Wを前からかけた行列WCを、価値変動を考慮に入れた階層帰属意識分布を示す行列C'だと考える。式からわかるように、この重み付け行列は、保有率が上昇するにつれて（その社会的地位の象徴的価値が失われるにつれて）、その社会的地位によって弁別される

〈上〉と〈下〉の割合が減少し、その代わりに〈中〉が増えていく。

$$W = \begin{pmatrix} 1-p & p \\ p & 1-p \end{pmatrix}$$
$$C' = WC$$

たとえば、この重み付け行列 W は高地位の保有率 p が１に近づくとき、置換行列 $\begin{pmatrix} 0 & 1 \\ 1 & 0 \end{pmatrix}$ に近づく。そして $p=1$ になったとき、すべての個人は C' の成分 c'_{21} に属することになり、すべての個人が〈中〉の階層帰属意識をもつことになる。

$$C' = \begin{pmatrix} 0 & 1 \\ 1 & 0 \end{pmatrix} \begin{pmatrix} 1 & 0 \\ 0 & 0 \end{pmatrix} = \begin{pmatrix} 0 & 0 \\ 1 & 0 \end{pmatrix} \quad if \quad p = 1$$

これは、保有率 p が１に近づくにしたがって社会的地位の所属階層を弁別する力が弱まっていき、保有率 p が完全に１になった段階では全員の階層帰属意識が〈中〉になるという、先に要請した条件を確かに満足している。

一方、この重み付け行列 W は保有率 p が０に近づくとき（仮定から p は０にならないことに注意）、恒等行列 $I=\begin{pmatrix} 1 & 0 \\ 0 & 1 \end{pmatrix}$ に近づく。このとき、高い社会的地位を獲得している個人が自身と同様の高い社会的地位を保有している個人と結婚する確率（p^2）はきわめて低く、ごく少数の個人だけが〈上〉の階層帰属意識をもち、ほとんどの個人は〈下〉の階層帰属意識をもつ。地位による寡頭支配社会の階層帰属意識分布が生成され、地位による階層帰属意識の弁別力が最も大きくなっている状態だと理解できる。

なお、新しい階層帰属意識の分布を式で示すと次のようになる。

$$\begin{aligned} C' &= WC \\ &= \begin{pmatrix} 1-p & p \\ p & 1-p \end{pmatrix} \begin{pmatrix} p^2 & p(1-p) \\ p(1-p) & (1-p)^2 \end{pmatrix} \end{aligned}$$

$$= \begin{pmatrix} (1-p)p^2+p^2(1-p) & p(1-p)^2+p(1-p)^2 \\ p^3+p(1-p)^2 & p^2(1-p)+(1-p)^3 \end{pmatrix}$$

$$= \begin{pmatrix} -2p^3+2p^2 & 2p^3-4p^2+2p \\ 2p^3-2p^2+p & -2p^3+4p^2-3p+1 \end{pmatrix}$$

このとき、基本モデルの場合と同様に、それぞれの階層の割合を式で表現すると

〈上〉の割合：$R'_U = c'_{11} = -2p^3+2p^2$

〈中〉の割合：$R'_M = c'_{12}+c'_{21} = 4p^3-6p^2+3p$

〈下〉の割合：$R'_L = c'_{22} = -2p^3+4p^2-3p+1$

となる。

以下の式から、保有率 p の上昇にしたがって〈上〉の割合は上昇するけれども、保有率 p が $\frac{2}{3}$ を超えた時点で増大傾向は頭打ちになり、その後は減少に転じることがわかる。

$$\frac{d}{dp}R'_U = \frac{d}{dp}(-2p^3+2p^2) = -6p^2+4p > 0 \quad if \quad 0 < p < \frac{2}{3}$$

$$\frac{d}{dp}R'_U = \frac{d}{dp}(-2p^3+2p^2) = -6p^2+4p \leq 0 \quad if \quad \frac{2}{3} \leq p \leq 1$$

逆に、$\frac{d}{dp}R'_L = \frac{d}{dp}(-2p^3+4p^2-3p+1) = -6p^2+8p-3 < 0$（$0<p<1$ に注意）

から、〈下〉の割合は一貫して減少することがわかる。また、以下の式から、“減少”の速度は保有率の上昇とともに少しずつ減速するけれども、保有率が $\frac{2}{3}$ を超えた段階で再度その“減少”速度が加速されることもわかる。

$$\frac{d^2}{dp^2}R'_L = \frac{d}{dp}(-6p^2+8p-3) = -12p+8 > 0 \quad if \quad 0 < p < \frac{2}{3}$$

図 5-3 〈上〉の割合の変化（左）と〈下〉の割合の変化（右）
横軸：保有率　縦軸：全体に占める割合
重み付け行列を用いたケース

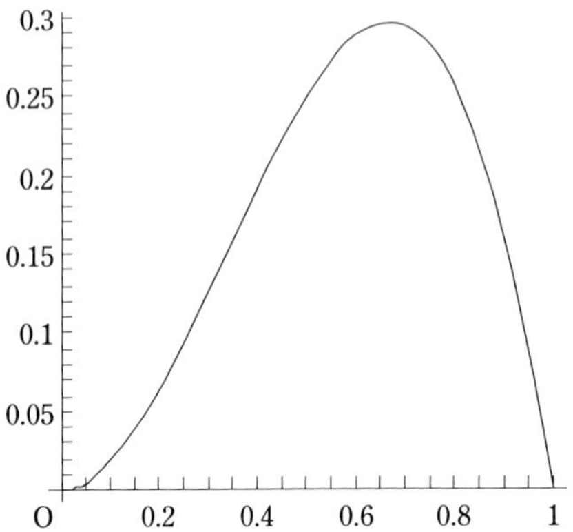

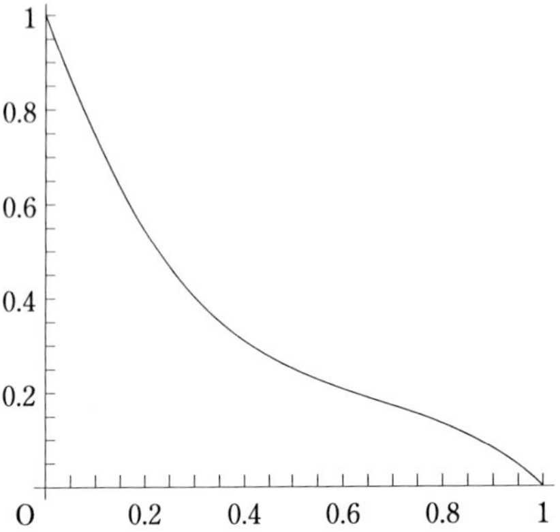

$$\frac{d^2}{dp^2}R'_L = \frac{d}{dp}(-6p^2+8p-3) = -12p+8 \leq 0 \quad if \quad \frac{2}{3} \leq p \leq 1$$

これを図示すると図 5-3 のようになる。

これに対して〈中〉の割合は、$0<p\leq 1$ から、$\frac{d}{dp}R_M'=12p^2-12p+3\geq 0$ なので減少することなく増大し続けることがわかる。また、以下の式から、$p=\frac{1}{2}$ までは増大の速度は減少し、いったん $p=\frac{1}{2}$ で 0 になってから、再度加速することもわかる。

$$\frac{d^2}{dp^2}R_M' = 24p-12 < 0 \quad if \quad 0 < p < \frac{1}{2}$$

$$\frac{d^2}{dp^2}R_M' = 24p-12 = 0 \quad if \quad p = \frac{1}{2}$$

$$\frac{d^2}{dp^2}R_M' = 24p-12 > 0 \quad if \quad \frac{1}{2} < p \leq 1$$

これを図示すると図 5-4 のようになる。

図 5-4 〈中〉の割合の変化
横軸：保有率　縦軸：全体に占める割合
重み付け行列を用いたケース

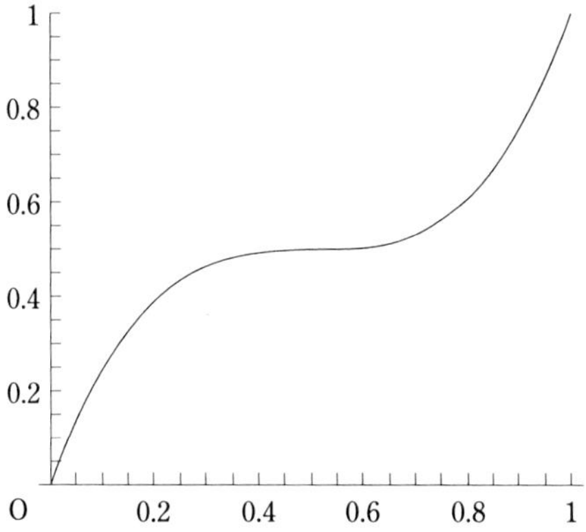

これらの特徴は、表 5-1 で確認される日本社会の階層帰属意識分布の変化パターンを反映している。ただ、このモデルでは、ある社会的地位の象徴的価値が飽和して〈上〉の階層帰属意識が減少するのは保有率が 60％ を超えてからになっているけれども、表 5-1 では保有率が 50％ を超えた段階で〈上〉の階層帰属意識が減少している。しかし、これ自身は重み付け行列のパラメータを工夫することによって解決することができ、モデルの妥当性を否定するような重大な齟齬とまではいえない。

3—2. 社会的地位の保有率の性差が与える影響

基本モデルでは、高い社会的地位の保有率は男女同じであることを前提にしている。しかし、これが現実的な仮定ではないことは明白であろう。たとえば、図 5-5 からわかるように、その差は縮まっているとはいえ、男性の大学への進学率は女性の大学への進学率をつねに上回っており、大学への進学率を例として取り上げても、そこには歴然とした性差が存在する。しかし、このような進学率の性差は、両性の間でどのような違いを階層帰属意識上に産み出すのだろうか。このことを明らかにするために、男女で保有率が異なるモデルを考え、両性間の階層帰属意識の違いを分析する。

男女で保有率が異なることをモデルの仮定に取り入れるために、基本モデル

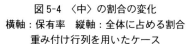

図5-5　大学への進学率（男女別）
文部科学省平成17年学校基本調査（文部科学省 2006）

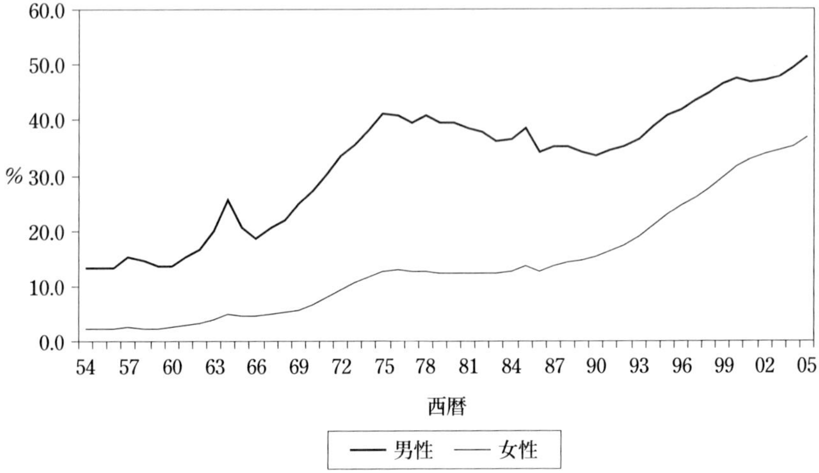

の仮定2を外し、代わりに次のような仮定をたてる。

仮定2′　社会には、高い社会的地位を保有する個人と、そうではない個人とが存在する。このとき、男性集団の高い社会的地位の保有率を p_m とし、女性集団の高い社会的地位の保有率を p_f とする。ただし、$0<p_f<p_m\leq 1$。

この仮定を導入することで、階層帰属意識の分布がどのように変化するのかを確認しよう。まず、男性集団の高地位者の割合は p_m であり、非高地位者の割合は $1-p_m$ である。これを

$$X_m = \begin{pmatrix} p_m \\ 1-p_m \end{pmatrix}$$

とする。同様に、女性集団における高地位者の割合と非高地位者の割合を

$$X_f = \begin{pmatrix} p_f \\ 1-p_f \end{pmatrix}$$

とする。このとき、

$$C = X_m X_f{}^T = \begin{pmatrix} p_m p_f & p_m(1-p_f) \\ p_f(1-p_m) & (1-p_m)(1-p_f) \end{pmatrix}$$

で求められる C の成分はそれぞれの階層意識をもつものの分布を示している。具体的には、

〈上〉の割合：$R_U = c_{11} = p_{\mathrm{m}} p_f$

〈中〉の割合：$R_M = c_{12}+c_{21} = p_m + p_f - 2p_m p_f$

〈下〉の割合：$R_L = c_{22} = (1-p_m)\ (1-p_f)$

となる。

このとき、次のような命題が導かれる。

命題5　同じ地位を保有している女性と男性を比較したとき、女性の階層帰属意識が男性の階層帰属意識を上回っている可能性は、男性の階層帰属意識が女性の階層帰属意識を上回っている可能性よりも高い。

証明　まず、男性と女性がともに高地位であるケースを考える。仮定5から、このケースでは男性も女性も〈上〉もしくは〈中〉のいずれかの階層帰属意識をもつ。

高地位の男性が〈上〉の階層帰属意識をもつ確率は

$$\Pr_m(U|status=high) = \frac{p_m p_f}{p_m p_f + p_m(1-p_f)}$$

である。なお、大文字のUは〈上〉の階層帰属意識をもつことを意味する。また、新しい変数 *status* は当該個人の地位を表示しており、*high* であれば高地位であることを意味し、*non_high* であれば非高地位を意味する。

一方、高地位の女性が〈上〉の階層帰属意識をもつ確率は

$$\Pr_f(U|status=high) = \frac{p_m p_f}{p_m p_f + p_f(1-p_m)}$$

である。両式の差をとると

$$\begin{aligned}
&\Pr_m(U|status=high) - \Pr_f(U|status=high) \\
&= \frac{p_m p_f}{p_m p_f + p_m(1-p_f)} - \frac{p_m p_f}{p_m p_f + p_f(1-p_m)} \\
&= \frac{p_m p_f(p_m p_f + p_f(1-p_m)) - p_m p_f(p_m p_f + p_m(1-p_f))}{(p_m p_f + p_m(1-p_f))(p_m p_f + p_f(1-p_m))} \\
&= \frac{p_m p_f(p_f(1-p_m) - p_m(1-p_f))}{p_m p_f} \\
&= p_f - p_m
\end{aligned}$$

となる。仮定から $0<p_f<p_m\leq 1$ なので、$\Pr_m(U|status=high) < \Pr_f(U|status=high)$。したがって、ともに高地位であるような男性と女性を比較した場合、〈上〉の階層帰属意識をもつ可能性は女性の方が高い。

次に、男性と女性がともに非高地位者であるケースを考える。仮定6から、このケースでは男性も女性も〈中〉もしくは〈下〉のいずれかの階層帰属意識をもつ。

非高地位の男性が〈中〉の階層帰属意識をもつ確率は

$$\Pr_m(M|status=non_high) = \frac{(1-p_m)p_f}{(1-p_m)p_f + (1-p_m)(1-p_f)}$$

である。なお、大文字のMは〈中〉の階層帰属意識をもつことを意味する。

一方、非高地位の女性が〈中〉の階層帰属意識をもつ確率は

$$\Pr_f(M|status=non_high) = \frac{p_m(1-p_f)}{p_m(1-p_f) + (1-p_m)(1-p_f)}$$

である。両式の差をとると

$$\Pr_m(M|status=non_high) - \Pr_f(M|status=non_high)$$

$$= \frac{(1-p_m)p_f}{(1-p_m)p_f+(1-p_m)(1-p_f)} - \frac{p_m(1-p_f)}{p_m(1-p_f)+(1-p_m)(1-p_f)}$$

$$= \frac{p_f(1-p_m)(1-p_f)-p_m(1-p_m)(1-p_f)}{(1-p_m)(1-p_f)}$$

$$= p_f - p_m$$

となる。仮定から $0<p_f<p_m\leq 1$ なので、

$\mathrm{Pr}_m(M|status=non_high) < \mathrm{Pr}_f(M|status=non_high)$。

したがって、ともに非高地位であるような男性と女性を比較した場合、〈中〉の階層帰属意識をもつ可能性は女性の方が高い。

以上から、高地位であっても非高地位であっても、同じ社会的地位を保有しているもの同士を比較した場合には、女性の階層帰属意識が男性の階層帰属意識を上回っている可能性が高くなる。(終)

条件を揃えて比較すると、高い社会的地位の保有率の低い集団の方が保有率の高い集団よりも階層帰属意識が高くなるというのは、一見すると奇妙な現象である。しかし、これは、論理的には必然的な結果として導かれる。実際に、男性の階層帰属意識と女性の階層帰属意識を比較すると、女性の階層帰属意識の方が高いことが経験的に知られているし、このことはさまざまな属性を統制することでよりはっきりした特徴として現れる（数土 1998, 数土 2003b, 神林 2004)。もちろん、属性を統制しない状態でもすでに女性の階層帰属意識の方がやや高くなっていることからわかるように、社会的地位と結婚の効果だけで女性の階層帰属意識の高さを説明することはできない（数土 2007)。そして、これは社会的地位間に複雑な相互作用が働いている可能性を示唆しており、そうした社会的・経済的地位間の複雑な相互作用が階層帰属意識に及ぼす影響をひとつずつ明らかにしていくことで説明できると考えられる。本章のモデルは、そうした複雑な相互作用の一部を明らかにしているのである。

3－3. 同類婚が与える影響

最後に、同類婚が階層帰属意識に与える影響について検討する。基本モデルでは、ある個人のパートナーはランダムに選ばれることを前提にしている。しかし、その個人が結婚相手を選択したとき、その選択は、たとえば社会的地位に関してまったくランダムになっているかといえば、けっしてそうではない。たとえば、本人の学歴と配偶者の学歴の関係を示したクロス表（表5-2）において対角セルに数字が集中していることからわかるように、結婚相手の選択行動に学歴という変数は強く影響しており、社会的地位に関して明確な同類婚傾向が存在する[4]。

しかも、同類婚が全体に占める割合は1985年から2005年にかけて安定しており、全体の2/3程度が同類婚である。

このような同類婚の傾向は、階層帰属意識の分布に対して何らかの影響を与えていることが予想される。ここでは、同類婚が階層帰属意識に与えている影響を同定するために、基本モデルの仮定３を外し、次のような新しい仮定3′を加える。

仮定3′　各集団の割合 k の個人は同地位の異性と結婚する。残りの割合 $1-k$ の個人は、残った異性から無作為に選び出されたある個人と結婚する。ただし、$0 \leq k \leq 1$。

表5-2　結婚相手の学歴（1985-2005年）

（人数）

	高等（女性）	中等（女性）	初等（女性）
高等（男性）	1,888	1,859	137
中等（男性）	728	4,721	964
初等（男性）	43	1,041	2,342

データ：SSM85・SSM95・SSM05・威信95・03仕事と暮し調査の合併データより

4　同類婚は、階層意識に関してだけでなく、経済的な階層の不平等にも影響を与えている。ただし、その影響の内容についてはいくつかの見解が存在し、幾分議論の余地がある。Burtless (1999), Cancian and Reed (1998), Cancian and Reed (1999), Danziger (1980), 小原 (2001), 大竹 (2005) などを参照のこと。

図 5-6　同類婚が全体の結婚に占める割合
データ：SSM85・SSM95・SSM05・威信 95・03 仕事と暮らし調査の合併データより

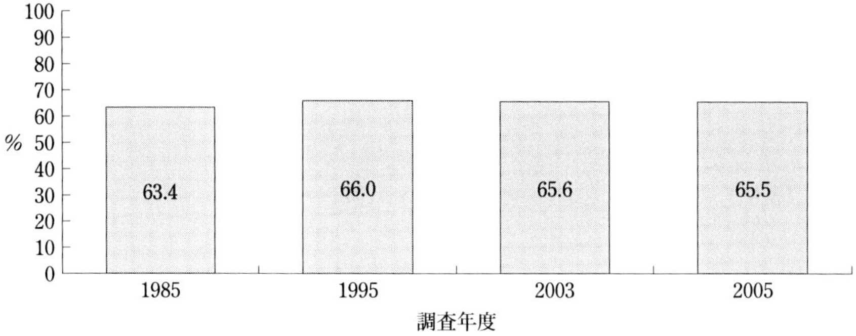

このとき、k は同類婚の強さを示すパラメータになっている。$k=0$ ならば基本モデルと同じ完全無作為モデルになり、$k=1$ ならば学歴によって結婚する相手の学歴が決まる完全同類婚モデルになる。この新しいパラメータ k を導入することで、基本モデルは次のようなモデルに置き換えられる。

まず、男性集団は、

$$X_m = k\begin{pmatrix} p \\ 1-p \end{pmatrix} + (1-k)\begin{pmatrix} p \\ 1-p \end{pmatrix}$$

のように二つの下位集団に分割される。第 1 項が同類婚を志向する下位集団であり、第 2 項が相手の学歴に関係なく配偶者を選択する下位集団である。同様に、女性集団も、

$$X_f = k\begin{pmatrix} p \\ 1-p \end{pmatrix} + (1-k)\begin{pmatrix} p \\ 1-p \end{pmatrix}$$

のように二つの下位集団に分割される。各項の意味は、男性集団のときと同じである。このとき、社会的地位の価値変動を考慮しない場合の階層帰属意識の分布は次の行列によって表現できる。

$$C'' = k\begin{pmatrix} p & 0 \\ 0 & 1-p \end{pmatrix} + (1-k)\begin{pmatrix} p^2 & p(1-p) \\ p(1-p) & (1-p)^2 \end{pmatrix}$$

$$= \begin{pmatrix} kp+(1-k)p^2 & (1-k)p(1-p) \\ (1-k)p(1-p) & k(1-p)+(1-k)(1-p)^2 \end{pmatrix}$$

また、それぞれの階層帰属意識の分布を示す式を単独で取り出すと、

〈上〉の割合：$R_U'' = c_{11}'' = kp+(1-k)p^2$

〈中〉の割合：$R_M'' = c_{12}''+c_{21}'' = (1-k)p(1-p)+(1-k)p(1-p)$
$= 2(1-k)p(1-p)$

〈下〉の割合：$R_L'' = c_{22}'' = k(1-p)+(1-k)(1-p)^2$

なる。$0<p\leq 1$ から、$\frac{\partial}{\partial k}R_U''=\frac{\partial}{\partial k}(kp+(1-k)p^2)=p-p^2\geq 0$ となり、k の値が増すにつれて（同類婚の傾向が強まるにつれて）〈上〉の割合も増加する。しかし、その増加の大きさは高い社会的地位の保有率 p の値に依存し、$p=1$ のときに最小になり、$p=\frac{1}{2}$ のときに最大になる。同様に、

$$\frac{\partial}{\partial k}R_L'' = \frac{\partial}{\partial k}(k(1-p)+(1-k)(1-p)^2) = 1-p-(1-p)^2 = p-p^2 \geq 0$$

となるので、やはり k の値が増すにつれて（同類婚の傾向が強まるにつれて）〈下〉の割合も増加するが、その増加の大きさも保有率 p の値に依存し、$p=1$ のときに最小になり、$p=\frac{1}{2}$ のときに最大になる。これを図示すると図 5-7 および図 5-8 のようになる。

図 5-7 と図 5-8 からは、$k=0$ のときには〈上〉の割合も〈下〉の割合も曲線を描いて変化しているのに対して、$k=1$ のときには一直線に増大（ないし減少）していることがわかる。つまり、k が階層帰属意識分布に与えるインパクトとは、“〈上〉ないし〈下〉の割合が変化する速度の加速度”を奪うことだといえる。ただし、この 2 つの図からは、同類婚が階層帰属意識に与える真のインパクトがみえてこない。同類婚が階層帰属意識に与えるインパクトは、〈中〉の割合の変化をみることでよくわかる。

図 5-7 〈上〉の割合の変化

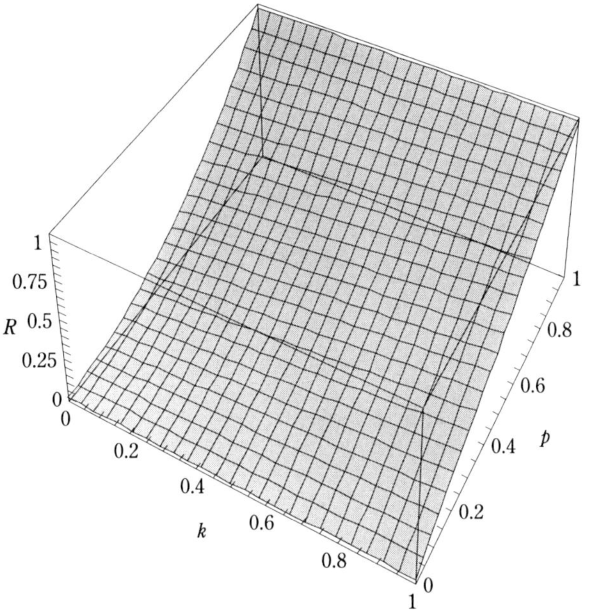

$0<p\leq 1$ から、$\frac{\partial}{\partial k}R_M''=\frac{\partial}{\partial k}(1-k)p(1-p)=-p+p^2\leq 0$ となり、k の値が増すにつれて（同類婚の傾向が強まるにつれて）〈中〉の割合も減少することがわかる。しかし、その減少の大きさは保有率 p の値に依存し、$p=1$ のときに最小になり、$p=\frac{1}{2}$ のときに最大になる。これを図示すると、図 5-9 のようになる。

図 5-9 から k の値が増すにつれて、〈中〉の割合の増減を示す山が次第に低く、かつ平たくなり、最終的には消えてしまうことがわかる。同類婚の傾向が増すにつれて、〈上〉と〈下〉の割合が増え、〈中〉の割合が減る。いいかえれば、同類婚は、階層帰属意識の二極化をもたらすのである。

しかし、この結果はあくまでも社会的地位の象徴的価値がその保有率の変化に対して不変であると想定したモデルの結果であり、もしこの結果にしたがうならば保有率 p が 1 になったとき、全員の階層帰属意識が〈上〉になるという不都合が残る。ここでは、さらに社会的地位の象徴的価値が保有率に依存し

図 5-8　〈下〉の割合の変化

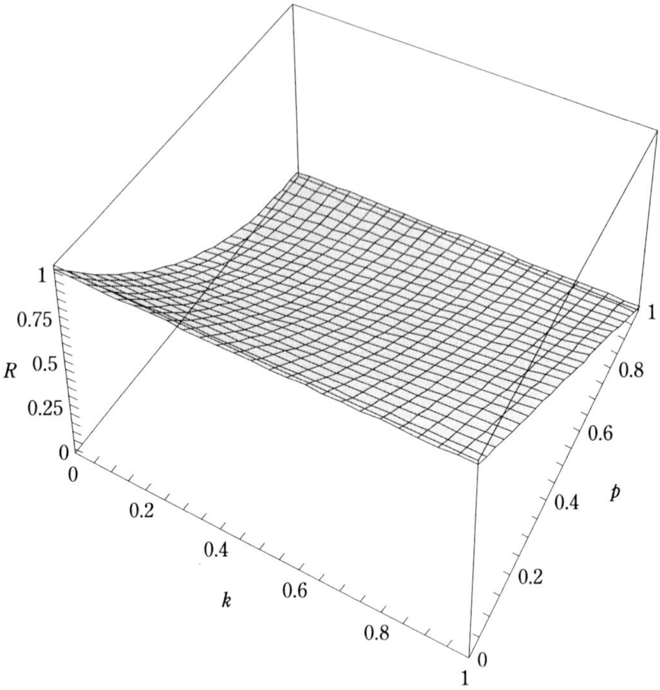

て決まるケースについても検討することにしよう。

社会的地位の象徴的価値が保有率 p に依存するケースの階層帰属意識の分布を求めるためには、3−1 でもちいた重み付け行列を再度もちいればよい。具体的には、C'' に重み付け行列 W を、以下のように前からかければよい。

$$
\begin{aligned}
C''' &= WC'' \\
&= \begin{pmatrix} 1-p & p \\ p & 1-p \end{pmatrix} \begin{pmatrix} kp+(1-k)p^2 & (1-k)p(1-p) \\ (1-k)p(1-p) & k(1-p)+(1-k)(1-p)^2 \end{pmatrix} \\
&= \begin{pmatrix} (1-p)(kp+(1-k)p^2)+(1-k)p^2(1-p) \\ kp^2+(1-k)p^3+(1-k)p(1-p)^2 \end{pmatrix. \\
&\qquad \left. \begin{matrix} (1-k)p(1-p)^2+p(k(1-p)+(1-k)(1-p)^2 \\ (1-k)p^2(1-p)+k(1-p)^2+(1-k)(1-p)^3 \end{matrix} \right)
\end{aligned}
$$

図 5-9 〈中〉の割合の変化

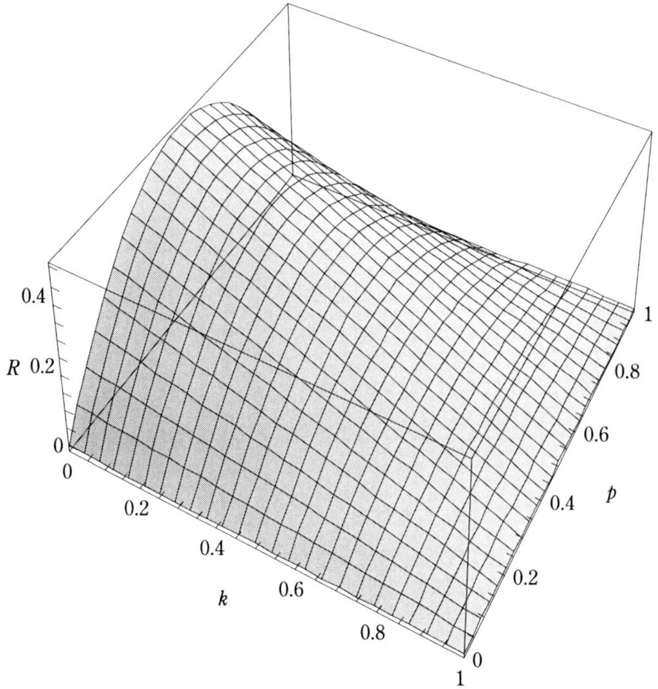

$$=\begin{pmatrix} kp+2p^2-3kp^2-2p^3+2kp^3 & 2p-kp-4p^2+3kp^2+2p^3-2kp^3 \\ p-kp-2p^2+3kp^2+2p^3-2kp^3 & 1-3p+kp+4p^2-3kp^2-2p^3+2kp^3 \end{pmatrix}$$

それぞれの階層帰属意識の分布を示す式を単独に取り出すと

〈上〉の割合：$R_U''' = c_{11}''' = kp+2p^2-3kp^2-2p^3+2kp^3$

〈中〉の割合：$R_M''' = c_{12}'''+c_{21}''' = 3p-2kp-6p^2+6kp^2+4p^3-4kp^3$

〈下〉の割合：$R_L''' = c_{22}''' = 1-3p+kp+4p^2-3kp^2-2p^3+2kp^3$

となる。

式の形がやや複雑になったので、ここでは k で偏微分することでその傾向を確認することは省略し、図から直接にその概略を把握することにする。

図 5-10 は〈上〉の割合の変化を示している。目立った特徴として指摘でき

図5-10　〈上〉の割合の変化

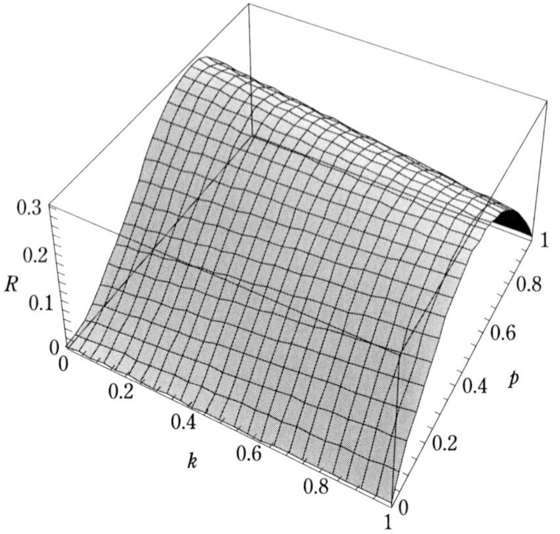

るのは、〈上〉の割合が最大になる点の変化である。$k=0$ のときは $p=\frac{2}{3}$ で〈上〉の割合の最大になるけれども、$k=1$ のときは $p=\frac{1}{2}$ で〈上〉の割合が最大になる。つまり、同類婚の傾向が強まると、保有率の変化に対して〈上〉の割合の変化が早い段階でマイナスに転じるということである。すでに3―1で、〈上〉の割合の変化は基本モデルが予想するよりも早くマイナスに転じていることを確認したけれども、この現象は同類婚傾向によってもたらされている可能性がある。

図5-11は〈下〉の割合の変化を示している。目立った特徴として指摘できるのは、k の値が増すにつれて、〈下〉の割合が安定期が消えてしまうことである。$k=0$ のときは保有率 p が0.6の付近で減少の速度が衰え、いったん分布が安定するけれども、$k=1$ のときは保有率 p の変化に対して（変化の速度は少しずつ緩むものの）単調に減少していく。直観的には、同類婚の傾向は〈下〉の階層帰属意識を固定化させること、また保有率 p の変化に対する〈下〉の階層帰属意識の割合の変化を鈍くさせることが予想できるけれども、社会的地

図 5-11 〈下〉の割合の変化

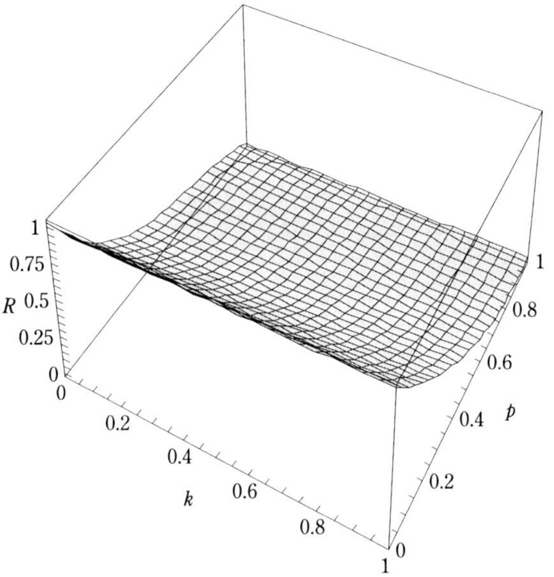

位の象徴的価値が保有率 p に依存するモデルを考えた場合には、むしろ同類婚の傾向は〈下〉の階層帰属意識の減少を促すことがわかる。同類婚の傾向の強まりが階層帰属意識の固定化を促すとは必ずしもいえず、それはそのほかの条件にも依存する。

最後に、図 5-12 は〈中〉の割合の変化を示している。〈下〉のときと同様に、目立った特徴として、k の値が増すにつれて〈中〉の割合の安定期が消えてしまうことが指摘できる。$k=0$ のときは保有率 p が 0.5 の付近で減少の速度が衰え、いったんその割合が安定するけれども、$k=1$ のときは保有率 p の変化に対して単調に増大し、その速度も保有率 p の変化に対して一定である。同類婚傾向の強さは、保有率 p が 0.5 に到達するまでは〈中〉の階層帰属意識を減らすように作用するけども、逆に保有率 p が 0.5 を過ぎると〈中〉の階層帰属意識を増やすように作用する。

全体として指摘できることは、同類婚の強まりは（方程式の次数が下がるという意味で）階層帰属意識の変化をより単純なものに変えていくということである。個人が社会的地位に関係なく配偶者を選択するケースの方が階層帰属意識の変

図 5-12 〈中〉の割合の変化

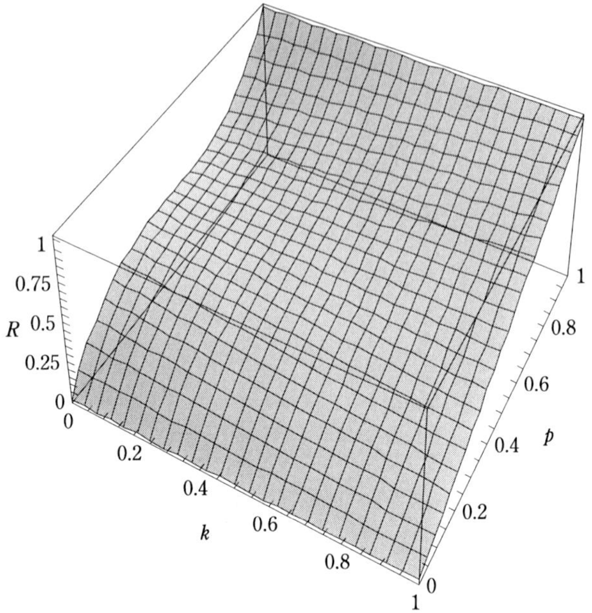

化が複雑になり、逆に個人が社会的地位に影響されて配偶者を選択するケースの方が階層帰属意識の変化が単純になるということは、同類婚が社会的多様性の生成に反した選択行動だということを暗に示している。

4. 議論

本節では、本章で検討した数理モデルが示した結果を踏まえ、その意味するところを検討する。

階層帰属意識については、Acker に代表される“階層帰属意識の単位は個人だ”とする立場と、Goldthorpe に代表される“階層帰属意識の単位は世帯だ”とする立場が存在した。両者は、とりわけ女性を社会階層上にどう位置づけるかに焦点を置きながら、議論を重ねてきた。これらに対して、本章では、基本的には個人モデルにたちつつも、個人が自身の階層帰属意識を判断する場合には配偶者の社会的・経済的地位が同時に配慮されており、そのメカニズムについて“性差は存在しない”と考えた。したがって、本章のモデルは、個人を単位としつつも、同時に世帯の属性も階層帰属意識に影響をもつと考える点で両者に対して中間的な立場を選択したことになる。

本章の特徴は、そのメカニズムを理論化することによって、メカニズムから論理的に導かれる幾つかの仮説を導出したことである。そして、これらの仮説は、いずれも経験的データによって検証の可能なものである。そのうちのいくつかを確認しよう。

命題3　下方婚には階層帰属意識を低める効果があり、上方婚には階層帰属意識を高める効果がある。

命題4　上方婚および下方婚は、〈中〉の階層帰属意識を生成する。

もちろん、モデルの簡潔さを考慮したために、本章の数理モデルは数多ある社会的・経済的地位間の複雑な相互作用を完全にはモデル化できていないという限界がある。しかし、本章で問題にしたかったのは、さまざまな社会的・経済的地位の背後に存在するある単純なメカニズムをどのようにして取り出し、かつ理論化するか、ということであった。

その上で強調しなければならないことは、本章で分析されたモデルが“階層帰属意識に関してこれまで十分に説明することのできなかった現象”に対して、整合的な説明を与えることに成功したという点である。このことは、本章のモデルが現実を忠実に再現するには確かに簡潔にすぎるけれども、にもかかわらず階層帰属意識をめぐるさまざまな現象の背後にあるダイナミクスを的確に捉えていることを示唆している。

本章のモデルが整合的な説明を与えることに成功した現象とは、具体的には階層帰属意識分布の長期的な変化の軌跡であり、また階層帰属意識の性差である。

まず、階層帰属意識の長期的な変化について検討しよう。これまで幾度も確認してきたように、1955年から2005年にかけて過去6回実施されたSSM調査データの結果に従うならば、階層帰属意識分布は1975年までは急激に〈下〉が減少し、また〈中〉が増大したけれども、その後、1995年までは〈中〉が全体の半分を占める状態で安定し、さらに2005年になると今度は〈上〉が減少し、〈中〉が増えるという動きを示している[5]。これに対して、本章で検討された“社会的地位の象徴的価値が保有率に依存する”モデルでは、保有率が上昇するにつれて最初は〈下〉の占める割合が減少し、その後に〈中〉が全体の半分程度を占める安定期がきて、さらに〈上〉が減少しはじめるという結果を予想している。このモデルは、たとえば戦後の進学率の上昇が階層帰属意識分布の変化をもたらしていることを明らかにしており、しかもその軌跡は現実の変化とおおよそのところで一致している。確かに、学歴が階層帰属意識に与える影響が先行研究においても確認されているのだから、進学率の上昇が階層帰属意識の上昇をもたらしていることの指摘それ自体はけっして目新しいものではない。ここで特に指摘したいことは、進学率の上昇が階層帰属意識の上昇をもたらしていたとしても、その上昇過程には〈中〉が半分程度の状態で長期間推移する安定期が含まれており、その変化は必ずしも線形ではないということである。このような非線形な関係を簡潔な論理で表現しえた点に本章のモデルのメリットがある。

このとき、“同類婚傾向を想定せず、かつ社会的地位の象徴的価値がその保有率に依存する”モデルでは、〈上〉が減少に転じ始めるのはその保有率が3分の2を超えた時点であった。もし現時点で〈上〉の減少が始まっているのだとするなら、これはモデルが予想する時点よりも早い。しかし、“社会的地位の象徴的価値が保有率に依存する”という条件に加えて、“個人は自分と同じ社会的地位の異性を配偶者として選択しやすい”という同類婚傾向を仮定することにより、その保有率が半分を超えた時点で〈上〉の減少が始まることをモデルの整合性を犠牲にすることなく説明することができた。実際に、経験的なデータも、日本社会に同類婚の傾向が存在することをはっきりと示している。

もちろん、階層帰属意識分布は（本人および配偶者の）社会的地位だけに依存

5　表5-1を参照のこと。ちなみに、2005年SSMデータでは〈下〉が増えるというやや特殊な動きを示している。ここでこのように主張することの根拠は、2003年仕事と暮らし調査データ、および階層帰属意識についてSSM調査データと同一の質問文をもちいた2006年中調オムニバス調査の結果にもとづいている。ただし、いずれにしてもこれらの数字の動きは不安定で、まだ確実なものとはいえない。今後、さらなる調査を積み重ねることで、よりはっきりした結果が明らかになるだろう。

して決まるわけではない。したがって、ある特定の社会的地位だけを考慮するモデルで現実の階層帰属意識分布の変化を説明することには限界がある。その中にあって、本章で検討した簡潔なモデルが完全ではないにしても現実の階層帰属意識分布の変化を説明できていることは驚きであり、本章が問題にした本人の社会的・経済的地位と配偶者の社会的・経済的地位との相互作用が男女に関係なく強く存在することを予想させる。

次に、階層帰属意識分布の性差について問題にしよう。高い社会的・経済的地位を占めている個人ほど高い階層帰属意識をもつ傾向があるという経験的事実、高い社会的・経済的地位は男性に与えられがちであるという経験的事実、私たちが経験的に知っているこの2つの事実から導き出される予想は、“男性の階層帰属意識は女性の階層帰属意識よりも高くなる”というものである。少なくとも、社会階層の単位として個人を考える立場を採用するならば、この予想はきわめて自然といえるだろう。にもかかわらず、女性の階層帰属意識が男性の階層帰属意識よりも低いという事実は存在せず、むしろSSM調査データが示していることは、“女性の階層帰属意識は男性の階層帰属意識よりも高い”という逆の事実である（数土 2003b）。したがって、社会的・経済的地位の達成について不利なポジションを強いられている女性の階層帰属意識が、相対的に有利なポジションを占めているはずの男性の階層帰属意識よりも高い（少なくとも低くない）という事実は、私たちの直観に反した事実だといえる。

しかし、本章で検討した“高い社会的地位の保有率が異性間で異なる”モデルが導いた結果は、同じ社会的地位を保有するもの同士を比較した場合には、高い社会的地位を保有している可能性が低いはずの女性の階層帰属意識の方が男性の階層帰属意識よりも高くなることを予想している。つまり、本章のモデルは、一見すると私たちを当惑させるこの反直観的な事実を必然的な現象として説明することに成功している。

もちろん、女性の階層帰属意識の方が高いという現象を本人の社会的地位と配偶者の社会的地位との相互作用だけですべて説明できるとまではいえない（数土 2007）。したがって、本人および配偶者のある特定の社会的地位だけを考慮するモデルでは現実の階層帰属意識分布の性差を完全に説明することはできないだろう。しかし、かりにそうであったとしても、本章で検討した簡潔なモデルが私たちの直観に反する事実を論理整合的に説明できていることは本章のモデルの現実的な妥当性を示唆するものであり、それゆえ本人の社会的地位と配偶者の社会的地位との相互作用を無視しては階層帰属意識の生成過程を適切に理解することはできない。

5. 結論

従来の階層帰属意識研究においては、理論化の志向性は必ずしも高くなく、ブルデューの文化資本論や、高坂の FK モデルという貴重な例外を除けば、理論らしい理論は存在しなかった。それに対して本書では、第２章においてはブルデューの文化資本論に想を得つつ、地位継承が階層帰属意識の形成過程に与える影響をモデル化した。そして本章においては、本人の社会的地位と配偶者の社会的地位との相互作用が階層帰属意識形成に影響を与えているという理論的な前提の下に、第２章でもちいたモデルのさらなる応用を試みた。FK モデルが当人の社会的・経済的地位のみに焦点をあて、また階層帰属意識分布のダイナミクスを等閑視したのに対して、本章のモデルはこれらの問題点を補うことに成功した。

とうぜん、次に問題にされなければならないことは、本章のモデルの経験的妥当性をどのようにして検証するかということである。幸いにして、本章のモデルから経験的データによって検証することの可能な複数の命題が導かれている。したがって、後はこれらの命題が経験的データによって実際に支持されるのかどうか、このことを確認すればよい。

また、本章では本人と配偶者の社会的地位の相互作用に限定してモデル化を行った。しかし、もちろんこれは議論を単純化するための方便でしかなく、現実の階層帰属意識は、学歴、職業、収入、資産など、さまざまな社会的・経済的地位の影響が重なり合って形成されている。また、配偶者のみならず、たとえば親であるとか、場合によっては子供であるとか、そうした人たちの社会的・経済的地位との相互作用も存在するはずである。それらのすべてを解明することは決して容易な作業ではないが、本章は少なくともこのような複雑な階層帰属意識形成過程のある側面を解明することに成功している。

第6章　学歴における上方婚／下方婚の効果

1. 問題

1—1. 個人なのか、それとも家族なのか？

階層研究の中で、女性の階層帰属意識は大きな注目を集めてきた話題だといえる[1]。なぜならば、女性の階層帰属意識がどのようにして形成されているかは、階層を構成する単位を家族だと考えるか、それとも個人だと考えるか、階層研究のもっとも基本的な問題と深く関連していると考えられてきたからである。

J. Acker（1973, 1980）は、従来の階層・階級研究が階層・階級の構成単位として家族を、とりわけパーソンズの核家族モデル（Parsons 1942, 1943）に代表される男性を家長とした家族を想定してきたことを問題にし、それを知的性差別主義と批判した。アッカーは、階層・階級を構成する単位として個人が考えられるべきであり、その場合、女性は被抑圧階級として理解されるべきだと主張した。

これに対して J. Goldthorpe ら（Goldthorpe 1983, Goldthorpe 1984, Erikson and Goldthorpe 1988, Erikson and Goldthorpe 1992）は従来の階層・階級研究の立場を擁護し、女性の階層（帰属意識）が女性自身の社会的・経済的地位によって説

1　もともと階層帰属意識研究は政治態度との関連を問題にされることが多く、実際にこの傾向は、Walsh, Jennings and Stoker（2004）など、最近の階層帰属意識研究においてもみいだすことができる。

明される部分よりも配偶者である男性の社会的・経済的地位によって説明される部分が大きく、女性が単独で階層・階級を形成していると考えるのは非現実的だと、Acker に対して反論した[2]。すなわち、もし女性の階層帰属意識が家族の属性（男性優位の社会では男性の属性とほぼ同一視される）によって説明されるならば、それは女性たち自身が階層もしくは階級の単位として家族を想定している証拠であり、そうである以上、階層・階級の単位として家族を想定することの方がより自然になるのである。

その後、この問題についてはさまざまな論者が議論を展開し（Heath and Britten 1984, Stanworth 1984, Leiulsrud and Woodward 1987, Sorensen 1994）、おおよそ次のような見解が得られてきた。

(1) 女性の階層帰属意識は、配偶者である男性の社会的・経済的地位ですべて説明できるわけではない。とりわけ、職をもつ女性の階層帰属意識は、女性個人の社会的・経済的地位によって説明される部分が大きく、そこには個人固有のメカニズムが働いている（Ritter and Hargens 1975, Van Velsor and Beeghley 1979, Abbott 1987, Davis and Robinson 1988, Davis and Robinson 1998, Simpson, Stark and Jackson 1988, Carter 1994, Zipp and Plutzer 2000）。

(2) その一方で、女性の社会進出がある程度達成された社会においても、女性の階層帰属意識の、配偶者である男性の社会的・経済的地位によって説明される部分はけっして小さくなく、したがって配偶者である男性の社会的・経済的地位の影響を無視することはできない。また、男性の階層帰属意識に対して配偶者である女性の社会的・経済的地位が与える影響は弱く、この点において男女の関係は非対称的である。(Felson 1974, Richardson and Mahoney 1981, Hammond 1987, Baxter 1994, Edlund 2003)[3]。

2　ただし、エリクソンは、後になって死亡リスクをもとに、女性の階級については家族属性の影響が大きい一方で個人属性の影響も無視できないと、主張している（Erikson 2006）。

3　Beeghley and Cochran（1988）は、“男性の地位に依存して階層判断する”女性と“自身の地位を重視して階層判断する”女性のそれぞれが存在する理由を、その女性が内面化しているジェンダー役割規範の違いに求めている。

日本でも、直井道子（1990）、盛山和夫（1998）、赤川学（1998, 2000）、S. Shirahase（2001）といった研究者がこの問題に取り組み、おおよそ欧米の結果に対応する結果が得られている。

したがって、論者によって微妙なニュアンスの違いはあるにしても、“階層・階級の単位として家族が想定されるべきか、それとも個人が想定されるべきか”という問題には明確な答えが存在するわけではなく、現実にはその両側面が存在すると考えられてきた（Zipp and Plutzer 1996）。つまり、（女性の）階層・階級を考える場合には家族の影響を無視することはできないが、しかし家族によってすべてが決定されるわけでなく、女性個人の社会的・経済的地位によって決定される部分もあることになる。

1−2. 残る謎

しかし、女性の階層帰属意識には、これまでの論争によって見落とされてきた重大な問題が残されている。それは、女性の階層帰属意識の高さをどうやって説明するかという問題である。少なくとも日本社会においては女性の階層帰属意識は男性の階層帰属意識に対して高くなっていることを確認することができる（数土 2003b, 神林 2008）[4]。そして、階層・階級の単位として家族を考える立場からも、あるいは階層・階級の単位として個人を考える立場からも、この現象を適切に説明することはできない。つまり、女性の階層帰属意識を説明するためには、これまで考えられてきたメカニズムとは異なるメカニズムを想定する必要がある。

例えば、階層・階級の単位を個人だと考えてみよう。女性の社会的・経済的地位は男性の社会的・経済的地位と比較すると低く抑えられているので、個人の属性だけで階層帰属意識が決まるのだとすると、女性の階層帰属意識は男性の階層帰属意識よりも低くなるはずである。だからこそ、Acker は、家族を単位として階層・階級を把握してきた伝統的な研究スタイルを知的性差別主義だと批判したのである。しかし、実際は女性の階層帰属意識は男性の階層帰属意識よりも高くなっている。

4　また、Marsh（2003）は、社会的・経済的地位変数を統制すると、台湾においても女性の階層帰属意識が男性の階層帰属意識を上回ることを指摘している。

逆に、階層・階級の単位を家族だと考えてみよう。このケースでは、女性は主として配偶者である男性の社会的・経済的地位を参照にして自身の階層帰属意識を判断することになる。したがって、女性の階層帰属意識は配偶者である男性の階層帰属意識と同じにならなければならない。しかし、実際は女性の階層帰属意識は男性の階層帰属意識よりも高くなっている。

最後に、女性の階層帰属意識に関する実証的な研究が明らかにしてきたように、女性の階層帰属意識は、自身の社会的・経済的地位と配偶者である男性の社会的・経済的地位のそれぞれを重み付けして判断している（Sobel, De Graff, Heath and Zou 2004, Yamaguchi 2002, Yamaguchi and Wang 2002）と考えてみよう。この場合、女性の階層帰属意識は、個人を基準とした場合と家族（家長）を基準とした場合の中間に位置するはずである。少なくとも、男性優位な社会では、このように考えても女性の階層帰属意識が男性の階層帰属意識を上回ることはない。にもかかわらず、実際は女性の階層帰属意識は男性の階層帰属意識よりも高くなっている。

けっきょく、これまで前提にされてきた階層帰属意識の判断メカニズムは、女性の階層帰属意識（の高さ）を適切に説明することに失敗している。これまで、この問題はさして注目を浴びてこなかった。おそらく、論争の発端となった“知的性差別主義”の問題とは直接的な関係をもたない問題のようにみえたためであろう。しかし本書では、この問題が看過することのできない2つの重要な論点を含んでいると考える。1つは、日本社会では女性の社会進出が制約され、その社会的・経済的地位が低く抑えられているにもかかわらず[5]、階層帰属意識がこの現実を歪んで反映していることが、ジェンダーに関わる問題の解決を遅らしている可能性があるからである。もう1つは、この現象は個人の階層帰属判断メカニズムの現れの一部であるから、この現象を適切に説明することでその判断メカニズムをこれまでよりも正確に明らかにすることができ、結果として“階層・階級を構成する単位をどう設定すべきなのか”という問いに対して、より適切な、そして新しい答えを提示できるからである。

5　Human Development Report（United Nations Development Program 2006）が明らかにしている日本のジェンダー・エンパワーメント指数は、先進国の中では際立って低い42番目である。

1—3. 仮説の提示

この問題を説明するために、前章で検討したモデルをもちいることができる。したがって、前章で検討したモデルの実証的な妥当性を明らかにすることは、同時にこの問題に答えを与えることでもある。前章で検討したモデルの基本的な前提を、仮説という形に置き換えると、以下のようになる。

仮説1　個人は、自身が帰属する階層を本人の社会的・経済的地位に基づいて判断する。このとき、個人は、自身の所属する家族の属性も配慮すべき自身の社会的・経済的地位の一部として扱う（この判断メカニズムに性差はない[6]）。

仮説1は、次のことを意味している。現代社会では、ある個人は複数の階層集団に横断的に所属し、所属する複数の階層集団の特性を総合的に判断した上で、その個人の階層帰属意識が決まる。従来、そのような集団として、職業階層、所得階層、そして学歴階層などが考えられてきたが、それらの中に消費をになう集団としての家族が加わると考えるのである（Dale, Gilbert and Arber 1985, Erikson 1984）。家族は、共同体としての最小性ゆえにそれ自体で階層を形成していると考えるには違和感があるが、親族集団が社会階層を形成しているという発想はすでに文化人類学に存在し、論理的には自然な想定である。この考え方は、階層の構成単位を個人として考える点でAckerの考えに近いが、個人が家族という階層集団に所属していると考える点に違いがある。

仮説2　個人は、配偶者の社会的・経済的地位が自身の社会的・経済的地位を上回っている場合には階層帰属意識を上方修正し、逆に配偶者の社会的・経済的地位が自身の社会的・経済的地位を下回っている場合には階層帰属意識を下方修正する（このメカニズムに性差はない）。

6　Hayes and Jones（1992）は、妻の属性が夫の政治的態度に独立の影響を与えていることを指摘しており、（政治的）自己同一性の影響関係は片務的でなく、双務的であることを指摘している。とうぜん、階層的自己同一性に関わる問題も、その関係を“片務的ではなく、双務的である”と仮定することは自然なことである。

仮説2の意味するものが前章で議論した“上方婚／下方婚のメカニズム”であることは明らかだろう。個人は、家族の一員である配偶者の社会的・経済的地位から影響を受けるけれども、それは直接的な影響ではなく、自身の社会的・経済的地位との相互作用を経由した間接的な影響になっている。これは、階層帰属意識の判断基準を個人においたことから導かれる仮説である。基準の中心はあくまでも本人の社会的・経済的地位にあり、それに対して配偶者の社会的・経済的地位は副次的なものでしかない。“家族という階層集団の中に、自分とは異なる社会的・経済的地位を保有する他者（配偶者）がいる”という事実が階層帰属に関する総合判断に影響を与えるのであり（Zipp and Plutzer 1996, 2000, Plutzer and Zipp 2001）、配偶者の社会的・経済的地位が直接参照されるわけではない。このとき、女性の階層帰属判断について配偶者である男性の社会的・経済的地位の影響が大きくなる理由は、女性の個人収入が経済的自立という観点から大きく不足していたり、あるいはそもそも職に就いていなかったりするケースが少くなくなく、カウントすべき自身の社会的・経済的地位の絶対数が少なくなるからだと説明される。カウントされるべき自身の社会的・経済的地位が存在しないために、相対的に配偶者である男性の社会的・経済的地位を考慮する比重が大きくなるのである。

仮説3　社会的・経済的地位を統制すると、配偶者の社会的・経済的地位との相互作用の効果が残ってしまうので、女性であることがあたかも女性の階層帰属意識を上昇させる効果をもつように観察される。

仮説3が、前章で明らかにした命題5に対応していることは明らかだろう。いっけんすると“女性である”ことがその個人の階層帰属意識を高める効果（あるいは、“男性である”ことがその個人の階層帰属意識を低める効果）をもつようにみえるのは、配偶者の社会的・経済的地位を経由した擬似効果にしか過ぎない。一般に、高い社会的・経済的地位は男性が占めている可能性が高く、女性は高い社会的・経済的地位を達成することについてさまざまな社会的な制約を被っている。このようなケースでは、男性が（配偶者である）女性の社会的・経済的地位を参照した場合には階層帰属意識を下方修正する可能性が高くなり、逆に女性が（配偶者である）男性の社会的・経済的地位を参照した場合には階層帰属意識を上方修正する可能性が高くなる。したがって、当人の社会的・経済的地位を統制して男女の階層帰属意識を比較すると、男性には階層帰属意識する低くする効果が残り、逆に女性には階層帰属意識を高くする効果が残る。つまり、配偶者の社会的・経済的地位の間接的な影響を考慮に入れないと、その効果によってあたかも“女性である”ことが階層帰属意識を高める効果をもっていたり、“男性である”ことが階層帰属意識を低める効果をもっていたりするようにみえてしまうのである。

もしこれらの仮説がデータによって確認されたならば、単に女性の階層帰属意識が男性の階層帰属意識と比較して高くなる理由が明らかになるだけでなく、私たちは以下のことについても確信できるようになる。1つは階層・階級を構成する単位は個人であること、もう1つは個人が自身の所属する階層・階級を判断するメカニズムには性差がないこと、最後にかりに階層帰属判断メカニズムが同じであっても、両性を取り巻く社会的な環境の違いがジェンダー間での階層帰属意識分布の違いを（私たちの直感に反する形で）生成していること、これらである。

また、全体の進学率は上昇し、男性と女性の進学率の差も年々縮まっている（文部科学省 2006）。このような社会変動は、階層帰属判断メカニズム、および階層帰属意識分布に対してどのような影響を与えることになるのだろうか。本章では、このことについても検討する。

2. 方法

2—1. 使用するデータ

本章でもちいられるデータも、これまでの分析同様、やはりSSM調査データである。ただし、SSM調査において女性が調査対象に含まれるようになったのは1985年の調査からであり、それ以前は調査対象者は男性に限定されている。また、1985年の調査では調査対象者に女性が含まれているものの、サンプル設計の際に女性のサンプルサイズは男性のサンプルサイズの半分しか割り当てられておらず（表6-1を参照）、1985年のSSM調査データは女性のケース数が男性のケース数と比較して少ないデータになっている[7]。とうぜん、このことは、分析結果を解釈する際には注意しなければならない点となる。

SSM調査の調査方法は訪問面接調査である。しかし、2005年SSM調査データの項目の一部は留置調査によって回答を得ている。本章でもちいられる変数についていえば、2005年SSM調査の階層帰属意識に関する項目がそれに相当する。

各調査のサンプルサイズと回収率は、調査年度によって異なる。各数値は、表6-1で示した通りである。特に、2005年SSM調査データでは回収率は40％台となっており、この点は問題として指摘しうる。2005年SSM調査データの回収率低下の主因として個人情報保護法の施行による調査環境の悪化が考えられるが、それを除いても日本における社会調査の回収率は長期的には低下する趨勢にある。回収率の低下が調査結果に何らかの歪みをもたらしている可能性を否定することはできないが、検討すべき問題が多岐にわたるため、この問題については本章では深くは立ち入らないことにする。また、欠損値を含むケースもあるため、実際に分析に利用することのできたケース数は表6-1の数字からさらに小さいものにならざるをえない。これらの点も、分析結果を解釈する際には十分に留意すべき点となる。

本章では、第3章および第4章とは異なり、過去に実施された6回分のSSM調査データのすべてではなく、1985年以降の3回分のSSM調査データを分析にもちいている。また、質問項目と実施時期がほぼ重なっていることか

表6-1　SSM調査（1985～2005）のサンプルサイズと回収率

調査票のタイプ	サンプルサイズ	回収数	回収率
1985年A/B票	4,060	2,473	60.9%
1985年女性票	2,171	1,474	67.9%
1995年A/B票	8,064	4,357	66.4%
1995年威信票	1,765	1,214	72.5%
2003年予備票	2,000	1,154	57.7%
2005年A/B票	13,035	5,742	44.1%

7　これもまたAckerによって批判された“知的性差別主義”の一つの反映といえるかもしれない。

ら、1995年SSM調査と平行して実施された職業威信調査データ、および2003年仕事と暮らし調査データも、SSM調査データと併せて、分析に利用した。サンプルから無配偶者のケースを取り除いため、分析にもちいることのできたケース数は、最終的には11,228となった。1975年以前のデータを利用しなかったのは、1975年以前のデータについては調査対象に女性が含まれていないために、女性と男性の階層帰属意識の比較をおこなえなかったからである。

2—2. 変数

従属変数

ここで従属変数として扱われるのは、階層帰属意識である。これまで確認してきたように、階層帰属意識は、すべてのSSM調査に共通する質問項目であり、社会意識の通時的な変化を分析する上でももっとも好都合な変数である。

SSM調査では、社会階層を「1. 上　2. 中の上　3. 中の下　4. 下の上　5. 下の下」の5段階に分け、回答者に自分がこの5段階のいずれに所属するかを尋ね、回答を得ている。これまで一貫してそうしてきたように、本章でも、回答者のこの回答を〈上〉(= {上、中の上})、〈中〉(= {中の下})、〈下〉(= {下の上、下の下}) の3カテゴリーに再統合した上で、分析の際の従属変数とした。回答の分布は、表6-2に示したとおりである。ただし、表6-2は調査対象者全体の回答分布を示したものではなく、分析に利用したサンプルの回答分布である。したがって、回答者のうち、有配偶者であり、欠損値をもたない者のデータに限られている。

表6-2　階層帰属意識の回答分布（調査年別；性別）

(%)

調査年	性別	〈上〉	〈中〉	〈下〉
85年	男性	26.3	50.0	23.7
	女性	30.6	50.9	18.5
95年	男性	29.0	49.6	21.5
	女性	32.1	51.5	16.4
05年	男性	23.0	46.2	30.8
	女性	22.5	50.9	26.6

N=11,062

＊2005年には、2003年の予備調査のデータも含まれている。

表 6-2 から、以下の 3 つの事実が分かる。

ひとつは、回答がすべての階層に均等に分布しているわけではなく、〈中〉に大きく偏っているということである。〈中〉は、調査が実施された時期、あるいは性別に関係なく、つねに全体のおよそ半分を占め続けている。もちろん、この特徴は、第 1 章でも議論したように、多くの産業国で観察される現象であり、偏りの程度に差はあるにしても、それ自体は決して珍しい現象ではない（Evans and Kelly 2004）。また、階層帰属意識がこのように〈中〉に集中するメカニズムについては、すでに高坂たちによって議論もされてきた（高坂 2000, Fararo and Kosaka 2003）。

表 6-2 からわかるもうひとつの事実は、1990 年代から 2000 年代にかけて〈上〉が減少し、逆に〈下〉が増大しているということである。いっけんするとこれは、“2001 年から 2006 年の小泉政権の下で進められた新自由主義的な構造改革の下で、社会のさまざまな領域で格差が増大している”という主張と適合しているようにみえる。しかし、4 節で検討する理由から、階層帰属意識の変化がそうした主張を裏付ける経験的な証拠足りえているかどうかは、実は判然としない。

表 6-2 からわかる最後の事実は、1980 年代から 2000 年代にかけて、一貫して女性の階層帰属意識が男性の階層帰属意識を上回っているということである。もちろ、その差は大きくないが（しかし、統計的には有意である）、女性の社会的・経済的地位は男性の社会的・経済的地位と比較すると低く抑えられていることを考慮するならば、これは注目すべき事実だといえよう。そして、この事実は、“階層は個人の属性によって決定されている”と考える立場からも、“階層は家族（そして家長）の属性によって決定されている”と考える立場からも説明できないだけでなく、“女性と男性の双方の属性がそれぞれ重み付けられて考慮されている”と考える立場にたったとしても説明できない。

本章でも、階層帰属意識を順序変数としてでなく、各カテゴリーそれぞれ独立した質的変数として扱った。すでに第 3 章で指摘したように、回答者がイメージしている〈中〉は、“〈上〉と〈下〉の中間”ではなく、“〈上〉でもなく、〈下〉でもない”というように意味づけられている可能性が高いからである。“〈上〉、〈中〉、〈下〉は明確な順序を構成している”と考えるよりは、“〈中〉は回答者による判断の保留である”と考えることの方が適切であり、したがってあえて階層帰属意識を順序変数として扱うことはしなかった。

独立変数

本章で独立変数としてもちいられるのは、学歴上方婚／学歴下方婚、そして調査実施年度である。最終学歴は、職業や収入と比較すると比較安定した社会的地位であり、またその構造変動も進学率を通してイメージすることができる。したがって、社会的・経済的地位に関する本章の仮説の検証にとっては、もっとも都合のよい変数である。

本章では、本人学歴および配偶者学歴を初等学歴、中等学歴、高等学歴の3つのクラスに分け、それぞれのクラスについてダミー変数を作成した。初等学歴に分類されたのは、主として（新制）中学を最終学歴とする者である。旧制の尋常小学校・高等小学校、またごく少数であるが学歴なしという回答者もこのグループに含まれる。中等学歴に分類されたのは、主として（新制）高校を最終学歴とする者である。旧制の中学校・高等女学校・実業学校・師範学校を最終学歴とする者もこのグループに含まれる。最後に、高等学歴に含まれたのは、（新制）大学、短期大学、高等専門学校、もしくは大学院を最終学歴とするものである。旧制の大学、高等学校、高等師範学校、そして専門学校を最終学歴とする者もこのグループに含まれる。2005年からは、職業の専門的技術を教える専門学校への通学の有無についても回答を得ているが、比較可能性を考慮し、今回の分析では分析の対象から外すことにした。

学歴上方婚は、ある個人の学歴が配偶者の学歴を下回っていることを意味している。本章で定義した意味での学歴上方婚を体験しているケースに1を割り当て、それ以外のケースには0を割り当てたダミー変数を作成し、分析に利用した。逆に、学歴下方婚は、ある個人の学歴が配偶者の学歴を上回っていることを意味している。本章で定義した意味での学歴下方婚を体験しているケースに1を割り当て、それ以外のケースには0を割り当てたダミー変数を作成し、分析に利用した。具体的には、表6-3、6-4のようになる。

また、階層帰属判断メカニズムの時期による違いをみるために、調査実施年度も独立変数として扱った。また本章では、調査実施年の近い、2003年仕事

表 6-3　上方婚

	高等	中等	初等
高等	0	0	0
中等	1	0	0
初等	1	1	0

行＝本人学歴　列＝配偶者学歴

表 6-4　下方婚

	高等	中等	初等
高等	0	1	1
中等	0	0	1
初等	0	0	0

行＝本人学歴　列＝配偶者学歴

と暮らし調査データと 2005 年 SSM 調査のデータを併せて 2005 年データとし、1995 年、1985 年との比較にもちいた。ただし、1985 年、1995 年、2005 年（2003 年を含む）のそれぞれの SSM 調査データは調査設計も回収率も大きく異なっている（表 6-1 を参照）ので、結果を解釈する際にはこの点に十分注意することが必要である。

統制変数

本章で統制変数としてもちいられるのは、性別、年齢、本人職業、個人収入である。

本章の分析にとって、性別はいっけんすると独立変数のように思われる。しかし、本章の主たる目的の 1 つは“性差を産出する、性差に関係ない”判断メカニズムを明らかにすることであった。したがって、扱いとしては統制変数になる。分析では、女性を 1 にコードしたダミー変数を投入し、性別による影響を統制した。年齢はそのまま量的変数として投入し、その影響を統制した。

本人職業については、職業を質的な変数として扱い、統制変数として投入した。職業の分類には、SSM 調査の職業コードを基にした SSM 職業分類を利用した[8]。ただし、本稿では SSM 職業分類をそのまま利用するのではなく、さらに上層ホワイト（専門職＋管理職）、下層ホワイト（事務職＋販売職）、ブルーカラー（熟練職＋半熟練職＋非熟練職）、農業、そのほか（無職・学生）の 5 つのクラス

8　SSM 職業分類の具体的な内訳は、専門職・管理職・事務職・販売職・熟練職・半熟練職・非熟練職・農業・そのほか、である。SSM 職業分類の詳細については、1995 年 SSM 調査コードブックを参照のこと（1995 年 SSM 調査研究会 1998）。本章においても、社会移動研究で国際的にもちいられる ISCO-88 にもとづいた職業分類（Ganzeboom and Treiman 1996）は使用しなかった。これは、1985 年および 1995 年の SSM データには、ISCO-88 にもとづいた職業分類コードが用意されていなかったからである。

に分け、それぞれのクラスについてダミー変数を作成した。また、2003年仕事と暮らし調査では配偶者の職業に関する質問項目がないため、配偶者職業を統制変数としてもちいることはできなかった。

個人収入については、調査年度毎に貨幣価値が異なっていること、また少数の高額収入者によって分布が歪んでいることを考慮して、以下のような式で個人収入スコアを作成し、個人収入額[9]ではなく、個人収入スコアを投入して個人収入の影響を統制した。

$$IScore_{ij} = \log(Income_{ij} \times \frac{100}{CPI_j} + 1)$$

式の中の$IScore_{ij}$は調査年jに属する回答者iの個人収入スコアを、$Income_{ij}$は調査年jに属する回答者iの個人収入額を、CPI_jは調査年jの消費者物価指数を意味する。貨幣価値を調整するためにもちいた消費者物価指数は、（平成17年の物価を100とする）平成17年基準である。2003年SSM予備調査データは、分析の際には2005年SSM調査データと併せたけれども、個人収入額を調整する消費者物価指数は2003年の指数をもちいた。ちなみに、それぞれの指数を明示すると、1985年は88.1、1995年は100.7、2003年は100.3、2005年は100となる。1を加えているのは、対数変換する際に値が0のケースでは対数が定義されないことを考慮したためである。

なお、統制変数として世帯収入ではなく、あえて個人収入を選択している。世帯収入は、本人の収入に加えて配偶者の収入も含んでいるため、本人の属性と配偶者の属性の双方の影響を受ける変数になっている。したがって、“本人の属性を統制し、配偶者の属性が与える影響をみる”という観点に立った場合、世帯収入は統制変数としては望ましくなかった。

個人収入を統制変数にもちいる場合の問題点は、欠損値の存在である。収入

9　ただし、SSM調査の収入質問項目は、回答者に実額を回答させているわけではなく、額について幅のある選択肢の中から該当するものを選択させるという方式をとっている（たとえば、個人収入300万円の回答者は、“300～350万円未満”の選択肢を選択することになる）。ここでは、各選択肢の中央値をその回答者の個人収入の実額としてみなし、個人収入を計算した。

表6-5　独立変数・統制変数の割合／平均

$N=11,062$

		1985年	1995年	2005年	計
年齢		45.6	48.5	49.3	48.0
		(11.2)	(11.8)	(11.0)	(11.5)
性別	女性（%）	35.9	53.7	42.9	45.9
本人学歴	初等（%）	34.6	24.8	14.2	24.4
	中等（%）	46.2	52.1	57.0	51.9
	高等（%）	19.2	23.1	28.8	23.7
配偶者学歴	初等（%）	34.7	24.0	15.2	24.3
	中等（%）	48.3	51.5	54.9	51.6
	高等（%）	16.9	24.5	30.0	24.0
本人職業	上層W（%）	15.3	15.9	23.3	17.9
	下層W（%）	25.3	25.8	34.1	28.0
	ブルーカラー（%）	32.5	25.8	36.1	30.5
	農業（%）	7.5	5.1	6.5	6.1
	無職・学生（%）	19.5	27.4	2.2	18.1
個人収入スコア		4.74	4.15	5.55	4.69
		(2.29)	(2.74)	(1.14)	(2.36)
個人収入スコア欠損率		8.7	6.0	12.5	8.6
上方婚（学歴）（%）		17.3	17.9	17.3	17.6
下方婚（学歴）（%）		19.8	16.0	17.0	17.3

＊2005年には、2003年のデータが含まれる。
＊年齢と個人収入スコアのカッコ内の数字は標準偏差。
＊個人収入スコア欠損率の母数は、分析にもちいられたケースであり、全回答者ではない。
＊各年の消費者物価指数は、88.1（1985年）、100.7（1995年）、100.3（2003年）、100（2005年）。

は階層帰属意識に対する影響がもっとも大きい項目の一つであるにもかかわらず（吉川 1999, Kikkawa 2000）、欠損値がでやすく、しかも調査年度によって欠損値の出方に差があるため、そのことを考慮せずに統制変数として投入すると分析の結果が歪んでしまう可能性が高くなる。表6-5をみると、消費者物価指数で貨幣価値を調整しているにもかかわらず、1985年および1995年のデータと比較すると、2005年のデータは個人収入スコアの平均が高く、かつ標準偏差も小さくなっている。また、1985年および1995年の個人収入スコア欠損率と、2005年の個人収入スコア欠損率を比較すると、2005年の個人収入スコア欠損率が高くなっている。これらの事実は、2005年の個人収入データに系統的なバイアスがかかっていることを示唆している。つまり、収入の高い層に比較して、収入の低い層のデータがとれておらず、そのため平均が実際により高く、またばらつきも実際より小さく出ている可能性である。したがって、個人収入をもちいた分析結果を解釈する場合には、この点に十分注意することが重要になる。

最後に、分析にもちいた諸変数の記述統計量を、表で示しておこう。表6-5は、独立変数・統制変数の割合もしくは平均を示している。

2—3. 方法

分析には多項ロジットモデルがもちいられる。

具体的には、まず回答者の階層帰属意識を決定する以下のような基本モデルを想定し、その係数もしくは切片の値を推定する。

$$
\begin{cases}
\log\left(\dfrac{\phi_H}{\phi_M}\right) = \beta_{0H} + \beta_{1H} \cdot age + \beta_{2H} \cdot female + \sum_i (\beta_{iH} \cdot education_i) \\
\qquad\qquad + \sum_j (\beta_{jH} \cdot occupation_j) + \beta_{3H} \cdot IScore + \varepsilon \\
\log\left(\dfrac{\phi_L}{\phi_M}\right) = \beta_{0L} + \beta_{1L} \cdot age + \beta_{2L} \cdot female + \sum_i (\beta_{iL} \cdot education_i) \\
\qquad\qquad + \sum_j (\beta_{jL} \cdot occupation_j) + \beta_{3L} \cdot IScore + \varepsilon
\end{cases}
$$

ただし、

ϕ_H：〈上〉に階層帰属意識をもつ確率、

ϕ_M：〈中〉に階層帰属意識をもつ確率、

ϕ_L：〈下〉に階層帰属意識をもつ確率、

age：年齢

$female$：性別（女性＝1、男性＝0）

$education_i$：学歴カテゴリー i（初等、中等［参照カテゴリー］、高等）

$occupation_j$：職業カテゴリー j（W上層、W下層、ブルーカラー、農業、無職・学生［参照カテゴリー］）

$IScore$：個人収入スコア

β：切片、もしくは各変数にかかる係数

ε：誤差

を意味する。

式からわかるように、多項ロジットモデルは、回答者の階層帰属意識を直接推定するのではなく、その回答者がある階層に帰属意識を抱いている確率のロジットを推定している。上記のモデルで階層帰属意識の参照カテゴリーとして〈中〉をもちいたのは、階層帰属意識分布（表6-2を参照）からわかるように〈中〉が全体に占める割合がおおよそ50％になっていることと、またすでに指摘したように〈中〉という回答は積極的に〈中〉に帰属していると考えるよりはむしろ階層帰属判断を保留している状態だと考える方が適切である可能性が高かったからである。その場合、〈中〉を基準と考え、“ある特定の条件が付加されることで〈上〉と答える可能性が高まったり、あるいは逆に〈下〉と答える可能性が高まったりする”というモデルが適当になる。

本章では、仮説の検証のために、上述の式にさらに以下の相互作用項を加えた相互作用モデルについても検討する。

$$
\begin{cases}
log\left(\dfrac{\phi_H}{\phi_M}\right) = \beta_{0H} + \beta_{1H} \cdot age + \beta_{2H} \cdot female + \sum_i (\beta_{iH} \cdot education_i) \\
\qquad + \sum_j (\beta_{jH} \cdot occupation_j) + \beta_{3H} \cdot IScore + \beta_{4H} \cdot upward_marriage \\
\qquad + \beta_{5H} \cdot downward_marriage + \varepsilon \\
log\left(\dfrac{\phi_L}{\phi_M}\right) = \beta_{0L} + \beta_{1L} \cdot age + \beta_{2L} \cdot female + \sum_i (\beta_{iL} \cdot education_i) \\
\qquad + \sum_j (\beta_{jL} \cdot occupation_j) + \beta_{3L} \cdot IScore + \beta_{4L} \cdot upward_marriage \\
\qquad + \beta_{5L} \cdot downward_marriage + \varepsilon
\end{cases}
$$

式の *upward_marriage* と *downward_marriage* は、いずれも本人学歴と配偶者学歴との相互作用を意味するダミー変数である。*upward_marriage*（上方婚）の係数は配偶者の学歴が本人の学歴よりも高いことが回答者の階層帰属意識に与える効果を表現しており、*downward_marriage*（下方婚）の係数は配偶者の学歴が本人の学歴よりも低いことが回答者の階層帰属意識に与える効果を表現している。

もし仮説1および仮説2が正しければ、本人学歴、本人職業、個人収入の係数に加えて、上方婚と下方婚も統計的に有意な値を示すはずである。その際、学歴上方婚は、〈中〉と答える確率と〈上〉と答える確率との比を予測するときにはプラスの値をとるはずであり、〈中〉と答える確率と〈下〉と答える確率との比を予測するときにはマイナスの値をとるはずである。ただし、学歴上方婚の効果については、表6-3からわかるように、高学歴者については学歴上方婚の効果は論理的に存在しえないという“天井”効果がある。結果として、学歴上方婚は、非高学歴者の階層帰属意識を上方修正させる効果の方が強くなり、〈上〉と答える確率を強めるよりも、〈下〉と答える確率を弱める効果が強くなると予想される。

逆に、学歴下方婚は、〈中〉と答える確率と〈上〉と答える確率との比を予測するときにはマイナスの値をとるはずであり、〈中〉と答える確率と〈下〉と答える確率との比を予測するときにはプラスの値をとるはずである。このとき、学歴上方婚の天井効果と同様に、学歴下方婚の効果については、表6-4から分かるように、初等学歴しか取得していないものについてはその効果は論理的に存在しないという“床”効果がある。結果として、学歴下方婚は、非高学歴者の階層帰属意識ではなく、高学歴者の階層帰属意識を下方修正させる効果の方が強くなり、〈下〉と答える確率を強めるよりも、〈上〉と答える確率を弱める効果が強くなると予想される。

また、もし仮説3が正しければ、2つのモデルを比較した場合、相互作用モデルでは性別にかかる係数は有意でなくなるか、少なくともその有意性は減少するはずである。

最後に、本稿では相互作用モデルでみいだされた上方婚と下方婚の効果が、過去20年間でどのように変化したのかを確認するために、以下のモデルについても係数を推定し、調査時期ごとの本人学歴と配偶者学歴の相互作用効果の違いを比較する。

$$
\begin{cases}
log\left(\frac{\phi_H}{\phi_M}\right) = \beta_{0H} + \beta_{1H} \cdot age + \beta_{2H} \cdot female + \sum_i (\beta_{iH} \cdot education_i) \\
\qquad + \sum_j (\beta_{jH} \cdot occupation_j) + \beta_{3H} \cdot IScore \\
\qquad + \sum_k (\beta_{4Hk} \cdot upward_marriage_k) \\
\qquad + \sum_k (\beta_{5Hk} \cdot downward_marriage_k) + \varepsilon \\
log\left(\frac{\phi_L}{\phi_M}\right) = \beta_{0L} + \beta_{1L} \cdot age + \beta_{2L} \cdot female + \sum_i (\beta_{iL} \cdot education_i) \\
\qquad + \sum_j (\beta_{jL} \cdot occupation_j) + \beta_{3L} \cdot IScore \\
\qquad + \sum_k (\beta_{4Lk} \cdot upward_marriage_k) \\
\qquad + \sum_k (\beta_{5Lk} \cdot downward_marriage_k) + \varepsilon
\end{cases}
$$

ただし、k は調査年カテゴリ（1985 年、1995 年、2005 年〈2003 年を含む〉）を意味する。

3. 分析結果

分析の結果を確認しよう。

階層帰属意識と上方婚・下方婚

表 6-6 は、収入を除いたモデルの結果を示している。モデル 1 は、統制変数のみを投入したモデルである。また、モデル 2 は上方婚の相互作用を考慮したモデル、モデル 3 は下方婚の相互作用を考慮したモデル、モデル 4 は上方婚と下方婚の相互作用を同時に考慮したモデルである。

モデル 1 から、年齢、性別、学歴、（農業を除く）職業に階層帰属意識を規定する効果があることがわかる。年齢が、〈上〉に対してプラスの効果をもっていることは、年齢が上がるにつれて階層帰属意識が〈上〉と〈下〉に二極化していくことを意味している。女性であることが、〈上〉と答える確率を高め、〈下〉と答える確率を低めることは、これまで確認してきたとおりである。ま

表 6-6　多項ロジット分析の係数 I

従属変数：階層帰属意識

変数	モデル 1	モデル 2	モデル 3	モデル 4
〈上〉/〈中〉				
年齢	0.006***	0.007***	0.008***	0.008***
	(0.002)	(0.002)	(0.002)	(0.002)
性別（女性=1）	0.135***	0.127**	0.117**	0.110**
	(0.050)	(0.050)	(0.050)	(0.050)
高等学歴	0.324***	0.350***	0.406***	0.426***
	(0.058)	(0.060)	(0.061)	(0.063)
初等学歴	−0.062	−0.086	−0.114*	−0.132**
	(0.064)	(0.065)	(0.065)	(0.066)
上層ホワイト	0.327***	0.327***	0.311***	0.311***
	(0.081)	(0.081)	(0.081)	(0.081)
下層ホワイト	−0.055	−0.052	−0.053	−0.052
	(0.070)	(0.070)	(0.070)	(0.071)
ブルーカラー	−0.308***	−0.301***	−0.301***	−0.295***
	(0.074)	(0.074)	(0.074)	(0.075)
農業	−0.014	−0.002	−0.000	0.013
	(0.110)	(0.110)	(0.110)	(0.110)
上方婚		0.121*		0.101
		(0.064)		(0.064)
下方婚			−0.274***	−0.268***
			(0.066)	(0.066)
定数	−1.007***	−1.049***	−1.023***	−1.057***
	(0.129)	(0.132)	(0.130)	(0.132)
〈下〉／〈中〉				
年齢	0.003	0.002	0.003	0.002
	(0.002)	(0.002)	(0.002)	(0.002)
性別（女性=1）	−0.280***	−0.267***	−0.279***	−0.267***
	(0.053)	(0.053)	(0.053)	(0.053)
高等学歴	−0.283***	−0.326***	−0.313***	−0.347***
	(0.074)	(0.074)	(0.078)	(0.078)
初等学歴	0.309***	0.358***	0.326***	0.371***
	(0.061)	(0.063)	(0.063)	(0.064)
上層ホワイト	−0.220**	−0.217**	−0.215**	−0.214**
	(0.101)	(0.101)	(0.101)	(0.101)
下層ホワイト	−0.048	−0.050	−0.047	−0.049
	(0.081)	(0.081)	(0.081)	(0.081)
ブルーカラー	0.297***	0.285***	0.295***	0.284***
	(0.077)	(0.077)	(0.077)	(0.077)
農業	0.083	0.057	0.080	0.055
	(0.114)	(0.115)	(0.114)	(0.115)
上方婚		−0.237***		−0.234***
		(0.068)		(0.068)

下方婚			0.081	0.060
			(0.074)	(0.074)
定数項	−0.947***	−0.856***	−0.943***	−0.855***
	(0.140)	(0.142)	(0.140)	(0.142)
LL	−11191.64	−11180.55	−11179.75	−11169.91
N	11,062	11,062	11,062	11,062

括弧内の数字は標準誤差
性別の参照カテゴリーは男性
学歴の参照カテゴリーは中等学歴
職業の参照カテゴリーは、無職・学生
$^*p<0.1$; $^{**}p<0.05$; $^{***}p<0.01$

た、学歴については、最終学歴が高等であることが〈上〉と答える確率を高め、〈下〉と答える確率を低めること、逆に初等であることが〈下〉と答える確率を高めることも常識的に理解できる結果といえるだろう。同様に、職業については、上層ホワイトであることが〈上〉と答える確率を高め、〈下〉と答える確率を低めること、逆にブルーカラーであることが〈上〉と答える確率を低め、〈下〉と答える確率を高めること、これらもやはり常識的に理解できる結果である。

上方婚の相互作用項を投入したモデル2でも、統制変数の係数が示している傾向に大きな変化はない。その一方で、上方婚も統計的に有意な値を示しており、配偶者の学歴が自身の学歴よりも高いことが、回答者の階層帰属意識に影響を与えていることがわかる。影響を与える方向は、〈上〉と答える確率を高め、〈下〉と答える確率を減少させているので、仮説2が予測する方向と一致している。

下方婚の相互作用項を投入したモデル3でも、モデル2とほぼ同様の結果が得られている。統制変数の係数が示している傾向にほとんど変化がない一方で、下方婚は〈上〉と答える確率を低め、〈下〉と答える確率を高めていることがわかる。ただし、〈上〉と答える確率を低める効果は統計的な有意性を示しているものの、〈下〉と答える確率を高める効果は統計的な有意性を示しておらず、誤差の範囲内である。しかし、これは下方婚の床効果の反映だと考えられ、“〈下〉と答える確率を高める効果は観察されなかった”という事実を含め、モデル3の分析結果は仮説1および仮説2を支持するものになっている。

上方婚と下方婚の相互作用項を同時に投入したモデル4でも、統制変数の係数が示している傾向はそのまま維持されている。また、本人学歴の係数の絶対値は高等学歴についても初等学歴についてもモデル1よりも増しているのに対して、女性であることの効果は、依然として統計的には有意であるけれども、数値の絶対値は減っている。確かに女性であることの効果は依然として残っている一方で、数値の絶対値の減少は女性の階層帰属意識の高さの一部が本人学歴と配偶者学歴との相互作用によって説明できることを意味している。これは仮説3を支持する結果である。

モデル4では、上方婚が〈下〉と答える確率を低める効果と、下方婚が〈上〉と答える確率を低める効果がそれぞれ統計的に有意になっている。その一方で、上方婚が〈上〉と答える確率を高める効果と下方婚が〈下〉と答える確率を高める効果はいずれも統計的には有意になっていない。これらは、上方婚の天井効果と下方婚の床効果の反映であり、これらの事実も含めて、仮説1および仮説2が支持されたといってよい。

このとき、上方婚の〈下〉と答える確率を低める効果と、下方婚の〈上〉と答える確率を低める効果が同時に作用するということは、配偶者の学歴を考慮して階層帰属意識を判断することが〈中〉の階層帰属意識をもつものの数を増やしていることを意味している。これは、前章で明らかにした命題4から予想される結果でもあり、前章で検討したモデルの現実的妥当性を支持する結果の1つとなっている。階層帰属意識が〈中〉に偏ることについては、これまでFKモデル（高坂 2000, Fararo and Kosaka 2003）を中心にさまざまな説明が試みられてきたが、配偶者の社会的・経済的地位を考慮して階層帰属意識を決定する判断メカニズムもそうした現象の産出に寄与していたことがわかった。

表6-7は、個人収入スコアを考慮したモデルの結果を示している。モデル5からモデル8は、表6-6のモデル1からモデル4に対応している。分析に使用したケース数からわかるように、個人収入スコアをもちいない場合と比較して、その数は減少している。これは、個人収入が欠損値になっているケースが分析から省かれているためである。

モデル5から、年齢、性別、学歴、（上層ホワイト・農業を除く）職業、および個人収入スコアのそれぞれに階層帰属意識を規定する効果のあることがわかる。

個人収入スコアで統制しても、“女性である”ことが〈上〉と答える確率を

表 6-7　多項ロジット分析の係数 II

従属変数：階層帰属意識

変数	モデル 5	モデル 6	モデル 7	モデル 8
〈上〉/〈中〉				
年齢	0.005**	0.006**	0.007***	0.007***
	(0.002)	(0.002)	(0.002)	(0.002)
性別（女性＝1）	0.219***	0.214***	0.204***	0.200***
	(0.062)	(0.062)	(0.062)	(0.063)
高等学歴	0.323***	0.343***	0.395***	0.411***
	(0.060)	(0.062)	(0.064)	(0.065)
初等学歴	−0.051	−0.069	−0.097	−0.110
	(0.068)	(0.069)	(0.069)	(0.070)
上層ホワイト	0.145	0.145	0.131	0.131
	(0.104)	(0.104)	(0.104)	(0.104)
下層ホワイト	−0.206**	−0.205**	−0.207**	−0.207**
	(0.092)	(0.092)	(0.092)	(0.092)
ブルーカラー	−0.455***	−0.450***	−0.449***	−0.445***
	(0.092)	(0.092)	(0.092)	(0.093)
農業	−0.047	−0.035	−0.037	−0.028
	(0.123)	(0.123)	(0.123)	(0.123)
個人収入スコア	0.050***	0.050***	0.051***	0.051***
	(0.017)	(0.017)	(0.017)	(0.017)
上方婚		0.094		0.076
		(0.067)		(0.067)
下方婚			−0.239***	−0.235***
			(0.068)	(0.069)
定数	−1.126***	−1.158***	−1.141***	−1.166***
	(0.140)	(0.142)	(0.140)	(0.142)
〈下〉／〈中〉				
年齢	0.004**	0.003	0.004	0.003
	(0.002)	(0.002)	(0.002)	(0.002)
性別（女性＝1）	−0.428***	−0.414***	−0.427***	−0.414***
	(0.069)	(0.069)	(0.069)	(0.069)
高等学歴	−0.269***	−0.315***	−0.297***	−0.334***
	(0.077)	(0.078)	(0.081)	(0.082)
初等学歴	0.310***	0.363***	0.326***	0.374***
	(0.064)	(0.066)	(0.066)	(0.068)
上層ホワイ	0.073	0.069	0.075	0.071
	(0.122)	(0.122)	(0.122)	(0.122)
下層ホワイト	0.224**	0.217**	0.223**	0.217**
	(0.102)	(0.102)	(0.102)	(0.102)
ブルーカラー	0.538***	0.521***	0.535***	0.519***
	(0.096)	(0.096)	(0.096)	(0.096)
農業	0.249*	0.218	0.245*	0.216
	(0.130)	(0.130)	(0.130)	(0.130)

個人収入スコア	−0.069***	−0.068***	−0.069***	−0.068***
	(0.018)	(0.018)	(0.018)	(0.018)
上方婚		−0.247***		−0.244***
		(0.071)		(0.071)
下方婚			0.078	0.056
			(0.077)	(0.078)
定数項	−0.794***	−0.701***	−0.789***	−0.699***
	(0.152)	(0.154)	(0.152)	(0.154)
LL	−10208.22	−10198.60	−10199.69	−10191.02
N	10,113	10,113	10,113	10,113

括弧内の数字は標準誤差
性別の参照カテゴリーは男性
学歴の参照カテゴリーは中等学歴
職業の参照カテゴリーは、無職・学生
*$p<0.1$; **$p<0.05$; ***$p<0.01$

高める効果と〈下〉と答える確率を低める効果は依然として残っている。また、学歴の効果も個人収入スコアで統制した上でなおも統計的に有意な値を示しており、個人収入とは独立の、学歴固有の効果が存在することがわかる。同様に、職業についても、上層ホワイトであることの効果は消えたが、下層ホワイト、もしくはブルーカラーであることが〈上〉と答える確率を低め、逆に〈下〉と答える確率を高めること、これらの効果を依然として確認することができる。いいかえれば、職業間の階層の違いが、個人収入とは独立に、回答者に意識されている。これは、“階層帰属意識は、経済的条件のみには還元されえない、個人の社会的・経済的地位に関する総合判断である”と考えた仮説1を支持する結果といえるだろう。もちろん、新たに投入した個人収入スコアも、階層帰属意識に対して強い効果をもっている。個人収入スコアの高いものは階層帰属意識が〈上〉と答える確率が高くなり、個人収入スコアの低いものは階層帰属意識が〈下〉と答える確率が高くなる。これも、常識的な結果といえるだろう。

上方婚の相互作用項を投入したモデル6では、上方婚の相互作用項が統計的に有意な値を示しており、配偶者の学歴が自身の学歴よりも高いことが、回答者の階層帰属意識に確かに影響を与えている。影響を与える方向は〈下〉と答える確率に対してマイナスになっている。また、下方婚の相互作用項を投入したモデル7では、下方婚の相互作用項の〈上〉と答える確率を低める効果が依然として残っており、配偶者の学歴が自身の学歴よりも低いことが、回答者の階層帰属意識に影響を与えている。最後に、上方婚と下方婚の相互作用項を投入したモデル8では、“女性である”ことの効果は依然として統計的には有意であるけれども、数値の絶対値はモデル5と比較してやや減少している。それに対して、本人学歴の係数の絶対値は、高等学歴についても、初等学歴についても、モデル5よりもむしろ増している。女性であることの効果は依然として残っているけれども、女性の階層帰属意識の高さの一部が本人学歴と配偶者学歴との相互作用に起因していたことがわかる。これらはいずれも、仮説が予測する結果と一致している。

また、モデル8でも、上方婚は〈下〉と答える確率を低めており、逆に下方婚は〈上〉と答える確率を低めている。したがって、“配偶者の学歴を考慮して階層帰属意識を判断することが、結果として〈中〉の階層帰属意識をもつものの数を増やす”という、前章の命題4が予測した効果を、依然として観察することができる。これらはいずれも、前章で検討したモデルの現実的妥当性を支持するものといえるだろう。

以上のように、モデル1からモデル8までの分析結果には一貫性が存在する。確かに、2005年SSM調査データ（含む、2003年仕事と暮らし調査データ）の個人収入データには欠損値が多く、またそこになんらかのバイアスが存在する可能性は低くはない。しかし、個人収入スコアを投入しなかったモデル1からモデル4の分析結果と、個人収入スコアを投入したモデル5からモデル8の分析結果との間に、大きなギャップが存在しなかったことから、個人収入スコアの欠損値が分析結果に及ぼす影響はさほど深刻なものではないと考えられる。

上方婚・下方婚の時期別効果

表6-8は、本人学歴と配偶者学歴の相互作用が調査時期によってどのように異なるかを考慮したモデルの分析結果を示している。モデル9は個人収入スコアを投入していないモデル、モデル10は個人収入を投入したモデルである。

モデル9から、上方婚および下方婚の効果が調査時期によって大きく相違することがわかる。上方婚については、1985年から1995年にかけて階層帰属意識を〈中〉に押し上げる効果が強まっており、また1995年では階層帰属意識を〈上〉に押し上げる効果を観察することもできる。しかし2005年になると

表 6-8　多項ロジット分析の係数 III

従属変数：階層帰属意識

変数	モデル 9	モデル 10
〈上〉/〈中〉		
年齢	0.009***	0.007***
	(0.002)	(0.002)
性別（女性＝1）	0.116**	0.214***
	(0.050)	(0.063)
高等学歴	0.432***	0.417***
	(0.063)	(0.066)
初等学歴	−0.147*	−0.124*
	(0.067)	(0.070)
上層ホワイト	0.361***	0.178*
	(0.082)	(0.104)
下層ホワイト	−0.003	−0.162
	(0.071)	(0.093)
ブルーカラー	−0.242***	−0.396***
	(0.076)	(0.093)
農業	0.062	0.023
	(0.111)	(0.124)
個人収入スコア		0.054***
		(0.017)
上方婚×1985	0.151	0.108
	(0.113)	(0.118)
上方婚×1995	0.228***	0.219**
	(0.085)	(0.088)
上方婚×2005	−0.180	−0.235*
	(0.119)	(0.128)
下方婚×1985	−0.208**	−0.168
	(0.104)	(0.108)
下方婚×1995	−0.152*	−0.104
	(0.090)	(0.092)
下方婚×2005	−0.563***	−0.586***
	(0.118)	(0.126)
定数	−1.126***	−1.247***
	(0.134)	(0.145)
〈下〉/〈中〉		
年齢	0.001	0.001
	(0.002)	(0.003)
性別（女性＝1）	−0.274***	−0.430***
	(0.053)	(0.070)
高等学歴	−0.363***	−0.345***
	(0.079)	(0.082)
初等学歴	0.400***	0.404***
	(0.065)	(0.068)

上層ホワイト	−0.282***	0.023
	(0.102)	(0.123)
下層ホワイト	−0.118	0.170*
	(0.082)	(0.103)
ブルーカラー	0.209***	0.464***
	(0.078)	(0.097)
農業	−0.011	0.164
	(0.116)	(0.131)
個人収入スコア		−0.073***
		(0.018)
上方婚×1985	−0.371***	−0.418***
	(0.123)	(0.129)
上方婚×1995	−0.481***	−0.476***
	(0.102)	(0.104)
上方婚×2005	0.152	0.178
	(0.106)	(0.112)
下方婚×1985	−0.061	−0.021
	(0.119)	(0.124)
下方婚×1995	−0.038	−0.024
	(0.108)	(0.111)
下方婚×2005	0.350***	0.296**
	(0.116)	(0.125)
定数項	−0.737***	−0.576***
	(0.144)	(0.157)
LL	−11135.29	−10157.11
N	11,062	10,113

括弧内の数字は標準誤差
性別の参照カテゴリーは男性
学歴の参照カテゴリーは中等学歴
職業の参照カテゴリーは、無職・学生
2005年データには、2003年データも含まれている
*$p<0.1$; **$p<0.05$; ***$p<0.01$

上方婚の効果は消失し、〈上〉に押し上げる効果はもちろん、〈中〉に押し上げる効果さえも統計的に有意でなくなっている。一方、下方婚については、1995年から2005年にかけて階層帰属意識を〈中〉に押し下げる効果が非常に強まっており、また2005年では階層帰属意識を〈下〉に押し下げる効果を観察することもできる。つまり、過去10年間で上方婚の効果が急激に弱まり、逆に下方婚の効果が急激に強まっている。上方婚と下方婚の効果の変動は、きわめて対照的だといえるだろう。また、個人収入を統制したモデル10でも、基本的な傾向はまったく変わらない。

このような現象を引き起こした理由として、2つの可能性を指摘することができる。

1つは、残念ながら、データの歪みである。表6-5から分かるように、1995年のデータと比較すると、2005年のデータでは女性の回答者の割合、そして無職・学生の割合が大きく減っている。両者がかりに無相関であったとしても、1995年データと比較すると、2005年のデータでは専業主婦のデータが不足していることが容易に予想できる[10]。上方婚の効果をもっとも被っていると思われるこの層のデータの不足が、いっけんすると上方婚の効果が消失してしまったかのような現象をもたらした可能性がある。

もう1つは学歴がもっている価値の変化である。表6-5から分かるように、調査年度が新しくなるにつれ、高学歴の取得者の占めている割合が高くなっている。これは、戦後日本における進学率の上昇によってもたらされた結果である。そして、高学歴者の占めている割合が高くなることは、同時に、希少性という高学歴の価値が下落することでもある。たとえば、20年前の中等学歴の価値と現在の中等学歴の価値は同じでなく、現在の中等学歴の価値は過去の中等学歴の価値に対して相対的に低いのである。これは、高学歴を得ることのメリットが低下していることを意味し、このことが上方婚の効果を減少させたと考えることは自然だろう。逆に、高校への進学率がほぼ100%になり、大学への進学率も半数を超えるようになると、今度は中等学歴あるいは高等学歴を取得していないことの方が希少になり、中等学歴あるいは高等学歴を得ていないことのリスクが上昇する。このようなリスクの高まりが下方婚の効果を増大させたと考えることも、また自然である。したがって、高学歴化によって上方婚と下方婚の効果に変動が生じたことは、ある意味、必然といえる。

いずれにしても、〈下〉を減らす上方婚の効果が弱まり、逆に〈上〉を減らす下方婚の効果が強まった結果、「〈下〉が増え、〈上〉が減る」という階層帰属意識の下方シフトが生じており、階層帰属意識に関する注目すべき変化とな

10 厚生労働省が実施している労働力調査によれば、30代前半の女性の労働力人口比率は上がっているものの、全体としては1995年から2005年の間に女性の労働力人口比率に大きな変動があったわけではない（厚生労働省 2006b）。また、晩婚化の進行を考えると30代前半の労働力人口比率の上昇も専業主婦の大幅な減少を意味するとは考えにくい。

っている。

4. 議論

本章で階層帰属意識の判断メカニズムを取り上げた1つの理由として、階層・階級の単位として家族を考えるのが適当なのか、それとも個人を考えるのが適当なのか、当事者の階層帰属判断を手がかりに、この問いへの答えを明らかにすることがあった。そして本章では、個人は自身の社会的・経済的地位を考慮して自身の所属階層を判断すると考えた。後者の立場を採っているといってよいだろう。しかしそれと同時に、個人の階層帰属意識は家族と切り離されて、まったくその個人の属性によって決まるとも考えなかった。なぜなら、家族の一員である配偶者の社会的・経済的地位も、その個人にとって配慮すべき、その個人の社会的・経済的地位の集合を構成すると考えたからである（Zipp and Plutzer 1996, 2000, Plutzer and Zipp 2001）。したがって、家族の一員である配偶者の社会的・経済的地位は、その個人のそのほかの社会的・経済的地位と比較され、総合化され、いわばそれらとの相互作用を通じてその個人の階層帰属意識に影響を及ぼすのである。

このとき重要なことは、本章では“階層帰属判断メカニズムに性差はない”と前提したことである。つまり、“男性だから自身の社会的・経済的地位だけが考慮され、女性だから配偶者の社会的・経済的地位が考慮される”といった見解は、採用しなかった。女性が男性と比較して配偶者の社会的・経済的地位を考慮に入れる度合いが高いのは、女性自身が無職であったり、またかりに職に就いていてもその収入が経済的自立にはまったく不十分であったりして、カウントされない社会的・経済的地位が増えるために過ぎない。それは、判断メカニズムの違いではなく、判断メカニズムが働く社会環境の違いがもたらしたものである。

そして、本章の分析結果は、本章のこのような仮説を基本的に支持するものであった。本章では、社会的・経済的地位の中でもとりわけ学歴に、そして本人学歴と配偶者学歴との相互作用に注目して分析をおこない、そして仮説から期待される結果を実際に確認することができた。確かに、本人学歴と配偶者学歴との相互作用を統制しても、それでもなお“女性である”ことが階層帰属意識を高める効果は残ってしまった。したがって、“なぜ、女性の階層帰属意識は、男性の階層帰属意識よりも高くなるのか”という問いには、いまだ十分に答えられていない。しかし、少なくとも本人学歴と配偶者学歴との相互作用を考慮することで“女性である”ことの効果が減少することを確認できた。このことは、たとえば本人職業と配偶者職業との相互作用であるとか、あるいは個人収入と配偶者収入との相互作用であるとか、本章で取り上げた学歴以外の社会的・経済的地位の相互作用に注目することで、“女性である”ことの効果が説明されてしまう可能性を示唆している。とうぜん、このことの確認作業は、次章以降の課題となろう[11]。

いずれにしても、階層帰属判断メカニズムの性差は、私たちが考えているほど大きくはない。女性も、男性も、基本的には同一のメカニズムにしたがって自身の所属する階層を判断している。にもかかわらず、女性と男性とで階層帰属意識分布が異なったり、また階層帰属判断メカニズムがジェンダーで異なっているようにみえたりするのは、女性と男性とが置かれている社会環境に違いがあるからである。すでに何度も言及したように、（とりわけ日本では）女性は男性と比較して高い社会的・経済的地位を達成する機会を制限されており、そうした差別的な社会構造的要因が階層帰属意識の性差を生成している。

このとき注意しなければならないことは、そうした階層帰属意識にみることのできる性差が、両性のおかれている社会的現実を必ずしも正しくは反映していないという事実である。というのは、高い社会的・経済的地位を達成する機会を制限されていたのは男性ではなく、女性であったにもかかわらず、より高い階層帰属意識をもつのは女性の方だったからである。

この事実から、私たちは一つの重要な教訓を学ぶことができる。それは、与えられた社会環境に適応した社会意識をもつことが、問題の解決を遅らせ、そ

11　たとえば、世帯収入との相互作用は女性の階層帰属意識に大きな影響を与えている（数土 2001）。あるいは、世帯の学歴の多様性を、配偶者との比較だけで考えるのではなく、子供の学歴や、出身家庭の学歴との比較を含めて考えることができる。母親と子供の学歴は無関係ではなく（Korupp, Ganzeboom and van der Lippe 2002）、また Abelmann（1997）では配偶者の学歴よりも出身家庭の兄弟の学歴に強く準拠しつつ、階層帰属意識を形成している女性の物語が紹介されている。

して問題そのものの存在を隠蔽することがありうるということである。そして、女性の階層帰属意識は、そういった社会環境に適応した社会意識の陥穽の、典型的な事例の一つになっている。

日本社会は、人間開発指数などと比較するとジェンダー・エンパワーメント指数が極端に低く、ほかの先進諸国に比較すると女性の社会進出が遅れている (United Nations Development Program 2006)。このような社会構造を変えていくためには、政策的な努力に加えて、個々人の意識が変わっていくことも大切である。しかし、そのような差別的な社会であるがゆえに、かえって女性の階層帰属意識が（男性よりも）高くなっているとしたら、そしてそのような意識があるために問題の解決が思ったように進まないのだとしたら、社会科学はこのような逆説的な帰結をもたらすメカニズムを明らかにすることで、“真の問題は何であったのか”を提示し、問題に対する人々の注意を喚起することが必要になる。

また本章の分析結果は、前章で検討した数理モデルの妥当性を確認する過程で、階層帰属意識に関するこれまで十分に明らかにされてこなかったより一般的な問題について、いくつかの重要な知見を明らかにした。

1つは階層帰属意識が「中」に極端に偏るのはなぜか、という問題である。各国のデータを冷静に比較するならば、階層帰属意識分布が「中」に極端に偏ることは日本社会に限定された特徴ではない (Evans and Kelly 2004)。しかし、かつて一億総中流社会という言葉が流布したように、「中」と答える回答者の多さは問題としてしばしば取り上げられ、そのような階層帰属意識分布を生み出すメカニズムに対する理論的な説明もなされてきた（高坂 2000, Fararo and Kosaka 2003)。さらに本章では、前章の数理モデルから導かれた命題3および命題4が、データによって確かに支持されることを確認できた。もちろん、本人学歴と配偶者学歴の相互作用の効果、すなわち学歴上方婚と学歴下方婚の効果がこの問題に対する決定的な答えになっているとまではいえないけれども、しかしそのような分布を形成するメカニズムの一部を形成していることは明らかである。

すでに確認したように、上方婚には〈下〉という階層帰属意識をもつ確率を低める効果はあったが、〈上〉という階層帰属意識をもつ確率を高める効果はなかった。つまり、上方婚の効果とは、〈中〉を増やす効果である。一方、下方婚には〈上〉という階層帰属意識をもつ確率を低める効果はあったが、〈下〉という階層帰属意識をもつ確率を高める効果はなかった。やはり、下方婚の効果も、〈中〉を増やす効果である。けっきょく、家族内の社会的・経済的地位の多様性は二つの方向から〈中〉を増やす効果をもっていたのであり、このような家族内の社会的・経済的地位の多様性を生み出す“ジェンダーによる社会的・経済的地位の格差”は、“意図せざる結果”として日本社会の総中流化の一端を担っていたのである。

もう1つは、数十年間にもわたってきわめて安定していた階層帰属意識の分布が2005年SSM調査データで崩れ、下方にシフトしたのはなぜか、という問題である。もちろん、2005年SSM調査データにはいくつかの看過しがたいバイアスが存在する可能性がある。表6-5から看取される問題の1つは女性の回答率の低さであり、問題のもう1つは無職の割合の低さである。この2つの事実は、2005年SSM調査データでは有配偶で無職の女性（専業主婦）の占める割合が過去よりも著しく低くなっていることを示唆しているが、これは現実社会の変化を正しく反映していない（厚生労働省 2006）。このような歪みが生じた理由の解明も含め、この問題は今後慎重に検討される必要がある。しかしそれでもなお、1970年代から長期にわたって安定していた階層帰属意識分布が2000年代になって下方にシフトした可能性を完全に否定することはできない。

この変化は、2000年以降、「一億総中流社会」に取って代わって人口に膾炙するようになった「不平等社会」（佐藤 2000）あるいは「下流社会」（三浦 2005）という言葉とみごとに対応しており、表面的には小泉内閣によって進められた“構造改革”によってさまざまな格差が社会の各所において拡大しているといった諸言説を補強する知見であるかのようにみえる。

しかし、本章の分析結果は、〈上〉が減少し、〈下〉が増えた理由が、短期的な経済政策の影響にその原因のすべてが帰せられるべきものではなく、長期的な構造変動の結果によって説明できる部分が無視できないことを示している。本人学歴と配偶者学歴の相互作用の時期別効果の分析結果にしたがえば、回答者の階層帰属意識を〈中〉に押し上げる上方婚の効果は1990年代にもっとも強く、2000年代にはその効果は消失している。それに対して、回答者の階層帰属意識を〈中〉に押し下げる下方婚の効果は、2000 年代になってもっとも強まっており、さらには〈下〉に押し下げる効果も統計的に有意になっている。そして、〈下〉を〈中〉に押し上げる効果がなくなり、〈上〉を〈中〉に、あるいは〈中〉を〈下〉に押し下げる効果が強まれば、結果として階層帰属意識分布が下方にシフトすることは自明である。

問題は、本人学歴と配偶者学歴の間の相互作用にこのような時期による違いが生じた理由である。表 6-5 からわかるように、回答者のうちで中等学歴・高等学歴の取得者が占める割合は調査年度が新しくなるごとに増えており、逆に初等学歴しか取得していないものの占める割合は調査年度が新しくなるごとに減っている。これは、高学歴化と呼ばれる戦後の進学率の上昇を反映した結果といえるだろう。そして、中等学歴・高等学歴の取得者が増えると、上方婚の可能性をもたない回答者が増えるだけでなく、上方婚自体がもっていた価値が下落する。高学歴の取得者が相対的に稀少であるがゆえに高学歴を得ることに価値があったのであり、高学歴を取得できる個人がその世代の大半に達したときには、高学歴がかつてもっていた希少性という価値は既に失われていると考えることはきわめて自然である。

もちろん、学歴の価値変動は、進学率の変化に対して即座に反応するわけではなく、そこには長いタイムラグが存在する（数土 2008）。したがって、進学率が上昇したからといって、高学歴の価値がすぐに失われるわけではなかった。しかし、第 3 章の分析結果においても、1995 年と 2005 年とで中等学歴の地位継承の効果が劇的に変動していることが明らかにされており、1995 年と 2005 年の間に学歴の価値について大きな変化があったことを示している点では、本章の分析結果と見事に対応している。

一方、ほとんどすべての個人が中等学歴を取得し、また新しい世代の 5 割は高等学歴の取得を期待できるような状況では、中等・高等学歴を取得していないことがその個人にさまざまな社会的不利益をもたらすようになることも容易に予想できる。つまり、高学歴化と呼ばれる構造変動は、高い学歴を得ることの価値を奪うことで上方婚の効果を弱め、また高い学歴を失うことのリスクを高めることで下方婚の効果を強める。そして、そのことが〈上〉を減らし、〈下〉を増やしているのだ、と解釈することができる。このような長期的な構造変動が、小泉政権下の「構造改革」と呼ばれる短期的な経済政策と基本的には無関係であることは自明であろう。

しかし、高学歴化が2000年代なって階層帰属意識分布の下方シフトを引き起こす一因になっているとすれば、これもまた皮肉な現象の一つといってよいだろう。高等学歴の取得者が増えることは社会全体の教育水準の上昇を意味しており、それ自体を取り上げれば望ましい社会変化だと考えることができる。しかし、高学歴化は長期的には高等学歴の価値を下落させ、かえって人々の階層帰属意識を下げる効果をもつ。社会全体の厚生水準の上昇と人々の意識変化が必ずしも対応していないこと、このことは社会現象の正しい理解の難しさを教えてくれる。

もちろん、ここで指摘したメカニズムは今の段階ではいくつかありうる解釈のひとつでしかなく、格差の拡大が階層帰属意識の下方シフトを引き起こしている可能性も否定できないし、あるいはそもそも階層帰属意識の下方シフトが本当に起きているのかについても慎重な検討が必要とされる。この点は、本書以降の重要な課題となろう。

5. 結論

本章では、とりわけ学歴に注目しながら、前章で検討した数理モデルの妥当性を検討してきた。その結果、学歴上方婚／下方婚が確かにモデルが予想するような効果を階層帰属意識に対してもっていたこと、そしてモデルが予想するように学歴上方婚／下方婚が全体として〈中〉を増やす効果をもっていることも確認することができた。また、そのような作業の途上において、階層・階級の単位を個人と捉えることの妥当性を示すことにも成功した。

そしてさらに、本章では、複数の社会的・経済的地位を総合化する個人の合理的な判断メカニズムが、意図せざる結果として、いくつかの問題にすべき現象を引き起こしていることも明らかにした。

1つは、特定の社会構造に適応する形で形成された階層意識が、今度はそのような社会構造を強化する形で社会構造に再帰していくという問題である。具体的には、性差別的な社会構造をもつ日本社会での女性の階層帰属意識は、かえって男性よりも高くなり、そのような社会構造の問題点を曖昧にし、そしてそのような社会構造を維持することに貢献している。

もう１つは、かつて日本社会では、家族内の社会的地位の多様性が〈中〉という階層帰属意識を増やし、そのことが個人間に観察されたはずのさまざまな社会的不平等を問題として意識させることを難しくしてきたことである。いわば、性差別的な社会構造が“意図せざる結果”として社会全体の不平等の問題を隠蔽し、人々の不満の蓄積を回避してきたのである。

最後に、高学歴化の進行が高学歴の希少性を奪うと同時に、高学歴を失うことのリスクを高めることで、階層帰属意識分布の下方シフトを引き起こしている可能性があるということである。かりに階層帰属意識分布の下方シフトが、“社会全体の教育水準の上昇”という構造変動に起因しているのだとしたら、これも“意図せざる結果”の１つといえるだろう。

しかし、上述のような成果にもかかわらず、本章の試みはいまだ十分に達成されたとはいえない。なぜなら、本章が問いとして掲げた“なぜ、女性の階層帰属意識は男性の階層帰属意識よりも高くなるのか”という問いに対して不完全にしか答えられていないからである。次章では、今度は職業に注目することで、この問題に対するより完全な答えを探求することにしたい。

第7章　職業における上方婚／下方婚の効果

1. 問題

1−1. 職業における上方婚／下方婚

前章では、学歴における上方婚／下方婚が個人の階層帰属判断に与える影響を検討した。その結果、学歴における上方婚／下方婚が確かに階層帰属判断に影響を与えていることを確認できた。しかし、同様のことが職業に関する上方婚／下方婚についても成り立つのだろうか。そして、このような上方婚／下方婚のメカニズムは、ジェンダー間の階層帰属判断の差異をどこまで説明できるのだろうか。本章では、これらのことについて検討する。

教育年数をもちいて順序化することができる学歴の場合と異なり、質的カテゴリーである職業に上方婚／下方婚の概念を適用する場合には、注意すべき点が2つある。1つは、職業カテゴリー間の順序をどのように設定するかである。もう1つは、全体のかなりの部分を占める無職の個人の扱いをどのようにするかである[1]。

そして、この問題は、本書の主たる関心の1つである階層帰属意識の性差とも深く絡んでいる。たとえば、職をもたない個人は、ジェンダーに関係なく、ランダムに存在するわけではない。女性がおかれている社会的な位置、そして男性がおかれている社会的な位置、これらの違いによってキャリアを継続する

1　学歴についても、例外的に教育経験のないケースが存在したが、分析ではこうしたケースは初等学歴に分類した。

ことの誘因が異なっており、その結果、ジェンダーによって有職である可能性が高くなったり、あるいは逆に低くなったりする（上野 1990）。もちろん、このことは職業構造についてのみあてはまることではなく、学歴構造についてもあてはまることである。実際に、大学へ進学することの誘因がジェンダーによって異なってくる結果、学歴構造にもジェンダー間で差異が生じている[2]。しかし、ジェンダーによる職業構造の違いは、ジェンダーによる学歴構造の違いよりも、はるかに顕著である。このことを確認するために、SSM 調査データにおいて、夫婦間の職業的地位の関係がどのようなものになっているのか、クロス表で確認してみよう。

周辺度数をみてみると、妻の職業的地位については無職が全体の4割近くになっており、夫の1割未満と比較すると極端に多くなっている。同様に、夫の

表 7-1　夫／妻の職業的地位に関するクロス表（SSM1985-2005）

	妻の職業的地位					
	上W	下W	ブルー	農業	無職他	合計
夫の職業的地位						
上層ホワイト	395	654	262	20	1,110	2,441
	16.2	26.8	10.7	0.8	45.5	100
	47.5	23.8	12.6	3.4	27.9	23.9
下層ホワイト	198	1,000	411	40	1,028	2,677
	7.4	37.4	15.4	1.5	38.4	100
	23.8	36.5	19.8	6.8	25.8	26.2
ブルーカラー	183	939	1,149	81	1,314	3,666
	5.0	25.6	31.3	2.2	35.8	100
	22.0	34.2	55.5	13.7	33.0	35.9
農業	14	52	85	428	133	712
	2.0	7.3	11.9	60.1	18.7	100
	1.7	1.9	4.1	72.4	3.4	6.98
無職ほか	41	98	165	22	393	719
	5.7	13.6	23.0	3.1	54.7	100
	4.9	3.6	8.0	3.7	9.9	7.04
合計	831	2,743	2,072	591	3,978	10,215
	8.1	26.9	20.3	5.8	38.9	100
	100	100	100	100	100	100

上段：実数、中段：行（%）、下段：列（%）
Data：SSM85A・B・F+SSM95A・B+SSM05A・B

2　第5章を参照のこと。

職業的地位については全体の4分の1近くが上層ホワイトになっており、妻の1割未満と比較すると、やはり極端に多くなっている。とりわけ、この2つの点について、既婚女性と既婚男性の間には職業的地位について大きな差があるといえる。その一方で、クロス表の対角セルの数字は、どの職業的地位を取り上げても他のセルの数字と比較すると相対的に数字が大きくなっており、学歴の場合ほどには明瞭ではないにしても、やはり同類婚の傾向が存在することもわかる（結果は示していないが、筆者がおこなったログリニア分析の結果によっても、この傾向は確認できる）。したがって、夫／妻の職業的地位についてはその分布に大きな違いがあり、にもかかわらず夫と妻の職業的地位は似たようなものになりがちであり、日本社会にも同類婚傾向が存在する[3]。したがって、これらの事実を踏まえた上で、"職業的地位による上方婚／下方婚"を概念化していくことが必要になるだろう。

1−2. 上方婚（職業）／下方婚（職業）と社会的地位の代替

最初に、上方婚（職業）／下方婚（職業）について考えてみよう。上方婚（職業）／下方婚（職業）を定義するためには、職業カテゴリーの順序を定める必要がある[4]。

前章で確認したように、多項ロジット分析の結果は、ホワイトカラーが〈上〉と答える可能性の高める効果をもち、ブルーカラーが〈下〉と答える可能性を高める効果をもっている。この結果から、職業カテゴリーと主観的な階層的地位との対応関係に応じて、職業カテゴリー間に次のような順序を仮定することができる。

上層ホワイト　＞　下層ホワイト　＞　ブルーカラー

3　日本社会以外の職業同類婚については、Smits, Ultee and Lammers（1996）などを参照のこと。

4　もちろん、職業カテゴリーの順序を示す指標として、職業威信スコア（Wegener 1992, Zhou 2005）を利用することも可能である。しかし、Acker（1980）は、女性の階層帰属意識を分析する際に、職業威信スコアを職業カテゴリーの順序の指標することの問題点を指摘している。そこで本章では、職業威信スコアを基に職業カテゴリー順序を設定することをあえて避けた。

残念ながら、この順序には農業と無職は含まれていない。農業はいかなる主観的な階層的地位ともむすびついていないからであり、また無職は積極的には職業カテゴリーと定義できないからである[5]。したがって、職業における上方婚／下方婚は表7-2の組み合わせによって定めることができる。

表7-2からわかるように、上方婚（職業）と下方婚（職業）の関係はちょうど表裏の関係になっている。ある夫婦をとりあげて、一方にとって上方婚（職業）になっている場合は、もう一方にとって下方婚（職業）になっている。

次に、無職の個人について考えてみよう。クロス表で確認したように、女性のおよそ4割が無職に該当するため、女性の階層帰属意識の分析に焦点をおくならば、この層を無視することはできない[6]。

かつて日本でも、専業主婦（既婚で、かつ無職の女性）の職業威信を測る試みがなされた（原・肥和野 1990）ように、専業主婦も一つの社会的地位と考えることは不可能ではない。しかし、測られた専業主婦の職業威信が全体の中間的な値を示していたことは、専業主婦という社会的地位が職業威信スコアに対して中立的な地位であることを暗に示唆しているとも解釈できよう。また、専業主婦は女性にのみ適用される概念であり、無職の個人一般に適用できる概念でもない。したがってここでは、女性に限定することなく無職の個人について問題にできることから、無職の個人を“職業的地位をもたない個人”として概念化す

表7-2　上方婚（職業）／下方婚（職業）の定義

	本人の職業的地位	配偶者の職業的地位
上方婚（職業）	ブルーカラー	下層ホワイト
	ブルーカラー	上層ホワイト
	下層ホワイト	上層ホワイト
下方婚（職業）	上層ホワイト	下層ホワイト
	上層ホワイト	ブルーカラー
	下層ホワイト	ブルーカラー

5　なお、この順序は、社会移動研究が伝統的に想定してきた職業カテゴリー間の順序に一致している（Western and Wright 1994）。

6　階層・階級研究において個人アプローチの立場をとる論者は、もっぱら職に就いている女性にその焦点をあててきた（Abbot 1987 ほか）。しかし、少なくとも日本社会においては、これだけの無職の女性が存在しており、その存在を無視して階層・階級を論じることは適切ではない。

る[7]。

しかし、それでも問題は残る。なぜならば、このように概念化すると、無職の個人は配偶者の職業的地位との比較にもちいる自身の職業的地位をもたない存在ということになり、上方婚（職業）／下方婚（職業）の概念を適用できなくなるからである。

そこで、上方婚（職業）／下方婚（職業）の代わりに、無職の個人に固有の階層帰属判断メカニズムを特定することが必要になる。もちろん、無職の個人に固有のメカニズムといっても、有職者の階層帰属判断メカニズムと大きくかけ離れたものであってはならない。

まず、無職の個人は自身の社会的・経済的地位をもとにして自身の所属階層を判断する。このとき、無職の個人は、空位になっている職業的地位については配偶者の職業的地位を参照することができる。つまり、"無職の個人は、空位になっている職業的地位に配偶者の職業的地位を当てはめることで自身の所属階層を判断する"というのが、ここで考えられているメカニズムである。ここでも、配偶者の社会的地位は"代用"としてもちいられるという形で、その個人の階層帰属意識形成に"間接"的な影響をもつことになる。このようなメカニズムを、ここでは社会的地位代替メカニズムと呼ぶことにしよう。

1−3. 基本仮説

以上のことを踏まえて、本章において検討すべき仮説を確認しよう。本章で検討される仮説は、次の3つである。

仮説1　自身の職業的地位と配偶者の職業的地位を比較し、上方婚（職業）になっている個人は、同類婚（職業）もしくは下方婚（職業）になっている個人と比較して、自身の所属階層をより高いものに判断する（このメカニズムに性差はない）。

7　もちろん、無職の個人をこのように定義することで、今度は専業主婦が担ってきた家庭内労働の問題（上野 1990, McDowell 2006）が無視されてしまうことに十分注意を払わなければならない。

仮説1は、配偶者の職業的地位が自身の職業的地位を上回っている場合は、その個人は自身の所属階層を上方修正するということを意味している。したがって、仮説1は、配偶者の職業的地位はその個人の階層帰属意識に対して（自身の職業的地位との相互作用を経由した）間接的な効果をもっていることを主張している。

仮説2　自身の職業的地位と配偶者の職業的地位を比較し、下方婚（職業）になっている個人は、同類婚（職業）もしくは上方婚（職業）になっている個人と比較して、自身の所属階層をより低いものに判断する（このメカニズムに性差はない）。

仮説2は、逆に配偶者の職業的地位が自身の職業的地位を下回っている場合は、その個人は自身の所属階層を下方修正するということを意味している。したがって、仮説1同様、仮説2も、配偶者の職業的地位はその個人の階層帰属意識に対して間接的な効果をもっていることを主張している。

仮説1と仮説2は、5章で検討した数理モデルの結果に対応した仮説である。これに対して、以下の仮説3は、5章で検討した数理モデルとはやや異なる、本章独自のモデル（社会的地位代替メカニズム）に関係する仮説である。

仮説3　職業的地位をもたない無職の個人は、配偶者の職業的地位を自身の職業的地位の代替として参照し、自身の所属階層を判断する（このメカニズムに性差はない）。

無職の個人は、配偶者の職業的地位を自身の職業的地位の代替として参照するのだから、配偶者の職業的地位が高い場合には階層帰属意識はより高いものになり、配偶者の職業的地位が低い場合には階層帰属意識はより低いものになる。

最後に、これらの仮説が本書の主要関心の1つ、“女性はさまざまな社会的な不利益を被っているにもかかわらず、その階層帰属意識が男性の階層帰属意識よりも高くなるのはなぜか？”という問いに対して、どのような答えを私たちに与えてくれるのか、この点を確認しておこう。

この問いに対して、上方婚（職業）／下方婚（職業）のメカニズム、および無職者に適用される社会的地位代替メカニズムは、社会進出を男性よりも低い水準で抑えられている女性の階層帰属意識が、配偶者の職業的地位の間接的な効果により、より高い方へバイアスをかけられていることを説明できる。しかし残念ながら、女性の階層帰属意識が男性の階層帰属意識を逆転してしまう現象までは説明できない。なぜなら、配偶者の職業的地位が（本人の職業的地位との相互作用を通じて）その個人の主観的な階層的地位を引き上げるならば、その個人の主観的な階層的地位が配偶者の主観的な階層的地位に追いつくことはあっても、それを逆転することまではありえないからである。

しかし、この点については、上記のメカニズム以外の要因が個人の階層帰属判断メカニズムに影響を及ぼしている可能性を想定できる。本章では、この点に注意しながら分析結果を解釈し、その隠された要因がいったい何であるのか、このことの解明を試みる。

2. 方法

2−1. データ

本章の仮説を検討するためにもちいられるデータは、SSM 調査の既婚者に関するデータである。SSM 調査では、1975 年以前のデータには女性のサンプルが含まれていないので、本章の仮説の検討にもちいることができない。したがって、分析には 1985 年・1995 年・2005 年の 3 回分のデータセットがもちいられる。1985 年以降の SSM 調査データをもちいることについては前章と同じであるが、にもかかわらずもちいられるデータの構成は、前章の分析でもちいたデータの構成とはやや異なっている。まず、この点を確認しておく必要がある。

前章では、1985 年 SSM 本調査（A 票・B 票・F 票）、1995 年 SSM 本調査（A 票・B 表）＋威信調査、2003 年仕事と暮らし調査、2005 年 SSM 本調査（A 票・B 票）の各データセットを合併して分析をおこなった。しかし本章では、これらのデータから2003年仕事と暮らし調査のデータを取り除いて分析をおこなう。2003年仕事と暮らし調査を分析対象から取り除いたのは、2003年仕事と暮らし調査では本章の分析の鍵となる重要な変数“配偶者の職業”に関する質問項目が存在しないからである。そのため、同じSSM調査データをもちいていても、本章の分析でもちいたデータの方が、前章の分析でもちいたデータよりも、サンプルのサイズはやや小さくなっている。従属変数、独立変数、そして統制変数について欠損値を含んでいるケースを取り除いた結果、実際に分析に使用されたケースの数は、10,215になった。

各年度のSSM調査の対象者、調査の方法、そして回収率などの情報については、前章と変わらない。したがってこれらの詳細については、前章の表6-1と前章の記述を参照にしてほしい。ここで改めて注意しなければならないことは、2005年SSM調査データの回収率の低さと、階層帰属意識に関する質問項目にかかった偏りの可能性である。本章の分析では2003年のデータを取り除いたため、このことがもたらす問題はより大きく現れている可能性がある。

その一方で、本章では、“日本社会の階層帰属意識分布がどうなっているのか”といった問題を取り上げるわけではない。本章で問題にされるのは、さまざまな社会的・経済的地位が個人の階層帰属判断に与える影響であり、そしてその性差が何に起因しているのかといったことだからである。したがって、変数間の関係が維持されている限り、統制変数を投入することである程度、結果の偏りを調整することができる。つまり、サンプルの規模がある程度の大きさを維持できており、ある変数のある値について該当するケースが極端に少ないなどのような“ケース固有の誤差”が無視できないまでに大きくなってしまう事態を除けば、比較的問題は小さいと考えることができる。

しかし、それでもサンプルの構成に起因する問題は完全に払拭されるわけではない。なぜならば、2005年SSM調査データでは、女性の階層帰属意識を分析する際にもっとも重要となる層が系統的に脱落している可能性、そしてそのことによって全体の階層帰属意識分布も歪んでしまっている可能性が高いからである。具体的には、“無職かつ女性”という層（専業主婦に相当する層）が階層帰属意識の項目に対して欠損値になっている割合が、それ以外の調査年度と比較して高くなっており、このことが2005年SSM調査データの階層帰属意識分布の特殊性に寄与している可能性が高いことである。したがって、分析結果を解釈する際には、2005年SSM調査データのこの特殊性をつねに念頭においておく必要がある。このことについては、分析に使用する変数を説明する次項においても再度確認する。

2—2. 変数

従属変数

分析にもちいられる変数は、階層帰属意識である。すべてのSSM調査において、回答者は自身が所属すると思う階層的地位を5つの選択肢の中から1つを選び、回答している。回答者に提示された選択肢は、「1. 上、2. 中の上、3. 中の下、4. 下の上、5. 下の下」である。しかし、本分析では、「上」を選択する回答者が極端に少ないこと、また「中の下」だけで全体の半分を占めることに配慮し、5つの主観的階層的地位を〈上〉＝{上、中の上}、〈中〉＝{中の下}、〈下〉＝{下の上、下の下} の3つに再カテゴライズしている。この操作は、他の章とまったく同じである。

本分析で使用したデータにみられる回答者の階層帰属意識の分布は、表7-3の通りである[8]。表7-3から、調査年の違いに関係なく、〈下〉と答える女性の割合は、〈下〉と答える男性の割合を下回っていることがわかる。このため、女性の階層帰属意識は、男性の階層帰属意識よりも高くなっており、本書が問

表 7-3　階層帰属意識の回答分布（調査年別；性別）

調査年	性別	〈上〉	〈中〉	〈下〉
1985年	男性	26.4	50.3	23.6
	女性	30.8	50.9	18.3
1995年	男性	28.9	49.6	21.5
	女性	32.2	51.6	16.2
2005年	男性	22.4	45.2	32.5
	女性	21.7	50.5	27.8
合計		27.8	49.8	22.5

(%)
N=10,215

8　N.A（無回答）およびD.K（わからない）は欠損値として除いている。

題としてきた現象がここでも確かに観察されている。また、1985年、1995年に比べて、2005年の階層帰属意識は下方にシフトしていることもわかる。しかし、これまで幾度も繰り返し指摘してきたように、調査方法の変更といった要因が回答結果に影響している可能性が高く、この下方シフトが現実の階層帰属意識の変化を反映したものであるかどうかには、議論の余地がある。

独立変数

本章で独立変数としてもちいられるのは、上方婚（職業）／下方婚（職業）、および無職者の配偶者の職業的地位である。

上方婚（職業）は、前項で定義したように、ある個人の職業的地位がその配偶者の職業的地位を下回っていることを意味している。本章で定義した意味での上方婚（職業）を体験しているケースに1を割り当て、それ以外のケースには0を割り当てたダミー変数を作成し、分析に利用した。

逆に、下方婚（職業）は、やはり前項で定義したように、ある個人の職業的地位がその配偶者の職業的地位を上回っていることを意味している。本章で定義した意味での下方婚（職業）を体験しているケースに1を割り当て、それ以外のケースには0を割り当てたダミー変数を作成し、分析に利用した。

また、配偶者の社会的地位が、無職の個人の階層帰属判断に影響を与えるかどうかをみるために、“本人が無職”かつ“配偶者が上層ホワイト”のケースには1を割り当て、それ以外のケースには0を割り当てたダミー変数と、“本人が無職”かつ“配偶者がブルーカラー”のケースには1を割り当て、それ以外のケースには0を割り当てたダミー変数をそれぞれ作成し、分析に利用した。

これらの変数の記述統計量は、表7-4で示した通りである。

統制変数

本章でもちいられる統制変数は、年齢、学歴、職業的地位である。年齢は、実年齢をそのまま変数としてもちいた。学歴は、回答者の最終学校を初等学歴、中等学歴、高学歴の3カテゴリーに再分類し、それぞれのカテゴリーについてダミー変数を作成した。それぞれのカテゴリーがどのような学校を含んでいるかについては、前章の場合とまったく同様なので、前章の説明を参照にしてほ

表 7-4　独立変数・従属変数・統制変数の割合／平均

		1985年	1995年	2005年	計
年齢		45.6	48.5	49.4	47.9
		(11.2)	(11.8)	(11.0)	(11.5)
性別	女性（%）	34.9	53.8	42.9	45.8
本人学歴	初等（%）	34.7	24.8	13.7	24.9
	中等（%）	45.9	52.2	56.9	51.6
	高等（%）	19.4	23.0	29.4	23.6
本人職業	上層 W（%）	15.4	15.9	24.7	17.9
	下層 W（%）	25.5	26.0	33.2	27.6
	ブルーカラー（%）	32.6	25.7	35.6	30.1
	農業（%）	7.5	5.1	6.5	6.1
	無職・学生（%）	18.9	27.3	2.1	18.7
個人収入スコア		4.77	4.14	5.56	4.65
		(2.27)	(2.74)	(1.15)	(2.39)
個人収入スコア欠損率		8.5%	5.6%	12.2%	8.1%
上方婚（職業）（%）		10.6	12.2	16.3	12.8
下方婚（職業）（%）		9.6	13.0	18.9	13.5
無職×上層 W（%）		4.1	6.2	0.2	4.1
無職×ブルーカラー（%）		5.9	7.8	1.1	5.6

N=10,215

*年齢および個人収入スコア欄のカッコ内の数字は、いずれも標準偏差

しい。職業的地位は、SSM 調査データで伝統的にもちいられている SSM 職業 8 分類をさらに 4 カテゴリーに再統合している。上層ホワイト＝｛専門職、管理職｝、下層ホワイト＝｛事務職、販売職｝、ブルーカラー＝｛熟練職、半熟練職、非熟練職｝、農業＝｛農林漁業｝である。これ以外に、職に就いてない無職と学生を“無職・学生”として一つのカテゴリーに分類した。

個人収入は、調査年によって貨幣価値が異なることを考慮し、平成 17 年（2005 年）の消費者物価指数（＝100）と各調査年の消費者物価指数の比を乗じて貨幣価値を調整し、それをもとに個人収入スコアを計算した。個人収入スコアの具体的な求め方については、前章の記述を参考にして欲しい。

個人収入のデータは、自答式なので必ずしも正確でなく、また回答拒否があるために包括的でもない。また、個人収入を含めた収入関連の項目は回を追うごとに回答率が低下しており、そのことが結果に与える影響も懸念される。本章でも、個人収入スコアを除いた分析結果と個人収入を含んだ分析結果のそれ

それをその都度提示することにする。

最後に、調査年度によって階層帰属意識分布が大きくずれていることから、本章では調査年も統制変数としてもちいた。

これらの変数の記述統計量も、表7-4で示している。

本章では、上方婚（職業）／下方婚（職業）と調査時期との相互作用、あるいは“無職と配偶者の職業的地位と調査時期”といった三次の相互作用の検討はおこなわなかった。表7-4から分かるように、2005年SSM調査データでは、階層帰属意識分布にもちいることのできる無職の個人のデータが極端に少なかったからである。1985年および1995年の水準と比較して2005年の失業率は（わずか数％の違いであるけれども）むしろ高く、とうぜん失業率の変化によってはこの減少を説明することはできない。また、1985年から2005年にかけて女性の労働力率に大きな変化があったわけではなく、女性の社会進出の進行によってもこの減少を説明することはできない。これは、層による回答率の違いがもたらしたデータの歪みと考えることが自然である。想定される本来の規模と比較して、実際に分析にもちいることのできるケースの少なさを考慮すると、安定した分析結果を期待することができないため、この部分については分析を諦めるほかなかった。

2—3. 方法

本章においても、分析には多項ロジットモデルがもちいられる。

具体的には、統制変数のみのベースラインモデルに加えて、回答者の階層帰属意識を決定する以下のようなモデルを想定し、その係数の値を最尤法で推定した。

最初に検討されるのは、上方婚（職業）／下方婚（職業）の効果を検討するモデルである。

$$\begin{cases} log\left(\dfrac{\phi_H}{\phi_M}\right)=\beta_{0H}+\beta_{1H}\cdot age+\beta_{2H}\cdot female+\sum\limits_i \beta_{iH}\cdot education_i+\sum\limits_j \beta_{jH}\cdot occupation_j \\ \qquad +\beta_{3H}\cdot IScore+\beta_{4H}\cdot u_marriage_o+\beta_{5H}\cdot d_marriage_o+\varepsilon \\ log\left(\dfrac{\phi_L}{\phi_M}\right)=\beta_{0L}+\beta_{1L}\cdot age+\beta_{2L}\cdot female+\sum\limits_i \beta_{iL}\cdot education_i+\sum\limits_j \beta_{jL}\cdot occupation_j \\ \qquad +\beta_{3L}\cdot IScore+\beta_{4L}\cdot u_marriage_o+\beta_{5L}\cdot d_marriage_o+\varepsilon \end{cases}$$

ただし、

ϕ_H：〈上〉に階層帰属意識を持つ確率

ϕ_M：〈中〉に階層帰属意識を持つ確率

ϕ_L：〈下〉に階層帰属意識を持つ確率

age：年齢

female：性別（女性＝1、男性＝0）

$education_i$：学歴カテゴリー（中等学歴が、参照カテゴリー）

$occupation_j$：職業カテゴリー（無職・学生が、参照カテゴリー）

IScore：個人収入スコア（ただし、これを除くモデルも検討する）

β：切片、もしくは各変数にかかる係数

u_marriage_o：上方婚（職業）のダミー変数

d_marriage_o：下方婚（職業）のダミー変数

ε：誤差

を意味する。

このモデルと仮説の対応関係を確認しよう。

もし仮説1が正しければ、すなわち上方婚（職業）がその個人の階層帰属意識を高める効果をもつならば、モデル中の係数のうち、β_{4H}の値が統計的に有意になり、かつプラスの値をもつか、あるいはβ_{4L}の値が統計的に有意になり、かつマイナスの値をもつか、いずれかの結果が導かれるはずである（もちろん、双方の結果が同時に導かれてもよい）。一方、もし仮説2が正しければ、すなわち上方婚（職業）がその個人の階層帰属意識を高める効果をもつならば、モデル中の係数のうち、β_{5H}の値が統計的に有意になり、かつマイナスの値をもつか、

あるいはβ_{5L}の値が統計的に有意になり、かつプラスの値をもつか、いずれかの結果が導かれるはずである（もちろん、双方の結果が同時に導かれてもよい）。

このように、係数の値とその方向性をみることで、このモデルから仮説1と仮説2のそれぞれの妥当性を検証することができる。

次に検討されるのは、本人が無職であることと、配偶者の職業的地位が上層ホワイト（もしくはブルーカラー）であることとの相互作用項を含むモデルである。

$$\begin{cases} log\left(\dfrac{\phi_H}{\phi_M}\right) = \beta_{0H} + \beta_{1H}\cdot age + \beta_{2H}\cdot female + \sum_i \beta_{iH}\cdot education_i + \sum_j \beta_{jH}\cdot occupation_j \\ \qquad + \beta_{3H}\cdot IScore + \beta_{4H}\cdot nojob\cdot WH + \beta_{5H}\cdot nojob\cdot B + \varepsilon \\ log\left(\dfrac{\phi_L}{\phi_M}\right) = \beta_{0L} + \beta_{1L}\cdot age + \beta_{2L}\cdot female + \sum_i \beta_{iL}\cdot education_i + \sum_j \beta_{jL}\cdot occupation_j \\ \qquad + \beta_{3L}\cdot IScore + \beta_{4L}\cdot nojob\cdot WH + \beta_{5L}\cdot nojob\cdot B + \varepsilon \end{cases}$$

ただし、

nojob・WH：“本人が無職、配偶者が上層ホワイト”であることを示すダミー変数

nojob・B：“本人が無職、配偶者がブルーカラー”であることを示すダミー変数

を意味する。

このモデルと仮説の対応関係を確認しよう。

もし仮説3が正しければ、すなわち無職の個人は自分の地位の代替として配偶者の地位をもちいつつ、自身の所属階層を判断しているならば、モデルの中の係数のうち、β_{4H}の値が統計的に有意になり、かつプラスの値をもつか、あるいはβ_{4L}の値が統計的に有意になり、かつマイナスの値をもつか、いずれかの結果が導かれるはずである（もちろん、双方の結果が同時に導かれてもよい）。なぜならば、上層ホワイトは一般に個人の階層帰属意識を高めるような職業的地位であり、その地位を自身の地位の代替としてもちいれば、その個人の階層帰属意識は高くなるはずだからである。同様に、もし仮説3が正しければ、モデル

の中の係数のうち、β_{5H}の値が統計的に有意になり、かつマイナスの値をもつか、あるいはβ_{5L}の値が統計的に有意になり、かつプラスの値をもつか、いずれかの結果が導かれるはずである（もちろん、双方の結果が同時に導かれてもよい）。なぜならば、ブルーカラーは一般に個人の階層帰属意識を低くするような職業的地位であり、その地位を自身の地位の代替としてもちいれば、その個人の階層帰属意識は低くなるはずだからである。

このように、係数の値とその方向性をみることで、このモデルから仮説3の妥当性を検証することができる。

3. 分析結果

3−1. 上方婚（職業）／下方婚（職業）モデル

分析結果をみてみよう。表7-5は、上方婚（職業）／下方婚（職業）の影響を確認するためにおこなった多項ロジット分析の結果である。分析にもちいられたケース数は、女性と男性の双方を含めて10,215であった。

モデル1は、統制変数のみのベースラインモデルである。年齢には〈上〉と答える可能性を高める効果があり、年齢が上がるにつれて階層帰属意識が高くなる傾向を確認できる。また、性別変数として女性＝1のダミー変数を投入したところ、やはり〈上〉と答える可能性を高め、かつ〈下〉と答える可能性を低めるという効果がみいだされており、“女性である”ことが階層帰属意識を高めているようにみえる。学歴については、高等学歴であれば〈上〉と答える可能が高くなると同時に〈下〉と答える可能件が低くなっており、また初等学歴であれば〈下〉と答える可能性が高くなっており、学歴が高いほど階層帰属意識が高くなっていることを確認できる。職業については、上層ホワイトであれば〈上〉と答える可能性が高くなると同時に〈下〉と答える可能性が低くなっており、また下層ホワイトであれば〈下〉と答える可能性が低くなっている。ホワイトカラー／非ホワイトカラーの境界が、個人にとって階層帰属を判断する際の基準となっていることを窺い知ることができる。

また、本分析では、調査年度の効果も統制している。調査年度の効果を統制

表 7-5　多項ロジット分析の係数 I

従属変数：階層帰属意識

変数	モデル1	モデル2	モデル3	モデル4
〈上〉/〈中〉				
年齢	0.009***	0.009***	0.009***	0.009***
	(0.002)	(0.002)	(0.002)	(0.002)
性別（女性＝1）	0.182***	0.162***	0.199***	0.178***
	(0.053)	(0.053)	(0.053)	(0.054)
高等学歴	0.346***	0.336***	0.321***	0.315***
	(0.061)	(0.061)	(0.062)	(0.062)
初等学歴	−0.103	−0.081	−0.100	−0.081
	(0.067)	(0.068)	(0.067)	(0.068)
上層ホワイト	0.462***	0.460***	0.562***	0.547***
	(0.086)	(0.086)	(0.092)	(0.092)
下層ホワイト	0.066	0.020	0.123	0.074
	(0.075)	(0.076)	(0.077)	(0.079)
ブルーカラー	−0.148*	−0.248***	−0.144*	−0.235***
	(0.079)	(0.084)	(0.079)	(0.084)
農業	0.042	0.028	0.045	0.032
	(0.115)	(0.115)	(0.115)	(0.115)
2005年	−0.350***	−0.352***	−0.341***	−0.344***
	(0.073)	(0.073)	(0.073)	(0.073)
1995年	0.001	−0.003	0.008	0.004
	(0.057)	(0.057)	(0.057)	(0.058)
上方婚（職業）		0.274***		0.248***
		(0.079)		(0.080)
下方婚（職業）			−0.222***	−0.194**
			(0.077)	(0.077)
定数項	−1.178***	−1.163***	−1.182***	−1.168***
	(0.138)	(0.138)	(0.137)	(0.138)
〈下〉／〈中〉				
年齢	0.000	−0.000	0.000	0.000
	(0.002)	(0.002)	(0.002)	(0.002)
性別（女性＝1）	−0.339***	−0.336***	−0.356***	−0.354***
	(0.057)	(0.057)	(0.057)	(0.057)
高等学歴	−0.332***	−0.330***	−0.306***	−0.305***
	(0.077)	(0.077)	(0.078)	(0.078)
初等学歴	0.408***	0.400***	0.406***	0.399***
	(0.066)	(0.066)	(0.066)	(0.066)
上層ホワイト	−0.441***	−0.444***	−0.553***	−0.551***
	(0.108)	(0.108)	(0.118)	(0.118)
下層ホワイト	−0.245***	−0.238***	−0.311***	−0.303***
	(0.087)	(0.087)	(0.091)	(0.092)
ブルーカラー	0.061	0.087	0.056	0.078
	(0.084)	(0.087)	(0.084)	(0.087)

農業	−0.176	−0.174	−0.180	−0.179
	(0.122)	(0.122)	(0.122)	(0.122)
2005年	0.614***	0.618***	0.609***	0.612***
	(0.073)	(0.073)	(0.073)	(0.073)
1995年	−0.044	−0.042	−0.047	−0.045
	(0.065)	(0.065)	(0.065)	(0.065)
上方婚（職業）		−0.098		−0.083
		(0.082)		(0.082)
下方婚（職業）			0.219**	0.211**
			(0.091)	(0.091)
定数項	−0.744***	−0.737***	−0.737***	−0.731***
	(0.148)	(0.148)	(0.148)	(0.148)
LL	−10248.18	−10239.47	−10238.05	−10231.14
N	10,215	10,215	10,215	10,215

括弧内の数字は標準誤差
性別の参照カテゴリーは男性
学歴の参照カテゴリーは中等学歴
職業の参照カテゴリーは、無職・学生
調査年の参照カテゴリーは1985年
*p<0.1；**p<0.05；***p<0.01

しても、なお、これらの社会的地位は統計的に有意な効果を階層帰属意識に対してもっている。調査年度自身の効果は、1985年のデータセットを基準カテゴリーにおいた場合、1995年のデータセットとは統計的に有意な差をみいだせない一方で、2005年のデータセットとは統計的に有意な差が存在する。“2005年の回答者である”ことは〈上〉と答える可能性を低めると同時に〈下〉と答える可能性を高めており、全体として階層帰属意識を低める効果をもっている。これは、1985年、1995年、2005年の階層帰属意識分布の趨勢を反映した結果だといえる。

このベースラインモデルに、職業に関する上方婚の変数を加えたのがモデル2である。新たに加えた上方婚（職業）の変数は、〈下〉と答える可能性については統計的に有意な効果をみいだせなかったが、〈上〉と答える可能性を高める統計的に有意な効果をみいだすことはできた。したがって、“配偶者の社会的地位が自分よりも高い個人は、そうでない個人と比較して、階層帰属意識が高くなる”という上方婚の効果は、職業という社会的地位にも存在する。しかも、性別、および調査年度を統制した上で、それでもなお上方婚（職業）の効果がみいだされており、上方婚（職業）の効果は性別および調査年度とは独立に存在している。

また、新たに職業に関する上方婚の変数を加えることで変化した統制変数は、ブルーカラーのダミー変数である。ベースラインモデルでは〈上〉と答える可能性を低める効果がみいだされていたが、その統計的な有意性は低いものであった。しかし、モデル2では〈上〉と答える可能性を低める効果の統計的な有意性が強まっている。このことは、ブルーカラーを職業とする個人のかなり部分が、上方婚（職業）によって階層帰属意識が高い方に引っ張られており、上方婚（職業）の効果を取り除くことでブルーカラーがもっていた（人々の意識上の）順序がより露わになったと考えられる。

モデル3は、ベースラインモデルに職業に関する下方婚の変数を加えたモデルである。新たに加えた下方婚（職業）の変数は、〈上〉と答える可能性を低める効果をもち、かつ〈下〉と答える可能性を高める効果をもっている。したがって、“配偶者の社会的地位が自身の社会的地位よりも低い個人は、そうでない個人と比較して、階層帰属意識が低くなる”という下方婚の効果は、職業という社会的地位にも存在する。しかも、性別、および調査年度を統制した上で、それでもなお下方婚（職業）の効果がみいだされており、下方婚（職業）の効果は性別および調査年度とは独立に存在している。

最後にモデル4は、ベースラインモデルに職業に関する上方婚の変数と下方婚の変数を同時に加えたモデルである。上方婚（職業）の変数と下方婚（職業）の変数を同時に加えても、依然として両変数がもっていた統計的に有意な効果は残っており、上方婚（職業）の効果と下方婚（職業）の効果は、個人に対してそれぞれ独立に作用している。

モデル4をみていて気がつくことは、上方婚（職業）にしても、下方婚（職業）にしても、〈上〉と〈中〉を区別する効果の強さと比較すると、〈中〉と〈下〉を区別する効果はさほど強くないことである。上方婚（職業）についていえば〈中〉と〈下〉を区別する統計的に有意な効果は存在しないし、下方婚（職業）についていえば〈下〉と答える可能性を低める統計的に有意な効果は存在するが、その有意性は強いものでない。ある意味で、配偶者の地位を参照しつつ自身の所属階層を判断するメカニズムの作用の仕方には偏りがあり、第5章の数理モデルでの命題4で予想され、第6章の上方婚（学歴）／下方婚（学歴）

の検証で確認された“天井”効果と“床”効果の対称性がここでは破れている。いっけんすると予想からずれたこの現象は、階層帰属意識分布を説明する上で重要な問題を示唆していると考えられるので、この点については後で再度検討する。

表7-6も、上方婚（職業）／下方婚（職業）の影響を確認するためにおこなった多項ロジット分析の結果である。モデル1からモデル4では、正確かつ完全とはいいがたい個人収入スコアをあえて統制変数から除外したけれども、モデル5からモデル8では消費者物価指数をもちいて規準化した個人収入スコアを変数として加え、収入の影響を統制している。分析にもちいられたケース数は、個人収入が欠損値になっている個人が除かれるため、女性と男性の双方を含めて9,390になった。

モデル5とモデル1を比較すると、個人収入スコアを投入することで、職業カテゴリーの効果が変化していることがわかる。〈上〉についてみると、上層ホワイトの〈下〉と答える可能性を低める効果がなくなり、逆にブルーカラーの〈下〉と答える可能性を高める効果が現れている。〈下〉についてみると、ホワイトカラー一般の〈下〉と答える可能性を低める効果がなくなり、逆にブルーカラーの〈下〉と答える可能性を高める効果が現れている。個人収入スコアを統制して、このような変化が現われるということは、(1) ホワイトカラー一般の階層帰属意識を高める効果は主として個人収入の高さを媒介したものであり、ホワイトカラーそれ自身は必ずしも階層帰属意識を高める強い効果をもっていなかったこと、(2) ブルーカラーの階層帰属意識を低める効果は個人収入の高さによって緩和されていたこと、これらのことを意味している。このように、社会的地位としての職業と、経済的地位としての個人収入は互いに独立しておらず、両者の間には相互作用が存在する。それ以外の変数の効果については大きな変化はなく、職業を除いた年齢、性別、学歴、そして調査年度の各変数は、個人収入とは独立に、個人の階層帰属判断メカニズムに影響を与えていたといえる。

モデル6、モデル7、モデル8は、表7-5のモデル2、モデル3、モデル4のそれぞれのモデルに対応している。各モデルを比較してみると、個人収入を統制しても、上方婚（職業）については〈上〉と答える可能性を高める効果が、

表 7-6　多項ロジット分析の係数 II

従属変数：階層帰属意識

変数	モデル5	モデル6	モデル7	モデル8
〈上〉／〈中〉				
年齢	0.008***	0.008***	0.008***	0.008***
	(0.002)	(0.002)	(0.002)	(0.002)
性別（女性＝1）	0.279***	0.258***	0.299***	0.277***
	(0.066)	(0.066)	(0.066)	(0.067)
高等学歴	0.335***	0.325***	0.309***	0.304***
	(0.063)	(0.063)	(0.064)	(0.064)
初等学歴	−0.101	−0.081	−0.098	−0.080
	(0.070)	(0.071)	(0.070)	(0.071)
上層ホワイト	0.289***	0.291***	0.386***	0.376***
	(0.107)	(0.107)	(0.112)	(0.112)
下層ホワイト	−0.087	−0.127	−0.032	−0.075
	(0.095)	(0.096)	(0.097)	(0.098)
ブルーカラー	−0.297***	−0.390***	−0.296***	−0.379***
	(0.095)	(0.100)	(0.095)	(0.100)
農業	0.033	0.022	0.035	0.025
	(0.126)	(0.127)	(0.127)	(0.127)
個人収入スコア	0.052***	0.051***	0.053***	0.052***
	(0.017)	(0.017)	(0.017)	(0.017)
2005年	−0.382***	−0.384***	−0.373***	−0.376***
	(0.077)	(0.077)	(0.077)	(0.077)
1995年	−0.006	−0.010	0.001	−0.004
	(0.060)	(0.060)	(0.060)	(0.060)
上方婚（職業）		0.260***		0.234***
		(0.082)		(0.083)
下方婚（職業）			−0.220***	−0.193**
			(0.080)	(0.080)
定数項	−1.302***	−1.286***	−1.309***	−1.294***
	(0.149)	(0.149)	(0.148)	(0.149)
〈下〉／〈中〉				
年齢	0.001	0.001	0.001	0.001
	(0.003)	(0.003)	(0.003)	(0.003)
性別（女性＝1）	−0.531***	−0.526***	−0.550***	−0.546***
	(0.074)	(0.074)	(0.075)	(0.075)
高等学歴	−0.312***	−0.311***	−0.287***	−0.287***
	(0.080)	(0.080)	(0.081)	(0.081)
初等学歴	0.416***	0.408***	0.415***	0.408***
	(0.069)	(0.069)	(0.069)	(0.069)
上層ホワイト	−0.110	−0.116	−0.218	−0.218
	(0.129)	(0.129)	(0.138)	(0.138)
下層ホワイト	0.065	0.070	0.002	0.008
	(0.108)	(0.108)	(0.112)	(0.112)

ブルーカラー	0.335***	0.360***	0.331***	0.353***
	(0.102)	(0.105)	(0.102)	(0.105)
農業	0.018	0.020	0.014	0.015
	(0.136)	(0.137)	(0.136)	(0.137)
個人収入スコア	−0.086***	−0.086***	−0.087***	−0.086***
	(0.019)	(0.019)	(0.019)	(0.019)
2005年	0.655***	0.659***	0.651***	0.654***
	(0.077)	(0.077)	(0.077)	(0.078)
1995年	−0.051	−0.048	−0.054	−0.052
	(0.067)	(0.067)	(0.067)	(0.067)
上方婚（職業）		−0.101		−0.087
		(0.085)		(0.086)
下方婚（職業）			0.211**	0.202**
			(0.094)	(0.095)
定数項	−0.538***	−0.533***	−0.528***	−0.524***
	(0.161)	(0.161)	(0.162)	(0.162)
LL	−9391.82	−9384.35	−9382.84	−9377.01
N	9,390	9,390	9,390	9,390

括弧内の数字は標準誤差
性別の参照カテゴリーは男性
学歴の参照カテゴリーは中等学歴
職業の参照カテゴリーは、無職・学生
調査年の参照カテゴリーは1985年
*$p<0.1$；**$p<0.05$；***$p<0.01$

下方婚（職業）については〈上〉と答える可能性を低める効果と〈下〉と答える可能性を高める効果が、依然として残っている。また、“配偶者の社会的地位を参照しつつ自身の所属階層を判断するメカニズムが〈上〉と〈中〉の境界上で強く作動し、〈中〉と〈下〉の境界上ではあまり強く作動しない”という特徴が再度現れている。

具体的には、上方婚（職業）については、モデル2でみいだされた〈上〉と答える可能性を高める効果はモデル6にもみいだすことができており、またモデル4でみいだされた同様の効果もモデル8にみいだされている。いずれも、1% 水準で統計的検定をクリアしている。したがって、上方婚（職業）は、個人収入とは独立に、個人の階層帰属判断に影響を与えている。

また、下方婚（職業）については、モデル3およびモデル4でみいだされていた〈上〉と答える可能性を低める効果はモデル7およびモデル8にもみいだすことができ、〈下〉と答える可能性を高める効果もみいだすことができる。したがって、下方婚（職業）についても、その効果は個人収入とは独立に、個人の階層帰属判断に影響を与えている。

個人収入スコアを統制することで再度明らかになった事実は、上方婚（職業）および下方婚（職業）の、それぞれの効果の対称性の破れである。上方婚（職業）については、〈下〉と答える可能性を低める効果はなかったが、〈上〉と答える可能性を高める効果は存在した。一方、下方婚（職業）については、〈下〉と答える可能性を高める効果と同時に、〈上〉と答える可能性を低める効果も存在した。したがって、所属する階層を判断する過程で配偶者の地位を参照するメカニズムは、〈上〉と〈中〉の境界上でより強く作用し、それと比較すると〈中〉と〈下〉の境界上では弱く作用する。

しかし、上方婚（職業）と下方婚（職業）が階層帰属判断に対してもっているそれぞれの効果が、異なる（主観的な）階層的地位の境界上で同じようには作用せず、とりわけ〈上〉と〈中〉の境界で強く作用する理由は何であろうか。

その理由として考えられることの１つに、職業カテゴリーそのものの象徴的価値の強さがある。

定義からわかるように、上方婚（職業）は、非上層ホワイトに所属する個人と上層ホワイトに所属する配偶者の組み合わせと、ブルーカラーに所属する個人と非ブルーカラーに所属する配偶者の組み合せに二分割することができる。同様に、下方婚（職業）も、上層ホワイトに所属する個人と非上層ホワイトに所属する配偶者の組み合せと、非ブルーカラーに所属する個人とブルーカラーに所属する配偶者の組み合わせに二分割することができる。

このとき、ベースラインモデル（モデル１とモデル５）からわかるように、上層ホワイトが〈上〉と〈中〉を区別する効果はとりわけ強く、〈上〉と〈中〉の差異を明らかにするカテゴリーとして、その象徴的な価値の高さは相対的に強いといえる。それに対して、個人収入（スコア）を統制しない場合には、ブルーカラーが〈中〉と〈下〉を区別する効果は弱く、〈中〉と〈下〉の差異を明らかにするカテゴリーとしてブルーカラーはさほど機能しておらず、その象徴的な価値の低さは相対的に弱いといえる。このことから、“配偶者が上層ホワイトであることの効果の強さは、配偶者がブルーカラーであることの効果の強さと比較すると、より強いものになっている”ことが自然に予想される。

したがって、上方婚（職業）についていえば、（自身は非上層ホワイトに所属し、配偶者が上層ホワイトに所属している）前者のグループに作用する上方婚（職業）の効果が、（自身はブルーカラーに所属し、配偶者が非ブルーカラーに所属している）後者のグループに作用する上方婚（職業）の効果を上回ることは、いわば自然となる。そして、ホワイトカラーそれ自身は〈上〉と〈中〉を差異化する効果をとりわけ強くもっていたのだから、上方婚（職業）は、〈中〉と〈下〉の境界上よりも、〈上〉と〈中〉の境界上でより強く作用することになる。

同様に、下方婚（職業）についていえば、（本人が上層ホワイトに所属し、配偶者が非上層ホワイトに所属している）前者のグループに作用する下方婚（職業）の効果が、（自身は非ブルーカラーに所属し、配偶者はブルーカラーに所属している）後者のグループに作用する下方婚（職業）の効果を上回ることは（少なくとも下回らないことは）、いわば自然になる。そして、ホワイトカラーそれ自身は〈上〉と〈中〉を差異化する効果をとりわけ強くもっていたので、下方婚（職業）は〈上〉と〈中〉の境界上で強く作用することになる。

このように考えるならば、上方婚（職業）と下方婚（職業）に見られた対称性の破れはある職業カテゴリーに割当てられた象徴的価値の強弱の偏りに由来しており、“配偶者の職業的地位を配慮しつつ、自身の所属階層を判断する”メカニズムが一貫性をもっていなかったからではないことがわかる。もし職業カテゴリーが教育年数で測られた学歴カテゴリーと同じようなはっきりとした順序をもっていたならば、このような対称性の破れは観察されなかったはずである。

3—2. 社会的地位代替モデル

次に、本人の職業カテゴリーが“無職”の場合の分析結果をみてみよう。表7-7は、職業に関する社会的地位代替モデルの有効性を確認するためにおこなった多項ロジット分析の結果である。

前項と同様に、ベースラインモデルとして考えられているのはモデル1である。

モデル9は“本人は無職、かつ配偶者の職業カテゴリーが上層ホワイト”に該当するケースに1を割当て、それ以外のケースには0を割当てたダミー変数をベースラインモデルに投入することで、本人の社会的地位と配偶者の社会的

表 7-7　多項ロジット分析の係数 III

従属変数：階層帰属意識

変数	モデル 9	モデル 10	モデル 11
〈上〉／〈中〉			
年齢	0.009***	0.009***	0.009***
	(0.002)	(0.002)	(0.002)
性別（女性＝1）	0.165**	0.185***	0.167***
	(0.053)	(0.053)	(0.053)
高等学歴	0.331***	0.339***	0.329***
	(0.061)	(0.061)	(0.061)
初等学歴	−0.071	−0.092	−0.069
	(0.068)	(0.068)	(0.068)
上層ホワイト	0.585***	0.409***	0.561***
	(0.092)	(0.090)	(0.103)
下層ホワイト	0.186**	0.009	0.161*
	(0.082)	(0.081)	(0.094)
ブルーカラー	−0.040	−0.207**	−0.066
	(0.085)	(0.085)	(0.097)
農業	0.145	−0.017	0.120
	(0.119)	(0.120)	(0.128)
2005 年	−0.343***	−0.346***	−0.342***
	(0.073)	(0.073)	(0.073)
1995 年	0.005	0.001	0.005
	(0.057)	(0.057)	(0.057)
無職×上層 W	0.448***		0.422**
	(0.123)		(0.132)
無職×ブルー		−0.218*	−0.070
		(0.121)	(0.130)
定数項	−1.299***	−1.102***	−1.268***
	(0.142)	(0.144)	(0.153)
〈下〉／〈中〉			
年齢	−0.000	0.000	0.000
	(0.002)	(0.003)	(0.003)
性別（女性＝1）	−0.327***	−0.345***	−0.332***
	(0.057)	(0.057)	(0.057)
高等学歴	−0.322***	−0.325***	−0.319***
	(0.078)	(0.077)	(0.078)
初等学歴	0.391***	0.398***	0.387***
	(0.066)	(0.066)	(0.066)
上層ホワイト	−0.505***	−0.373***	−0.454***
	(0.111)	(0.115)	(0.122)
下層ホワイト	−0.308***	−0.175*	−0.255**
	(0.090)	(0.096)	(0.104)
ブルーカラー	0.005	0.133	0.058
	(0.086)	(0.094)	(0.101)

農業	−0.230*	−0.105	−0.178
	(0.123)	(0.129)	(0.133)
2005 年	0.609***	0.608***	0.605***
	(0.073)	(0.073)	(0.073)
1995 年	−0.046	−0.045	−0.047
	(0.065)	(0.065)	(0.065)
無職×上層 W	−0.467**		−0.412**
	(0.183)		(0.190)
無職×ブルー		0.216*	0.139
		(0.127)	(0.132)
定数項	−0.676***	−0.833***	−0.742***
	(0.150)	(0.157)	(0.163)
LL	−10234.05	−10243.70	−10233.07
N	10,215	10,215	10,215

括弧内の数字は標準誤差
性別の参照カテゴリーは男性
学歴の参照カテゴリーは中等学歴
職業の参照カテゴリーは、無職・学生
調査年の参照カテゴリーは 1985 年
無職×上層 W は、本人が無職で、配偶者が上層ホワイトを意味する
無職×ブルーカラーは、本人が無職で、配偶者がブルーカラーを意味する
*p<0.1；**p<0.05；***p<0.01

地位の相互作用を検証したモデルである。

ここでの仮説、“ある個人にとって参照される社会的地位が空位になっている場合（たとえば、無職であるような場合）には配偶者の社会的地位がその代替として参照される”が正しいのだとすれば、かりに本人が無職であっても、配偶者の（上層ホワイトという）社会的地位が階層帰属判断の基準として参照されるはずである。そして、上層ホワイトという職業カテゴリーは、一般にその個人の階層帰属意識を高める効果をもっていることを、これまで幾度も確認してきた。したがって、配偶者の（上層ホワイトという）社会的地位に準拠して階層帰属判断をおこなう個人の階層帰属意識は、全般に高くなることが期待される。

実際に分析結果をみてみると、モデル 9 において投入した新しい変数“本人無職×配偶者上層ホワイト”には、〈上〉と答える可能性を高める統計的に有意な効果が存在し、また〈下〉と答える可能性を低める統計的に有意な効果も存在する。つまり、事前に期待されたように、本人が無職であるようなケースでは、配偶者の社会的地位（上層ホワイト）が自身の社会的地位に代わって準拠されることで、その個人の階層帰属意識が高くなることを確認することができ

た。

モデル9に対して、モデル10は“本人は無職、かつ配偶者の職業カテゴリーがブルーカラー”に該当するケースに1を割当て、それ以外のケースには0を割当てたダミー変数をベースラインモデルに投入している。モデル9のケースと同様に、もし仮説3が正しければ、仮に本人が無職であっても配偶者の（ブルーカラーという）社会的地位が階層帰属判断の基準として参照されるはずである。そして、ブルーカラーという職業カテゴリーは、一般にその個人の階層帰属意識を低める効果をもっていることを、これまで確認してきた。したがって、配偶者の（ブルーカラーという）社会的地位に準拠して階層帰属判断をおこなう個人の階層帰属意識は、今度は逆に低くなることが予想される。

しかし、実際の分析結果をみてみると、モデル10において投入された新しい変数“本人無職×配偶者ブルーカラー”には、〈上〉と答える可能性に対しても、〈下〉と答える可能性に対しても、統計的な有意性が低い効果しかみいだせていない。したがって、事前の予測と異なり、本人が無職であるようなケースであっても、配偶者の社会的地位がブルーカラーであるような場合には、“配偶者の社会的地位がその個人の階層帰属判断において代替的に準拠されている”と主張することは難しい。

むしろ、本人が無職であるような場合、自身の職業的地位の代替として配偶者の職業的地位を考慮するかどうかは、その配偶者の職業的地位に依存して決まっていると考えることが妥当であろう。少なくとも、配偶者の職業カテゴリーが上層ホワイトであれば階層帰属判断においてそれが積極的に準拠されるのに対して、配偶者の職業カテゴリーがブルーカラーであればそれには準拠することなく階層帰属判断がなされている。

そして、配偶者の職業的地位が無職の個人の階層帰属判断に及ぼす、この選択的な効果は、モデル11においてよりはっきりと確認できる。

モデル11はベースラインモデルに対して、モデル9とモデル10のそれぞれに投入したダミー変数を同時に投入したモデルである。モデル9においてみいだされた、“本人が無職、かつ配偶者が上層ホワイトである場合”の効果は、モデル11においても依然としてみいだされている。その一方で、“本人が無職、かつ配偶者がブルーカラーである場合”の効果は、モデル11においてはもはやみいだされていない。

これらの結果を総合すると、当初の“本人が無職の場合は、配偶者の職業的地位が自身の職業的地位の代替として考慮される”という仮説は、配偶者の職業が上層ホワイトの場合にはあてはまるけれども、配偶者の職業がブルーカラーの場合には当てはまらないことがわかる。いわば、仮説の半分が支持され、残りの半分は支持されなかったことになる。しかし、なぜ仮説は配偶者の職業が上層ホワイトの場合にのみ当てはまり、配偶者の職業がブルーカラーのときは当てはまらなかったのだろうか。

この現象については、ややアドホックになるが、次のような追加仮説[9]を加えることで説明が可能になる。

追加仮説　個人は、階層帰属判断する際、自身の所属階層ができるだけ高くなるように準拠する社会的・経済的地位を選択している。

追加仮説が意味することは、個人が複数の社会的・経済的地位から自身の所属階層を総合的に判断する際、複数の社会的・経済的地位に準拠する仕方はその個人の所属階層ができるだけ高くなるように方向付けられているということである。たとえば、学歴の高い個人は階層帰属判断の際に学歴の比重を高くしようとし、収入の高い個人は階層帰属判断の際に収入の比重を高くしようとする、といったことである。このような追加仮説を加えることで、無職の個人の階層帰属判断は次のように説明できる。

その個人が無職である場合、自身の職業的地位の代替として配偶者の職業カテゴリーを利用するかどうかは、配偶者の職業カテゴリーに準拠することが自身の所属階層を高めてくれるかどうかに依存する。配偶者の職業カテゴリーが上層ホワイトである場合、配偶者の職業カテゴリーを自身の職業的地位の代替

9　この仮説は、Baxter（1994）が“主観的地位の最大化戦略”（status maximizing strategy）と呼んでいるものに相当する。ただ、この戦略は、その個人の性別役割規範などにも影響を受けており（Yamaguchi 2002, Yamaguchi and Wang 2002）、現実に作用する仕方は以下に論じるほどには単純でない可能性がある。したがって、以下の議論は、説明のための簡略化を含んでいることに注意してほしい。

として準拠すれば、自身の所属階層を高く判断することが可能になる。したがって、この場合、配偶者の職業カテゴリーは自身の職業的地位の代替として積極的に利用される。一方、配偶者の職業カテゴリーがブルーカラーである場合、配偶者の職業カテゴリーを自身の職業的地位の代替として準拠すれば、自身の所属階層を低く判断することになってしまう。したがって、この場合、その個人は配偶者の職業カテゴリーを自身の職業的地位の代替として用いることをあえて避けようとする。このように、“無職の個人が配偶者の職業カテゴリーに準拠して階層帰属判断をおこなうかどうかは、配偶者の職業カテゴリーが何であるかに依存して決まっている”と考えるならば、変数“本人無職×配偶者上層ホワイト”が階層帰属判断に影響をもち、変数“本人無職×配偶者ブルーカラー”は階層帰属判断に影響をもたないことを、自然な結果として了解することが可能になる。

モデル12、モデル13、モデル14は、モデル9、モデル10、モデル11のそれぞれに個人収入スコアを加えたモデルである。欠損値の関係で、分析にもちいられたケース数は9,390に減少している。

モデル12をみると、個人収入スコアを統制変数に加えても、“本人無職×配偶者上層ホワイト”の〈上〉と答える可能性を高める効果および〈下〉と答える可能性を低める効果に変化はない。また、モデル13をみると、個人収入スコアを統制変数に加えても、“本人無職×配偶者ブルーカラー”が階層帰属判断に及ぼす影響の統計的な有意性は依然として低いままである。最後にモデル14をみると、個人収入スコアを統制変数に加えても、“本人無職×配偶者上層ホワイト”の〈上〉と答える可能性は高める効果、そして〈下〉と答える可能性を低める効果が残っていることがわかる。また、“本人無職×配偶者ブルーカラー”が階層帰属判断に及ぼす影響をみいだせない点は、モデル11と同様である。

一方、個人収入スコアを統制変数に加えて変化したのは、職業カテゴリーそれ自身の効果である。個人収入スコアを統制変数に加えることで、上層ホワイトの〈下〉と答える可能性を低める効果が消えると同時に、ブルーカラーの〈上〉と答える可能性を低める効果と〈下〉と答える可能性を高める効果が現れている。このことは、職業カテゴリーが個人の階層帰属判断に及ぼす影響が

表7-8　多項ロジット分析の係数 IV

従属変数：階層帰属意識

変数	モデル12	モデル13	モデル14
〈上〉			
年齢	0.008***	0.008***	0.008***
	(0.002)	(0.002)	(0.002)
性別（女性＝1）	0.272***	0.280***	0.272***
	(0.066)	(0.066)	(0.066)
高等学歴	0.317***	0.327***	0.316***
	(0.064)	(0.063)	(0.064)
初等学歴	−0.064	−0.091	−0.063
	(0.071)	(0.071)	(0.071)
上層ホワイト	0.400***	0.241**	0.387***
	(0.111)	(0.110)	(0.119)
下層ホワイト	0.023	−0.139	−0.009
	(0.010)	(0.099)	(0.109)
ブルーカラー	−0.199**	−0.352***	−0.214***
	(0.099)	(0.100)	(0.109)
農業	0.132	−0.022	0.117
	(0.130)	(0.130)	(0.137)
個人収入スコア	0.058***	0.051***	0.058***
	(0.017)	(0.017)	(0.017)
2005年	−0.374***	−0.378***	−0.374***
	(0.077)	(0.077)	(0.077)
1995年	−0.001	−0.006	−0.001
	(0.060)	(0.060)	(0.060)
無職×上層W	0.483***		0.467***
	(0.126)		(0.136)
無職×ブルーカラー		−0.211*	−0.044
		(0.124)	(0134)
定数項	−1.446***	−1.470***	−1.643***
	(0.154)	(0.155)	(0.166)
〈下〉			
年齢	0.001	0.001	0.001
	(0.003)	(0.003)	(0.003)
性別（女性＝1）	−0.526***	−0.532***	−0.527***
	(0.074)	(0.074)	(0.074)
高等学歴	−0.302***	−0.305***	−0.299***
	(0.081)	(0.080)	(0.081)
初等学歴	0.399***	0.407***	0.396***
	(0.069)	(0.069)	(0.069)
上層ホワイト	−0.169	−0.048	−0.125
	(0.131)	(0.135)	(0.140)
下層ホワイト	0.006	0.130	0.052
	(0.110)	(0.116)	(0.121)

ブルーカラー	0.283***	0.403***	0.330***
	(0.103)	(0.111)	(0.116)
農業	−0.034	0.086	0.013
	(0.138)	(0.143)	(0.147)
個人収入スコア	−0.089***	−0.085***	−0.088***
	(0.019)	(0.019)	(0.019)
2005年	0.650***	0.649***	0.647***
	(0.077)	(0.077)	(0.077)
1995年	−0.054	−0.052	−0.054
	(0.067)	(0.067)	(0.067)
無職×上層W	−0.454**		−0.402**
	(0.184)		(0.193)
無職×ブルーカラー		0.208	0.125
		(0.130)	(0.137)
定数項	−0.461***	−0.628***	−0.526***
	(0.164)	(0.171)	(0.178)
LL	−9377.27	−9387.89	−9376.65
N	9,390	9,390	9,390

括弧内の数字は標準誤差
性別の参照カテゴリーは男性
学歴の参照カテゴリーは中等学歴
職業の参照カテゴリーは、無職・学生
調査年の参照カテゴリーは1985年
無職×上層Wは、本人が無職で、配偶者が上層ホワイトを意味する
無職×ブルーカラーは、本人が無職で、配偶者がブルーカラーを意味する
*$p<0.1$；**$p<0.05$；***$p<0.01$

個人収入と無関係でなく、個人収入によって職業カテゴリーの階層判断に及ぼす影響が変わってくることを明らかにしている。

個人収入は個人の階層帰属意識に大きな影響を与えており、かつ年齢や学歴、それに職業とも強く関連している変数である。したがって、個人収入を統制変数として加えることで、そのほかの独立変数・統制変数が当初もっていた従属変数（階層帰属意識）に及ぼす影響が大きく変化してしまう可能性は決して低くない。しかし実際には、モデル12、モデル13、モデル14の各モデルの独立変数の数値をみてみると、そのようなことを示唆する結果は現れておらず、“本人無職×配偶者上層ホワイト”および“本人無職×配偶者ブルーカラー”の両変数の影響は、個人収入スコアを統制変数に加えても、大きくは変化していない。個人収入スコアを統制変数に加えても、無職の個人が配偶者の職業カテゴリーを自身の職業カテゴリーの代替としてもちいるメカニズムに大きな変化を

みいだすことはできず、このメカニズムは個人収入とは独立に作用していると考えることができる。

しかし、このことは、問題とされている個人が無職であることを考えると、ごく自然な結果だともいえる。なぜならば、無職の個人は収入がないことが普通であるし、またかりに何らかの不労収入があったとしても、その収入は配偶者の職業カテゴリーと直接的には連動していないからである。したがって、無職の個人が配偶者の職業カテゴリーに準拠して階層帰属判断をおこなっているとき、その判断が個人収入スコアに影響を受けていないことはある意味で当たり前のことであるともいえる[10]。むしろ、個人収入スコアを統制変数に加えても、変数“本人無職×配偶者上層ホワイト”の階層帰属判断に対する影響に大きな違いが現れなかったという事実は、無職の個人が配偶者の職業的地位を自身の職業的地位の代替として利用しているという説明の妥当性をさらに支持する結果だといえる。

以上のことから、参照すべき職業カテゴリーをもたない個人が、配偶者の職業カテゴリーを自身の職業カテゴリーの代替としてもちいるかどうかは、配偶者の職業カテゴリーが何であるかに依存していることを改めて確認することができた。もし配偶者の職業カテゴリーに準拠することで自身の所属階層をより高いものに判断できるなら、無職である個人は配偶者の職業カテゴリーに準拠することになる。逆に、配偶者の職業カテゴリーを準拠することで自身の所属階層をより低く判断することになるなら、無職である個人は配偶者の職業カテゴリーには準拠しない。その結果、配偶者の職業カテゴリーが上層ホワイトであれば〈上〉と答える可能性を高める効果が現れるのに、配偶者の職業カテゴリーがブルーカラーであっても、そのことは無職の個人の階層帰属判断に影響を及ぼさないことになる。

このように、“ある社会的地位をもたない個人は、配偶者の社会的地位を代替として利用する”という社会的地位代替仮説は、つねに成り立つわけではなく、そのメカニズムの採否は個人によって（自身の所属階層をできるだけ高く判断するという観点から）合理的に決定されている。

10　この事実は、女性の階層帰属意識とその個人収入との関連の弱さを指摘しているBaxter（1992）の結果とも適合的である。

それでは最後に、このような“社会的地位代替”メカニズムと、先に確認した“上方婚（職業）／下方婚（職業）”メカニズムとがどのような関係にあるのか、このことについて確認することにしよう。

これまでの議論から明らかなように、上方婚（職業）／下方婚（職業）が個人の階層帰属判断に影響を及ぼすメカニズムとは、本人と配偶者の職業カテゴリー間の相互作用のことであり、配偶者の職業カテゴリーが自身の職業カテゴリーと比較して高い（上方婚（職業））のか、それとも低い（下方婚（職業））のか、このことを問題にしている。それに対しては、配偶者の職業カテゴリーを自身の職業カテゴリーに置き換える職業的地位代替メカニズムは、無職という形で本人の職業カテゴリーが空いてしまっているので、その限りにおいてそれを本人の職業カテゴリーと配偶者の職業カテゴリー間の相互作用とみなすことはできなかった。この意味で、上方婚（職業）／下方婚（職業）のメカニズムと職業的地位の代替メカニズムは、概念的には区別されなければならない。しかし、それぞれのメカニズムをデータによって検証しようとする際には、“変数を操作化し、かつそれを分析に適用する”方法はきわめて似たものになる。この意味では、2つのメカニズムは、概念的には区別されても、ある個人が“配偶者の職業カテゴリー”を参照するメカニズムとして共通する部分ももっている。

モデル15、およびモデル16から、上方婚（職業）／下方婚（職業）に関係する変数と職業的地位の代替メカニズムに関係する変数を同時に投入しても、それぞれの変数がもっていた効果は互いに影響されることなく、統計的に有意なものとして残っている。上方婚（職業）／下方婚（職業）のメカニズムと職業的地位の代替メカニズムは、それぞれ独立に作用するメカニズムだとわかる。しかし、それぞれの変数が個人の階層帰属判断に及ぼす影響の仕方をみてみると、そこには共通した特徴がみいだされることに気がつく。具体的には、上方婚（職業）／下方婚（職業）のメカニズムも、職業的地位の代替メカニズムも、〈中〉と〈下〉の境界上よりは〈上〉と〈中〉の境界上で強い効果をもつということである。この共通点は、上方婚（職業）／下方婚（職業）と職業的地位の代替メカニズムが概念的には区別されていても、その作用の仕方にある種の共通性が存在することを示唆している。

また、職業的地位の代替メカニズムは、“階層的地位を下げる効果よりも階

表 7-9　多項ロジット分析の係数 V

従属変数：階層帰属意識

変数	モデル 15	モデル 16
〈上〉/〈中〉		
年齢	0.009***	0.008***
	(0.002)	(0.002)
性別（女性=1）	0.163***	0.269***
	(0.054)	(0.067)
高等学歴	0.297***	0.285***
	(0.062)	(0.064)
初等学歴	−0.045	−0.040
	(0.068)	(0.072)
上層ホワイト	0.649***	0.477***
	(0.108)	(0.124)
下層ホワイト	0.171	0.022
	(0.097)	(0.112)
ブルーカラー	−0.153	−0.296***
	(0.101)	(0.113)
農業	0.113	0.111
	(0.128)	(0.138)
個人収入スコア		0.057***
		(0.017)
2005 年	−0.336***	−0.368***
	(0.073)	(0.077)
1995 年	0.008	0.002
	(0.058)	(0.060)
上方婚（職業）	0.257***	0.243***
	(0.080)	(0.083)
下方婚（職業）	−0.194**	−0.193**
	(0.077)	(0.080)
無職×上層 W	0.434***	0.478***
	(0.132)	(0.136)
無職×ブルーカラー	−0.069	−0.044
	(0.130)	(0.134)
定数項	−1.261***	−1.420***
	(0.154)	(0.167)
〈下〉/〈中〉		
年齢	0.000	0.001
	(0.003)	(0.003)
性別（女性=1）	−0.347***	−0.542***
	(0.058)	(0.075)
高等学歴	−0.292***	−0.273***
	(0.078)	(0.081)
初等学歴	0.379***	0.387***
	(0.066)	(0.070)

上層ホワイト	−0.565***	−0.234
	(0.130)	(0.148)
下層ホワイト	−0.315***	−0.005
	(0.108)	(0.125)
ブルーカラー	0.074	0.347***
	(0.103)	(0.118)
農業	−0.182	0.009
	(0.133)	(0.147)
個人収入スコア		−0.088***
		(0.019)
2005 年	0.603***	0.646***
	(0.073)	(0.078)
1995 年	−0.048	−0.055
	(0.065)	(0.067)
上方婚（職業）	−0.085	−0.089
	(0.082)	(0.086)
下方婚（職業）	0.209**	0.201**
	(0.091)	(0.095)
無職×上層 W	−0.415**	−0.406**
	(0.190)	(0.193)
無職×ブルーカラー	0.135	0.122
	(0.132)	(0.137)
定数項	−0.727***	−0.509***
	(0.163)	(0.179)
LL	−10215.59	−9361.39
N	10,215	9,390

括弧内の数字は標準誤差
性別の参照カテゴリーは男性
学歴の参照カテゴリーは中等学歴
職業の参照カテゴリーは、無職・学生
調査年の参照カテゴリーは 1985 年
無職×上層 W は、本人が無職で、配偶者が上層ホワイトを意味する
無職×ブルーカラーは、本人が無職で、配偶者がブルーカラーを意味する
*$p<0.1$; **$p<0.05$; ***$p<0.01$

層的地位を上げる効果の方が強い”という点でさらに興味深い特徴をもっている。これが興味深いと思われる理由は、この特徴が本書全体の目標として課せられた問いの 1 つ、“社会的にさまざまな不利益を被っている女性の階層（帰属）意識が、男性の階層（帰属）意識と比較して高くなるのはなぜか？”への答えと密接に関連していると考えられるからである。たとえば、無職である男性の人数と、無職である女性の人数を比較すると、表 7-1 からわかるように、圧倒的に後者の方が多い。そして、“無職である個人は、階層帰属判断の際に

自身の階層を下げることになる不利な材料を考慮せず、自身の階層を上げるような有利な材料のみを階層帰属判断に利用する”ならば、職業カテゴリーが無職であるグループの階層帰属意識は高くなる方向にバイアスをかけられていることになる。つまり、無職の個人の多く含む女性集団は、男性集団と比較して、階層帰属意識が高くなるようなバイアスをかけられている度合いが強くなる。もしこの説明が経験的なデータによって支持されたならば、女性の階層（帰属）意識が男性のそれと比較して高くなる理由の一部を明らかにすることができたといえる。

もちろん、以上の論理でもっても階層（帰属）意識の性差をすべて説明できるわけではなく、かりに説明できたとしてもそれは性差を産みだすメカニズムの一部分を構成しているに過ぎない。なぜならば、モデル 15 およびモデル 16 の、性別の効果を測るダミー変数（女性＝1）の数値をみてみると、“女性である”ことが階層帰属意識を引き上げる効果は依然として統計的に有意な水準を保っているからである。もし無職の個人が配偶者の職業的カテゴリーを選択的に考慮するメカニズムによって階層帰属意識の性差のすべてが説明できるならば、この“女性である”ことの効果は消えていなければならない。

それでは、（無職の個人が配偶者の職業的カテゴリーを選択的に準拠するという以外の）階層帰属意識の性差を産みだすメカニズムとは何だろうか。ここで可能性として指摘できるのは、前章で検討した上方婚（学歴）／下方婚（学歴）のメカニズムと、本章で新しく追加した仮説の組み合わせによる説明である。上方婚（学歴）／下方婚（学歴）にも、追加仮説が想定するようなメカニズムが作用し、かつ性別によって“選択的に配偶者の社会的地位を考慮する層”の規模に差があれば、そのことによっても階層帰属意識の性差が生成される可能性がある。つまり、職業的地位の代替メカニズムと同様に、上方婚（学歴）／下方婚（学歴）のメカニズムと追加仮説を組み合わせることで、階層帰属意識の性差を説明できるかもしれない。次節では、この説明の経験的な妥当性についても議論することになるだろう。

4. 議論

4−1. 上方婚（職業）／下方婚（職業）

第6章および第7章では、“個人が自身の所属階層を判断するとき、個人の社会的・経済的地位が判断の基準の中心を形成する一方で、配偶者の社会的・経済的地位もそうした判断基準の一部を構成している”ことの解明が目的となっていた。いいかえれば、個人が自身の社会的・経済的地位に準拠して自身の所属階層を判断するとき、第5章において数理モデルをもちいて提示した、“自身の社会的・経済的地位と配偶者の社会的・経済的地位との相互作用”が現実の階層帰属判断においても確かに作用していることを明らかにしようとしてきた。このとき、配偶者の社会的・経済的地位が個人の階層帰属判断に影響を及ぼすのは、その個人が配偶者に依存しているからではなく、配偶者の社会的・経済的地位もその個人の社会的・経済的地位の指標になりうるからである。それゆえ、“個人が配偶者の社会的・経済的地位を階層帰属判断の際に参照するメカニズムには、性差はない”というのが本書の基本的な立場であった。

第6章では、特に学歴に注目して本書の仮説の経験的な妥当性の検証をおこなった。それに対して、本章では、特に職業に注目してその経験的な妥当性の検証をおこなってきた。学歴、職業というように、ある個人の社会的・経済的地位は複数の地位によって構成されており、それぞれの地位について“対応する配偶者の社会的・経済的地位に配慮しながら、階層帰属判断をおこなう”メカニズムが存在すると考えたのである。しかし、職業に注目して仮説の妥当性の検証をおこなう場合、学歴に注目して仮説の妥当性の検証をおこなった場合には意識する必要のなかった問題をクリアする必要があった。それは、異なる職業カテゴリー間の順序をどのように設定するか、という問題であった。本章では、本人の職業カテゴリーと配偶者の職業カテゴリーのクロス表と、多項ロジット分析の結果を参照にしつつ、暫定的に、無職・学生のカテゴリーと農業のカテゴリーを外し、残った3つのカテゴリーについて“上層ホワイト＞下層ホワイト＞ブルーカラー”という順序を仮定した。ただしこの順序は、職業威信スコアのように、該当する職業カテゴリーそれ自身の（そのほかの社会的・経済的地位とも密接に結びついた）実体的な価値を示すものではなく、階層帰属判断の際にどの階層的地位と結びつきやすいのか、〈上〉なのか、〈中〉なのか、それとも〈下〉なのか、といった観点から設定された順序に過ぎない。

そして、職業カテゴリーの間にこのような順序を仮定することで、上方婚（職業）と下方婚（職業）のそれぞれを次のように定義した。

まず、上方婚（職業）に分類されるケースとは、(1) 本人の職業がブルーカラーで、かつ配偶者の職業が上層ホワイトあるいは下層ホワイトであるケースと、(2) 本人の職業が下層ホワイトで、かつ配偶者の職業が上層ホワイトであるケースである。次に、下方婚（職業）に分類されるケースとは、(1) 本人の職業が上層ホワイトで、かつ配偶者の職業が下層ホワイトあるいはブルーカラーであるケースと、(2) 本人の職業が上層ホワイトで、かつ配偶者の職業がブルーカラーであるケースである。

もし本書の仮説が正しいのであれば、ある個人を取り上げてその個人が上方婚（職業）を選択しているならば、その個人の階層帰属意識は高くなるはずであり、逆にその個人が下方婚（職業）を選択しているならば、その個人の階層帰属意識は低くなるはずである。

そして、実際の分析結果は、限定つきではあるものの、本章の仮説の妥当性を支持する結果となっている。上方婚（職業）について注目すれば、本人の性別、学歴、職業、そして個人収入を統制しても、なおも上方婚（職業）単独の影響は残り、そしてその影響は階層帰属意識を上げる方向へ個人に作用していた。同様に、下方婚（職業）について注目すれば、本人の性別、学歴、職業、そして個人収入を統制しても、なおも下方婚（職業）単独の影響は残り、そしてその影響は階層帰属意識を下げる方向へと個人に作用していた。したがって、上方婚／下方婚が個人の階層帰属判断に及ぼす影響は、学歴についてのみ存在するわけではなく、職業についても確かに存在していたといえる。少なくとも結婚している個人にとって、所属階層を判断する際にもちいられる社会的・経済的地位とは単に自分自身に付与されている地位だけを意味するのではなく、配偶者の社会的・経済的地位もまたその一部を構成していたのである。このとき、とりわけ注意しなければならないことは、性別を統制しても上方婚（職業）

／下方婚（職業）のメカニズムは統計的に有意な効果をもっており、配偶者の社会的・経済的地位を配慮する仕方について“性差”はないということである。

ただし、上方婚（職業）／下方婚（職業）について、仮説による予測と分析の結果は完全に一致していたわけではなかった。上方婚（職業）の効果と下方婚（職業）の効果の作用の仕方は、第5章での命題4が予想した“天井”効果と“床”効果との対称性は破れていた。具体的には、上方婚（職業）についても、そして下方婚（職業）についても、その効果は〈上〉と〈中〉の境界線上で強く現れ、〈中〉と〈下〉の境界線上では必ずしも十分な効果をみいだすことができなかった。したがって、厳密にいうならば、第5章の数理モデルから導かれた仮説は、半分だけが経験的データによって支持され、残りの半分は経験的データによっては支持されなかったことになる。

このような対称性の破れは、想定された職業カテゴリーの順序では、〈上〉と〈中〉の境界は比較的はっきりとしている一方で、〈中〉と〈下〉の境界は必ずしもはっきりとはしていなかったことを意味している。具体的には、下層ホワイトとブルーカラーとの間に暫定的に順序関係を想定したけれども、その順序は、上層ホワイトと下層ホワイトとの間にみられる順序ほどにははっきりとしていなかったということである。そして、このような順序関係の強弱が、上方婚（職業）／下方婚（職業）のメカニズムが〈上〉と〈中〉の境界上で強く効く一方で、〈中〉と〈下〉の境界上ではさほど効かないという、効果の現れ方の違いを形成している。教育年数で順序がはっきりと示される学歴と異なり、職業カテゴリーによって形成される順序関係の扱いには注意が必要である。

4―2. 無職のケース

上方婚（職業）／下方婚（職業）のメカニズムは、自分自身の社会的地位と配偶者の社会的地位との比較という形で、配偶者の社会的地位を階層帰属判断に利用するというメカニズムの一つであった。このとき問題になったのは、職に就いていない個人をどのように位置づけるかであった。可能性としては、(1)“その個人には職業的地位が存在しない”という解釈と、(2)“その個人には無職という職業的地位が存在する”という解釈の2つを考えることができる。本章では、後者の解釈も原理的には可能であったにもかかわらず、あえて前者の解釈に拠って、議論を展開した。ここで問題にされている無職は、たとえば専業主婦といった特定の存在に照準を合わせた概念にはなっておらず、退職や、失業や、あるいは学業や、さまざまな理由による無職を含みうる概念だからである。そして、このようにさまざまな理由で職に就いていない人々が“無職”というグループを形成していると考えるよりは、どの職業カテゴリーにも属していない人々として考えることの方がより妥当だったからである。

では、職に就いていない人々は、自身が所属する階層的地位を他者との比較によって判断する際に、情報が抜けている部分をどのように補うのだろうか。“□□□という職業に就いている人たちの階層的地位はここ”というイメージがある一方で、しかし自分には□□□に代入すべき職業が存在しない場合、その個人は配偶者の職業的地位を自身の職業的地位の代替として代入することがありうる。これが本章で提示した職業的地位の代替メカニズムである。そして、もしこのような職業的地位の代替メカニズムが作動しているならば、たとえ当人は無職であっても、配偶者の職業的地位が上層ホワイトであればその個人の階層帰属意識は高くなり、逆に配偶者の職業的地位がブルーカラーであればその個人の階層帰属意識は低くなるはずである。

分析結果は、“当人が無職であっても、配偶者の職業的地位が上層ホワイトであれば階層帰属意識は高くなる”という部分のみについて支持しており、“当人が無職であっても、配偶者の職業的地位がブルーカラーであれば階層帰属意識は低くなる”という部分については支持していなかった。

この結果を説明するために、本章では“個人は、階層帰属判断する際、自身の所属階層ができるだけ高くなるように準拠する社会的・経済的地位を選択する”という仮説を追加した。追加仮説が意味することは、明白であろう。個人は、現実の社会的・経済的地位に準拠しつつ階層帰属判断をおこなう一方で、可能であるならば自分自身の価値をできるだけ高めてくれるような階層的地位に同一化したいと考えている。そのため、与えられた社会的・経済的地位を“自身の階層的地位をできるだけ高くする”という目的に対して最適になるように組み合わせ、かつその組み合わせにしたがって自身の階層的地位を判断するはずだ、というのが、追加仮説の意味するところであった。たとえば、ある社会的・経済的地位を考慮することもでき、かつ考慮しなくてもよいような状態では、その社会的・経済的地位を考慮するかいなかは、その社会的・経済的地位がその個人の階層的地位を高めてくれるかどうかに依存する。

まず、配偶者の職業が上層ホワイトである場合について考えてみよう。無職の個人にとって、配偶者の上層ホワイトという職業カテゴリーを階層帰属判断に利用することは、その個人にとってどのような意味をもっているのだろうか。これまでに何度も確認してきたように、上層ホワイトという職業カテゴリーは〈上〉という階層的地位に結び付けられて考えられる傾向が強く、したがって配偶者の上層ホワイトという職業カテゴリーを階層帰属判断の際に考慮することは、自身の階層的地位をより高いものに判断することを可能にしてくれる。したがって、このようなケースでは、自分自身は無職である個人は、自身の階層的地位を判断する材料として、配偶者の職業カテゴリーを積極的に利用しようとするだろう。そして、このことは実際の分析結果とも確かに一致していた。

次に、配偶者の職業がブルーカラーである場合について考えてみよう。無職の個人にとって、配偶者のブルーカラーという職業カテゴリーを階層帰属判断に利用することは、その個人にとってどのような意味をもっているのだろうか。これまでに何度も確認してきたように、ブルーカラーという職業カテゴリーは〈下〉という階層的地位に結び付けられて考えられる傾向が強く、したがって配偶者のブルーカラーという職業カテゴリーを階層帰属判断の際に考慮したとしても、そのことは自身の主観的な階層的地位を高くすることには貢献してくれず、むしろより低いものにすることになりかねない。したがって、このようなケースでは、自分自身は無職である個人は、自身の階層的地位を判断する材料として、配偶者の職業カテゴリーを利用することを避けようとするだろう。そして、このことは実際の分析結果とも確かに一致していた。

もちろん、新しく仮説を追加することで明らかにしたいことは、単に与えられた分析結果がそのような仮説を追加することで説明できるようになる、ということではない。もしそうであるならば、そのような追加的な説明を許す態度は、先に結果を知り、そして結果から（アドホックに）説明を考える、場当たり的な解釈を許容してしまうからである。大切なことは、追加仮説が含意する階層帰属判断のメカニズムが、個人にとり（主観的階層的地位をできるだけ高いものに考えるという）目的に対して合理的なものになっているということである。本章で明らかにしたいことは、個人が適当に社会的・経済的地位を取捨選択し、勝手に自分の階層的地位を判断しているわけではないということである。個人の階層帰属判断の背後には一貫した論理が存在し、そしてその論理は与えられた目的に対して合理化されていなければならない。追加仮説は、個人の階層帰属判断が合理化されるところの目的を明らかにしており、そしてそのような目的の存在を示すことによって、個人の階層帰属判断を支える論理が確かに一貫したものであることを私たちに教えてくれている。

また、明らかにされた階層帰属判断に関する新しい論理は、本書の当初の目的の一つである“なぜ、女性の階層（帰属）意識は、男性のそれよりも高くなるのか？”という問いに対して新しい答えを明らかにしてくれる。

階層帰属判断の際、無職の個人が選択的に配偶者の職業カテゴリーを利用することで、無職の個人の階層帰属判断にバイアスがかかることになる。本書では、第5章において、“本人の社会的・経済的地位と配偶者の社会的・経済的地位との相互作用が階層帰属意識分布に影響を与える”メカニズムの詳細を検討した。しかし実際は、無職の個人の階層帰属意識分布はそうしたメカニズムが想定するよりもさらに高い方に引きずられている。無職の個人は自分の階層的地位が下がることを予想するときは配偶者の社会的・経済的地位を配慮することを避け（メカニズムが想定する判断とは異なる判断をし）、自分の階層的地位を上がることが予想されるときのみ配偶者の社会的・経済的地位を積極的に考慮する（メカニズムが想定する判断と一致した判断をする）ことで、メカニズムによって想定される以上の高い階層帰属意識をもつことになる。

そして、無職である個人は、男性であるよりも女性である可能性が高いとすれば、“無職である”ことによって階層帰属意識が（メカニズムが想定していた以上に）高い方にバイアスかかけられるという傾向は、男性よりも、女性に多く観察できるはずだ。すなわち、女性の階層帰属意識は、さらに高い方へバイアスがかけられるのである。

4—3. なぜ、女性の階層意識は高いのか？

前項では、追加仮説によって、無職の個人が階層帰属判断の際に選択的に配偶者の職業カテゴリーを利用していることを明らかにした。しかし、自身の階層的地位ができるだけ高いものになるように、配偶者の社会的・経済的地位を利用したり、しなかったりするメカニズムは、無職の個人だけに作動するわけではない。実際に、表7-9から、有職の個人であっても上方婚（職業）の効果が下方婚（職業）の効果を上回っており、下方婚（職業）の場合には配偶者の職業カテゴリーを階層帰属判断に利用する度合いが弱まっている。そして、ここで問題にされているメカニズムが、職業的地位に限定されるのではなく、学歴についても作動していることを容易に想像することができる。

第6章では、上方婚（学歴）は学歴の低い層で強く効き（天井効果）、下方婚（学歴）は学歴の高い層で強く効く（床効果）ことを指摘しておいた。しかし、上方婚も下方婚も起こりうる中間的な層では、上方婚と下方婚のいずれがより強く効くのだろうか。もし学歴についても本章で提示した追加仮説が妥当するならば、階層的地位を高めることになる上方婚の場合には配偶者の学歴が参照されやすく、階層的地位を低めることになる下方婚の場合には配偶者の学歴は参照されにくくなるはずである。

表7-10は、初等学歴および高等学歴のものを除き、サンプルを中等学歴のものに限定したときの、上方婚（学歴）／下方婚（学歴）が階層帰属意識に与える影響の大きさを示したものである。

表7-10からわかるように、サンプルを中等学歴者に限定して上方婚（学歴）の効果をみたときは、〈上〉と答える可能性を高める効果は5％水準で有意になり、また〈下〉と答える可能性を低める効果は1％水準で有意になっている。それに対して、下方婚（学歴）の効果をみたときは、〈上〉と答える可能性についても、〈下〉と答える可能性についても、いずれに対しても統計的に有意な効果は存在しない。これは予想された結果と完全に一致している。

したがって、上方婚（学歴）も下方婚（学歴）も体験しうる中等学歴層では、配偶者の学歴を参照して自身の階層的地位を判断するメカニズムは、配偶者の学歴に応じて選択的に作動している。中等学歴層では、配偶者の学歴カテゴリーが自身の階層的地位を上げてくれるようなものであるときは配偶者の学歴カテゴリーを積極的に参照しつつ自身の階層的地位を決定するけれども、配偶者の学歴カテゴリーが自身の階層的地位を下げるようなものであるときは配偶者の学歴カテゴリーを参照することを避けつつ自身の階層的地位を決定する。

表 7-10　多項ロジット分析の係数 VI

従属変数：階層帰属意識

変数	モデル 17
〈上〉／〈中〉	
上方婚（学歴）	0.153**
	(0.075)
下方婚（学歴）	−0.117
	(0.093)
定数項	−0.730***
	(0.037)
〈下〉／〈中〉	
上方婚（学歴）	−0.304***
	(0.087)
下方婚（学歴）	0.123
	(0.088)
定数項	−0.787***
	(0.038)
LL	−6628.40
N	6,478

括弧内の数字は標準誤差

サンプルには、2003 年仕事と暮らし調査データも含まれている

ケースは中等学歴者のみ、ただし本人の職業情報が SSM8 分類に含まれなかったものも含む

*$p<0.1$; **$p<0.05$; ***$p<0.01$

配偶者の地位に応じて、その地位を階層帰属判断に利用するかいなかが決まることにより、無職の個人の階層帰属意識は、高い方にバイアスがかけられていた。同様に、中等学歴者の階層帰属意識も、配偶者の地位に応じて、その地位を参照するかいなかが決まることにより、高い方にバイアスがかけられている。そして、中等学歴層は、女性の大学への進学率が男性の大学への進学率と比較して低く抑えられているために、男性よりも女性を多く含んでいる。つまり、階層帰属意識をより高い方にバイアスをかけられている無職層と中等学歴層は、ともに女性を多く含んだ社会階層になっている。

このように、とりわけ女性を多く含む社会階層において、階層帰属意識を高い方へ引き上げるバイアスがかかっているとするならば、その結果として女性の階層帰属意識は（さまざまな不利益を被っているにもかかわらず）男性の階層帰属意識よりも高くなるだろう。すなわち、配偶者の社会的・経済的地位を選択的

に考慮するメカニズムは、私たちが求めていた階層帰属意識の性差を産みだすメカニズムであった可能性が高い。

表7-11は、以上の説明の妥当性を確認するために、サンプルから無職層と中等学歴層を除いておこなった多項ロジット分析の結果である。なお、無職層と中等学歴層を除いた結果、ケース数は3,993になり、そのうち女性のケースは1,309であった。

表7-11から分かるように、配偶者の社会的・経済的地位を選択的に考慮することが予想される無職ないし中等学歴層をサンプルから除くと、〈上〉と答える可能性に対しても、〈下〉と答える可能性に対しても、性差は完全に統計的な有意性を失ってしまう。これは、“階層帰属意識における性差は、配偶者の社会的・経済的地位を選択的に利用するメカニズムによって産出されている”という本書の説明を支持する結果である。いいかえれば、階層帰属意識の性差は、“女性は生得的に自身（の階層的地位）を高く考える傾向がある”（あるいは、“男性は生得的に自身（の階層的地位）を低く考える傾向がある”）といった、“女性”性（あるいは、“男性”性）によって説明される現象ではなかったことになる。階層帰属意識の性差は、“その個人がどのようなポジションを社会から割り当てられているのか”という、まったく社会構造的な要因に起因する現象だったのである。

本書では、“さまざまな社会的な不利益を被っているにもかかわらず、なぜ女性の階層帰属意識は男性の階層帰属意識よりも高くなるのか”という問いに答えを与えることを1つの目的にしていた。そして、本章の分析によって、この問いに対する答えが以下のようなものであることが判明した。

(1) 帰属する階層的地位を判断するとき、個人は配偶者の社会的・経済的地位を自身の社会的・経済的地位との比較を通じて考慮するが、その考慮の仕方は選択的である。具体的には、配偶者の社会的・経済的地位を考慮することが自身の階層的地位を引き上げることが予想されるケースでは積極的に考慮される一方で、逆に配偶者の社会的・経済的地位を考慮することが自身の階層的地位を引き下げることが予想されるケースではそれへの考慮が避けられがちになる。そして、これはジェンダーに関係なく成立す

表 7-11　多項ロジット分析の係数 VII

従属変数：階層帰属意識

変数	モデル 15
〈上〉／〈中〉	
年齢	0.012***
	(0.004)
性別（女性＝1）	0.089
	(0.083)
高等学歴	0.364***
	(0.118)
上層ホワイト	0.440***
	(0.098)
ブルーカラー	−0.228**
	(0.116)
農業	−0.187
	(0.164)
2005 年	−0.275**
	(0.108)
1995 年	0.088
	(0.091)
定数項	−1.344***
	(0.240)
〈下〉／〈中〉	
年齢	0.004
	(0.005)
性別（女性＝1）	−0.140
	(0.091)
高等学歴	−0.537***
	(0.129)
上層ホワイト	−0.227*
	(0.130)
ブルーカラー	0.280**
	(0.118)
農業	0.080
	(0.163)
2005 年	0.339***
	(0.115)
1995 年	0.000
	(0.101)
定数項	−0.861***
	(0.261)
LL	−4029.645
N	3,993

括弧内の数字は標準誤差
性別の参照カテゴリーは男性
学歴の参照カテゴリーは初等学歴
職業の参照カテゴリーは、下層ホワイト
調査年の参照カテゴリーは 1985 年
$^{*}p<0.1$；$^{**}p<0.05$；$^{***}p<0.01$

るメカニズムである。

(2) 高い社会的・経済的地位を占めるものには（同類婚以外には）下方婚しか選択する余地がなく、また低い社会的・経済的地位を与えられているものには（同類婚以外には）上方婚しか選択する余地がない。上方婚と下方婚のいずれも選択しうる層は、中等学歴者などの中間的な層に限定される。このとき、配偶者の社会的・経済的地位を選択的に配慮するメカニズムによって、このような中間的な層では上方婚の効果が下方婚の効果を上回ることになり、中間的な層を占める個人の階層帰属意識は高い方に引き上げられる。これもまた、ジェンダーに関係なく成立するメカニズムである。

(3) また、無職の個人は、配偶者の職業地位と比較しうる自身の職業的地位をもたないために、配偶者の社会的・経済的地位を直接的に利用することがある。この場合も、配偶者の職業的地位が配慮されるかどうかは、それを配慮することが自身の階層的地位を引き上げてくれるのか、それとも引き下げてしまうのか、このことに依存する。階層的地位を引き下げるような配偶者の職業的地位は考慮されにくく、階層的地位を引き上げるような配偶者の職業的地位のみが積極的に考慮されることで、無職の個人の階層帰属意識も、やはり高い方に引き上げられる。これもまた、ジェンダーに関係なく成立するメカニズムである。

(4) 階層帰属意識を高い方に引き上げられる中等学歴者のグループや、無職のグループは、高等専門教育機関への進学や社会進出に対してさまざまな不利益を被っている女性を多く含んでいる。そのため、結果として、女性の階層帰属意識は（さまざまな社会的な不利益を被っているにもかかわらず）高い方に引き上げられ、全体として男性の階層帰属意識を上回ることになる。

この説明の重要な点は2つである。1つは、女性の階層帰属意識の高さを、生物学的あるいは文化的な要因によってではなく、社会構造的な要因によって“合理”的に説明している点である。もう1つは、女性の階層帰属意識の高さはそのような社会構造的な要因に引き起こされた“意図せざる”結果であり、女性の階層帰属意識の高さは女性が被っているさまざまな社会的な不利益を正当化するようなものではないという点である。

5. 結論

最後に、本章で明らかにされたことを再確認し、それが意味することについて簡単にまとめておこう。本章が取り組んだ問題は、“個人はどのようにして自身の階層的地位を判断しているのか”ということであった。そして、特に本章において問題にされたのは、女性の階層帰属意識の形成のされ方であった。女性の社会的地位の達成に対して抑圧的な日本社会では、女性は地位達成についてさまざまな不利益を現実として被っている。にもかかわらず、日本社会では、女性の階層帰属意識は男性の階層帰属意識と比較して低くないというだけでなく、むしろ高くなっている。女性の階層帰属意識については、“家族モデルか、個人モデルか”という有名な論争が存在したけれども、女性の主観的な階層的地位が男性の主観的な階層的地位よりも高くなる現象は、家族モデルで考えても、個人モデルで考えても、説明することのできない現象である。したがって、日本社会における階層帰属意識の形成過程を明らかにするためには、“女性の主観的な階層的地位が男性のそれよりも高くなる”というこの奇妙な現象を十分に説明しうる新しいモデルを考える必要があった。

従来の家族モデルないし個人モデルに代わって、本章では、個人が自身の所属階層を判断するメカニズムとして、本書の第5章で検討したモデルを採用し、その意味を以下のように解釈した。

まず、個人は、基本的には個人の社会的・経済的地位を中心にして自身の所属階層を判断する。つぎに、個人は、配偶者をはじめとする家族の成員の社会的・経済的地位を考慮して自身の所属する階層を最終的に決定する。なぜなら、家族の成員の社会的・経済的地位も、階層的地位の指標の一部だからである。

つまり、本章では、その基本的な部分について個人モデルを採用している。しかし、けっして家族の成員の社会的・経済的地位の影響を無視しているわけではなく、それらもその個人の階層的地位を構成するさまざまな社会的・経済的地位の一部だと考えた[11]。このとき、重要なことは、本章ではこのメカニズムに“性差は存在しない”と仮定したことである。つまり、男性は個人モデル、女性は家族モデルというように、“所属する階層を判断するメカニズムはジェンダーによって異なっている”とは考えなかったということである。

個人が自身の所属階層を判断するメカニズムをこのように考えることで、配偶者の社会的・経済的地位が与える影響は次のように説明される。

一般に同じような社会的・経済的地位を占めている個人同士が結婚する同類婚の傾向が存在する。そして、このような同類婚を経験している個人の階層帰属判断メカニズムは、個人モデルの判断メカニズムに近似する。なぜなら、配偶者の社会的地位が自身の社会的地位と等しいならば、その個人の階層帰属意識は上がりも下がりもしないので、自身の属性だけで所属階層を判断している場合と結果が異ならないからである。それに対して、上方婚もしくは下方婚を経験している個人は、配偶者の社会的・経済的地位に依存して階層帰属意識が変化するので、家族モデルに近似する。

このとき、ある社会において同類婚の傾向が強まれば強まるほど、その社会における個人の階層帰属判断メカニズムは個人モデルに近似し、配偶者の社会的・経済的地位の影響は微弱なものになっていく。そして、このことは、“配偶者の社会的・経済的地位の影響は、家族モデルが考えるほどには強い影響をもたない”ことを意味している。しかし、それは配偶者の社会的・経済的地位の効果が本人の社会的・経済的地位を経由した間接的な効果にとどまらざるをえないからであり、“個人の階層帰属意識が配偶者の社会的・経済的地位と無関係に決定されている”ことを意味するものではない。

このメカニズムは、社会的・経済的地位の配分に性差があるために、上方婚を経験する可能性が高い女性の階層帰属意識を全体として引き上げ、逆に下方婚を経験する可能性の高い男性の階層帰属意識を全体として引き下げる。しか

11　Dale et al.（1985），Erikson（1984）らは、（女性の）階層帰属意識には主として個人が担う生産労働の側面と家族が担う消費の側面の二側面に同時に規定されていることを指摘している。本書のモデルは、（女性の）階層帰属意識判断を前者（個人の属性が中心）と後者（家族全体の属性が中心）の総合的な判断によると考えつつも、より前者に重きをおいたモデルになっている。

し、このメカニズムは、（さまざまな社会的な不利益を被っているにもかかわらず）女性の階層帰属意識が男性の階層帰属意識に近づくことを予想するだけで、女性の階層帰属意識が男性の階層帰属意識を上回ってしまうことを依然として説明できていない。この現象を説明するためには、さらに“個人は、自身の階層的地位が下がることが予想できる場合には配偶者の社会的・経済的地位を配慮することを避け、自身の階層的地位が上がることが予想できる場合には配偶者の社会的・経済的地位を積極的に配慮する”という仮定を付け加えることが必要だった。そして、自身の主観的な階層的地位をできるだけ高いものに設定しようとする、このような心理的なバイアスの存在を仮定することではじめて、女性の階層帰属意識が男性の階層帰属意識を上回る現象を完全に説明することができた。

なぜならば、このような心理的なバイアスは、女性が多く占めるところの中間的な階層、あるいはそもそもある特定の社会的地位をもたない層の階層帰属意識を引き上げるように作用するからである。たとえば、大学のような高等専門教育機関への進学率を男性よりも低く抑えられている女性は必然的に高卒（中等学歴）にとどまるケースが多くなる。しかし、このような中等学歴層は、自身の主観的な階層的地位が上がるような仕方でのみ配偶者の学歴を考慮することで、全体として階層帰属意識が高くなる。同様に、社会進出の機会を抑えられている女性は、キャリアの継続を諦め、離職することが少なくない。しかし、このような職をもたない層では、自身の主観的な階層的地位が上がるような仕方でのみ配偶者の職業を自身の社会的地位に置き換えることで、全体として階層帰属意識が高くなる。結果として、層全体をみた場合、女性の階層帰属意識は男性の階層帰属意識を上回ることになる。

そして、このとき注意しなければならないことは、生物学的・文化的な要因によって階層帰属意識に性差がもたらされているのではなく、階層帰属意識の性差は社会構造的要因と（性差に関連しない）特定の心理的な傾向に起因するということである。そしてさらに問題なのは、社会構造的要因にもたらされている階層帰属意識の性差は、日本社会において顕著に観察されるジェンダー格差から私たちの目を逸らさせるようなものになっているということである。

第8章　階層意識のダイナミクス

1. 社会構造と階層意識のねじれた関係

本書では、階層意識、特に階層帰属意識に対象を絞って、理論的に、そして実証的に検討をおこなってきた。本書の冒頭で掲げた問題にいちおうの答えが与えられたことで、本書の試みも、ようやく終わりを迎えつつある。

本書では、階層帰属意識について、特に2つの問題を特定化した。1つは、1950年代から2000年代にいたるおよそ50年の間、日本社会において観察された階層帰属意識分布の長期的な変化を問題として取り上げた。もう1つは、日本社会において観察された階層帰属意識分布にみられる性別による違いを問題として取り上げた。

本章では、私たちがこれまでの作業によって得ることのできた答えが、私たちにとって満足のいく答えになっているのかどうか、このことを確認し、そしてこの確認作業を通じて、本書が社会学全体に対してもちうる意義を明らかにしたいと思う。

しかし、みいだされた答えが十分であるかないか、このことを具体的にどう判断すればよいのだろうか。本書でみいだされた答えが私たちにとって本当に満足のいく答えなのかどうか、単なる自己満足に終わるのではなく、このことをある程度客観的に確認するためには、みいだされた答えが“答えであるための条件”を満足しているかどうかをチェックすればよい。そして、そのための条件は、階層帰属意識分布の長期的な変化に焦点をあてた問題Ⅰが満たすべき条件として、あるいは階層帰属意識分布の性差に焦点をあてた問題Ⅱが満たすべき条件として、第1章においてそれぞれあらかじめ明らかにしておいた。したがって、私たちがすべき作業は、私たちがみいだした答えが第1章においてあらかじめ示しておいた各条件を満足しているのかどうか、このことを確認することからはじまる。

したがって、本節の具体的な流れは次のようになる。

まず、問題Iが満足すべき条件が何であったかを再確認し、階層帰属意識分布の長期的な変化を説明する“地位継承”の概念を核としたモデルが、その条件を満足しているかどうかをチェックする。

また同様に、問題IIが満足すべき条件が何であったかを再確認し、階層帰属意識分布の性差を説明する“本人の社会的地位と配偶者の社会的地位との相互作用”を仮定したモデルが、その条件を満足しているかどうかをチェックする。

前者についても、そして後者についても、それが本当に答えであるための条件を満足していることが確認できたならば、今度は2つのモデルの共通性を明らかにし、本書が提示したモデルが“階層意識と社会構造の理論”に対して示しうる一般的な意義が何であるのかを明らかにする。このことによって、本書のもつ意味をより具体的に、しかし一般的な文脈に関連付けつつ、理解することが可能になるはずだ。

階層帰属意識分布の長期的な（非）変化を説明するモデルに課せられる条件は、具体的には（1）できるだけ少ない変数でもって、（2）ある時期には階層帰属意識分布が上方シフトし、ある時期には安定的に推移するメカニズムを同一の論理でもって説明できており、（3）階層帰属意識分布が上方シフトするための条件および安定的に推移するための条件を特定できていることであった。

本書では、階層帰属意識分布の長期的な（非）変化を説明するために、“地位継承”という概念を新しく導入した。地位継承という概念の導入が意味することは、ある個人の階層帰属意識はその個人の地位だけで決まっているわけではなく、その個人がその地位に至るまでの来歴にも依存しているということであった。具体的には、ある個人の階層帰属意識は、その個人の社会的地位とその個人の出身階層を示している親の社会的地位との相互作用の影響を受けているということであった。

この地位継承という概念を新しく導入することによって、〈下〉の階層帰属意識が過半を占める状態から、〈中〉の階層帰属意識が過半を占める状態への、階層帰属意識分布の上方シフトは、次のようにして説明される。

〈下〉の階層帰属意識が過半を占める状態において、社会構造が変動することにより、高学歴化であるとか、あるいはサービス部門の発達によるホワイカラー化など、社会的地位の配分が上方にシフトすると、出身階層（親の社会的地位）は低くても、到達階層（当人の社会的地位）が高いという個人が増大する。出身階層と到達階層が一致している場合にはその個人の階層意識は安定するけれども、出身階層と到達階層が一致しない場合にはその個人は階層意識が安定しないために結果として〈中〉という中間的な階層帰属意識を抱くようになる。

一方、この地位継承という概念は、社会的地位の配分が上方にシフトしている状態が継続しているにもかかわらず、〈中〉の階層帰属意識が過半を占める状態で安定し、その分布を維持し続けることを、次のようにして説明する。

〈中〉の階層帰属意識が過半を占める状態においては、社会構造の変動が持続し、高学歴化であるとか、あるいはサービス部門の発達によるホワイカラー化など、社会的地位の配分が継続して上方シフトしていても、当分の間は、出身階層（親の社会的地位）は低くても、到達階層（当人の社会的地位）が高いという、中間的な階層意識をもつ個人が増大するに過ぎない。〈上〉の階層帰属意識をもつ個人が増大するためには、高い社会的地位で出身階層と到達階層が一致している個人が増大する必要があるけれども、そのためにはある世代でその高い社会的地位が一般化されるだけでなく（それは中間的な階層意識をもつ個人の増大しか引き起こさない）、その地位が子供の世代に引き継がれることが必要になる。つまり、〈中〉が過半を占める状態から、〈上〉が増大する状態に移行するためには、ある世代で地位の配分構造が変わるだけでなく、その地位が世代を通じて継承される必要があるため、〈下〉が過半を占める状態から〈中〉が過半を占める状態に移行するのに比較して、〈中〉が過半を占める状態から〈上〉が増大する状態に移行するためにははるかに時間がかかる。その結果、〈中〉が過半を占める状態が長期間持続することになる。

以上の説明からわかるように、“地位継承”の概念をもちいた説明モデルは、階層帰属意識分布について、それが上方シフトする時期と、それが安定的に推移する時期とをそれぞれ説明することに成功している。また、この説明モデルは、階層帰属意識分布の長期的な変化に2つの局面があることを、それぞれの局面について異なるモデルを適用するのではなく、あくまでも単一のモデルによって説明することに成功している。階層帰属意識の形成に“地位継承”が影響を及ぼすために、〈下〉が過半を占めている状態から〈中〉が過半を占めている状態に移行する速度にくらべ、〈中〉が過半を占めている状態から〈上〉が増える状態に移行するための速度は遅くなるのである。

もちろん、問題も残されている。この説明モデルは、今後の階層帰属意識分布の趨勢について、上方シフトに転じる可能性も、あるいは下方シフトに転じる可能性も否定していないからである。かりに、ある社会的地位の価値が地位の配分構造に関係なく普遍的であるとするなら、高い地位がより多くの個人に配分されるようになることで、階層帰属意識は上方シフトすることになるだろう。しかし、ある社会的地位の価値が地位の配分構造によって変動するのだとしたら、高い地位がより多くの個人に配分されるようになると、その地位の価値は下がり、階層帰属意識は下方シフトすることになる。本書では、社会的地位の価値が地位の配分構造に影響を与えるモデルの妥当性の方が高いことを示してきたが、2005年SSM調査データの限界もあり、この点については今後のさらなるデータの蓄積を通じて判断していくことが必要になるだろう。

一方、階層帰属意識分布の性差を説明するモデルに課せられる条件は、具体的には（1）できるだけ少ない変数でもって、（2）階層帰属意識を上げることに貢献する社会的・経済的地位の配分に対して不利な位置に立たされている女性の階層帰属意識が男性の階層帰属意識よりも高くなることを、（3）生物学的・文化的な性差に依拠することなく、理論的に説明できていることであった。

これに対して、本書が階層帰属意識分布の性差を説明するために、個人の社会的・経済的地位を中心にして階層帰属意識が形成されると考える個人モデルをベースにおきつつ、家族の社会的・経済的地位も個人の社会的・経済的地位との相互作用を通じてその個人の階層帰属意識に影響を与えているというモデルを考えた。このモデルが意味することは、確かに家族の社会的・経済的地位は個人の階層帰属意識形成に影響をもっているけれども、その影響は個人の社会的・経済的地位との相互作用を経由した間接的なものでしかないということであった。

ただし、このモデルの問題は、男性の階層帰属意識が配偶者の社会的・経済的地位の間接的な影響によって引き下げられ、女性の階層帰属意識が配偶者の社会的・経済的地位の間接的な影響によって引き上げられることは説明できても、女性の階層帰属意識が男性の階層帰属意識を逆転することまでは説明できないということである。

このような階層帰属意識の逆転を説明するために、本書ではさらに“配偶者の社会的・経済的地位への配慮は、配慮することが自身の主観的な階層的地位の上昇に貢献する場合になされ、そうでない場合にはなされない”という仮定を追加した。このような仮定を追加することで、階層的地位に対して中立的な地位を占めている女性（中等学歴の女性、あるいは無職の女性）の階層帰属意識の高さを説明することが可能になる。階層的地位に対して中立的な地位を占める個人は、自身の階層的地位をあげる場合にのみ配偶者の社会的・経済的地位への配慮をおこなうことで、そうでない個人と比較して、階層帰属意識を上げる方向にバイアスをかけられることになるからだ。

本書がこの問題に対して課した条件に、階層帰属意識分布の性差を説明するのに、生物学的な性差や、文化的な性差をその説明の前提としてもちいないということがあった。そして、女性と男性とで階層帰属意識の分布が異なることを説明するために本書が導入した説明モデルは、女性に対しても、また男性に対しても、等しく適用されるモデルである。したがって、個人が自身の所属階層を判断するメカニズムに、性別による差があることを仮定していたわけではない。しかし、階層帰属判断メカニズムが準拠することになる、自身の社会的・経済的地位と配偶者の社会的・経済的地位の分布が女性と男性とで異なるために、結果として生成される階層帰属意識分布に性差が現れてしまう。いわば、階層帰属意識分布の性差は、性別による社会的・経済的地位の配分構造の違いによって産出されているのである。

以上が、第1章において提示した問題Ⅰおよび問題Ⅱに対する、本書の答えであった。

問題Ⅰに対して本書が用意した答えは、同一のモデルによって階層帰属意識分布の長期的な変化の2つの局面を説明することに成功しており、かつその局面を形成する条件を明らかにしている。したがって、答えとしての条件を満足しているといってよい。

問題Ⅱに対して本書が用意した答えは、生物学的な性差、あるいは文化的な性差の概念に依存することなく、社会構造的な要因によって、階層帰属意識分布の性差を説明することに成功しており、かつなぜいっけんすると当人の社会的・経済的地位から予測される結果と異なってしまうのかを明らかにしている。やはり、答えとしての条件を満足しているといってよい。

このように、私たちは、第１章で特定化された２つの問題に対して、基準をクリアする答えを見つけ出すことに成功したのである。

しかし、繰り返し述べてきたように、本書の最終目的は、この個別の２つの問題にそれぞれ答えを与えることにあったのではない。特定化された２つの問題は、“階層意識と社会構造はいかに対応し、そしていかに対応していないのか”という、より大きな問いに関連付けられなければならない。つまり、階層意識と社会構造の（非）対応関係に関する一般理論を与えることが本書の最終目的だったのであり、問題Ⅰおよび問題Ⅱに答えを与える作業は、その最終目的に到達するための準備作業だったのである。

そこで、次節以降は、本書でみいだされた２つの答えがこのより大きな問いに対してどのようなことを示唆しているのか、このことをやや詳細に検討する。そして、そのことによって、本書が構想する階層意識と社会構造の（非）対応関係に関する社会理論の全体像を明らかにしたい。

2. 階層意識のミクローマクロ・リンクⅠ：地位継承と階層意識

大きな社会変化が生じたとき、私たちはしばしば政治であるとか、経済であるとか、あるいは文化であるとか、そうしたものの変動によってそのような変化を説明しようとする。確かに、政治体制が変化すれば、あるいは経済システムが変化すれば、あるいは人々の価値観が変化すれば、とうぜんそうした社会全体のマクロ水準での大きな変化は、ほかの領域にも大きな影響を及ぼすだろうし、私たちが説明したいと思った社会変化の原因になっていることもあるだろう。

あるいは逆に、ある社会構造が安定して再生産されているとき、そのような再生産を説明するために、私たちはしばしば政治であるとか、経済であるとか、あるいは文化であるとか、そうしたものを説明要因として引用しようとする。確かに、政治体制であるとか、経済システムであるとか、あるいはその社会の価値観であるとか、とうぜんそうした要因がある社会構造の存続に何らかの影響を及ぼしていることを、私たちはよく知っている。

しかし、“高度経済成長によって人々の生活が豊かになったために、人々の階層帰属意識が〈下〉から〈中〉へ移行した”というような、異なる現象をつなげて説明とするスタイルは、2つの異なる現象が結び付く過程の分析を軽視すると、しばしば誤った知見をもたらすことになる。実際に、第1章において問題にしたように、この2つの現象の結びつきは、けっして自明なことではない。

大切なのは、ある現象Aがそれとは異なる現象Bを引き起こすとき、2つの現象は（構造化の担い手である）行為者の行為によって介在されているということである。そして、行為者の行為は、その行為が私たちの日常生活の中で“意味あるもの”として選択され、また他の人々にとって理解可能なものとして提示されているならば、少なくともその範囲内では合理的といえる。現象Aが現象Bに影響を与えているとき、2つの現象はこのような行為者の行為によって媒介されているはずであり、したがってそうした“合理的”な行為の連鎖を明らかにすることは、現象間の関係を明らかにするときには非常に重要になってくる。

このような説明からわかるように、ここで問題にしていることは、J.コールマン（Coleman 1984（2004-2206））が明らかにしたような意味でのミクロ－マクロ・リンクの解明である。そして、本書が“このようなミクロ－マクロ・リンクの解明がとくに重要である”と考える理由は、現象間の影響関係が、しばしば私たちの直観を裏切る形で現れるからである。本書では、そのような事例として階層帰属意識分布の長期的な変化、あるいは階層帰属意識分布の性差を取り上げたけれども、これらはあくまでものそのような事例の一部でしかない。そして、このとき注意しなければならないことは、いっけんすると不可解にみえる現象間の影響関係も、異なる現象間に介在しているミクロの過程に注目すれば、その影響関係をきわめて合理的に説明できる場合があるということである。だからこそ、現象間の影響関係を明らかにするときには、異なる現象を媒介している人々の行為に注目する必要があるし、その行為の“合理的”な意味を明らかにすることが重要になる。

そして、問題Ⅰでとくに想定されていたマクロ－マクロ関係は、次のようなものであった。

1950年代から2000年代にかけて、日本社会構造は大きく変動してきた。そうした社会変動のうち、あるものは現在でも一貫して進行しており、あるものはある時期に急激に変動した後は安定したものもある。そして、あるものは変動期と安定期が交錯し、きわめて複雑な軌跡を辿っている。

たとえば、戦後日本では進学率が上昇し、高学歴化と呼ばれる社会変動が生じた。しかし、この高学歴化は、必ずしも戦後一貫して進行した社会変動ではない。高校の進学率に注目すれば、1970年代までに一気に高学歴化が進行し、その後は安定して推移している。しかし、大学の進学率に注目すると、1970年代後半までは一気に高学歴化が進行したものの、1980年代から停滞し、1990年代になってから再度高学歴化が進行するというように、複雑な軌跡を辿っている。そして、この高学歴化がもたらした学歴構造の変動は、階層意識の変動を分析するときの鍵となる主要な社会変動の1つだったのである。

また、戦後日本では産業化にともない、就業構造が大きく変動した。第4章で述べたように、この就業構造の変動も、その軌跡は必ずしも単純とはいえない。農業に就業している人々の全就業者に占める割合に注目すれば、1970年代頃までに一気に減少し、その後も減少傾向は続いているものの、それまでの急激な変化と比較すれば比較的安定的に推移しているといえる。しかし、ホワイトカラーに就業している人々が全就業者に占める割合に注目すれば、その割合は戦後一貫して増大し続けている。このような就業構造の変動も、階層意識の変動を分析するときの鍵となる主要な社会変動だったといえるだろう。

学歴構造の変動がどのようなものであったにしろ、あるいは就業構造の変動がどのようなものであったにしろ、本書が問題にしてきた階層意識の（非）変動は、このような社会変動とともにあった。

ちなみに、階層意識の（非）変動を導いていた諸構造の変動がそうであったように、階層意識の変動もけっして単純ではなかった。階層意識の1つである階層帰属意識は、1970年代半ばまでは一貫して上方シフトしていた一方で、1970年代半ば以降は奇妙なほど同一の分布を維持し続けている。つまり、本書でターゲットとされていたマクローマクロ関係は、{学歴構造の変動、就業構造の変動、etc　→　階層意識構造の変動／非変動} だったのである。

そして、学歴構造と階層帰属意識構造、あるいは就業構造と階層帰属意識構造といった、異なる現象に介在するミクロ過程についてある単純なメカニズムを想定することで、このように必ずしも単純とはいえないマクローマクロ関係を合理的に説明できることを示すことが、本書におけるミクローマクロ・リンクの解明だったのである。

一方、問題Ⅰでとくに想定されていたミクローミクロ関係は、次のようなものであった。

就業構造や、学歴構造の大規模な構造変動は、出身階層と到達階層の異なる個人を多く産んだ。もちろん、先行研究が指摘してきたように、このことが日本社会の開放性の高まりをそのまま意味するわけではなく、社会移動を制約する潜在的なパターンは戦後一貫して維持されてきてもいる（原・盛山 1999）。しかし、個人の階層意識形成にとって重要なのは、社会全体の変化よりも、自身の来歴である。つまり、構造変動によって来歴に一貫性を欠いた個人の出現がミクロ水準での変化の1つである。そして、来歴に出身階層と到達階層のずれを孕む個人が増えたというこの変化が、階層意識の不安定化を引き起こし、結果として“中間的な階層的地位である〈中〉意識をもつ個人の増大”というもう1つのミクロ水準での変化が引き起こされる。また、このミクローミクロ関係における変化は、さらに進展すると異なる局面に移行する。出身階層と到達階層にずれを含む個人はなかなか減少しないために、いったん増大した〈中〉意識は全体の半数を長期間にわたって占め続けることになるのだ。

以上からわかるように、マクローマクロ関係を説明するためにミクローミクロ関係に注目する必要があるのは、私たちの直観とは異なった対応を示すマクローマクロ関係が、しかし私たちにとって十分に理解可能なミクロ過程を経て産出されていることを明らかにしてくれるからである。たとえば、構造変動と階層意識の（非）変動のような、いっけんすると明確な対応を欠いているようにみえた関係も、2つの現象をつないでいる個人の体験に注目すれば“社会的地位の継承には世代交代のための時間を要する”という要因によって説明が可能になる[1]。世代交代に時間がかかるために、その間、個人の階層意識は不安定化し、そしてその状態が持続してしまう。ただ、それだけのことだったのである。

もちろん、この説明は、いまだ完成の途上にあり、構造変動と階層意識の（非）変動の対応関係のすべてを説明できていたわけではなかった。たとえば、第5章と第6章では“地位継承”以外に、家族内での社会的地位の多様性も構造変動を通じて〈中〉意識の増大とその安定に寄与してきたことを示しておいた。したがって、“地位継承”だけが求めるただ1つの答えというわけでもなかった。さらに、本書で検討したモデルでは、高学歴化や、ホワイトカラーの増大といった構造変動が今後も継続することを想定しているが、しかしこのような構造変動がいつまで継続するのか、実際のところは不明である。かりにこのような構造変動がある時点で終わりを告げたとき、そのことによって、階層帰属意識がどのように変化するのか、これは別途検討を要する問題であろう。

また、かりに高学歴化や、ホワイトカラーの増大といった構造変動がまだしばらく継続するのだとしても、〈中〉意識の安定期間を抜けた後、そのことが再び階層帰属意識の上方シフトをもたらすのか、それとも逆に階層帰属意識の下方シフトをもたらすのか、これは“人々が社会的地位を価値づける仕方”に依存しており、安易な予断を許さない。

いずれにしても、マクローマクロ関係を介在しているミクロの過程に注目することで、過程の担い手である個人にそれが意識されているかどうかは別にして、必ずしも自明ではなかった現象Aと現象Bの対応関係を自然に説明できる場合がある。

確かに、構造変動と階層帰属意識の間に、明確なつながりをみいだすことは難しかった。このような場合、私たちは“両者は別々の論理に支配されており、両者は独立の関係のある”と考えたくなる。実際に、1980年代、研究者の間

1　もちろん、現実社会はさまざまな要因によって複雑に構成されているので、実際にはこのことだけで個人の階層意識形成のすべてを説明できるわけではない。ここでは、複雑な現実を構成するメカニズムの1つとして、このようなメカニズムがあったことを指摘したいのである。

では階層帰属意識を階層意識としてみなすことに懐疑的な雰囲気があった（原 1990）。しかし、結果として構造変動と階層帰属意識間の対応関係が失われていたかのようにみえたけれども、それは両者がそれぞれ独立したメカニズムにしたがっていることを意味しているわけではなかった。ここに、社会構造と階層帰属意識の関係をミクロの過程に注目して分析し、考察することの意義があった。

とうぜん、本書が問題にした階層帰属意識は、階層意識の１つでしかない。階層帰属意識以外に、政治的態度であるとか、社会的不公平感であるとか、その人の基本的な社会観であるとか、あるいはブルデューにしたがえば通常は私的と思われているその人の趣味や嗜好といったものも、社会構造が何らかの影響を及ぼしている階層意識になる。こうした階層意識についても、構造変動と階層帰属意識の関係がそうであったように、単にマクロ－マクロ関係に注目するだけでなく、両者をつなぐミクロの過程に注目するミクロ－マクロ・リンクを明らかにすることが必要になるだろう。こうした階層意識が幼少時からの環境を通して個人に学習され、習得されるものならば、階層帰属意識がそうであったように、こうした階層意識も構造変動に対して直接的に反応するのではなく、幾分のずれを含みながら、複雑に変化していることが予想できる。本書のモデルは、構造と意識の対応関係の全貌を明らかにするにはまだまだ単純にすぎるし、またそうした変化のすべてを明らかにすることはほとんど不可能に近いだろうが、原理的にはそのように考えることができるはずだ。

どれほど、直接的な対応関係を失っているようにみえても、階層意識を社会構造から切り離して考えることはできない。両者は確かに結びついており、そして両者の結びつきは行為者の行為の合理性あるいは理解可能性に着目することで原則として説明可能である。だから、私たちが社会構造と階層意識の関係を考える際に気をつけなければならないことは、両者のつながり方は間接的であり、両者を媒介する行為者の行為によって対応関係がずれてしまったり、あるいは自然な予想からまったく逆転してしまったり、そうしたものになりうることに気がつくことなのである。

しかし、両者が行為者に媒介されることで、なぜ両者の対応はずれてしまったり、逆転してしまったりするのだろうか。階層帰属意識の長期的な変化に注目することで明らかにされたことは、個人はある一時点の社会構造に態度・行動が規定されているのではなく、過去の社会構造にも態度・行動を規定されており、そして過去から現在までに至る構造変動のパターンにも態度・行動を規定されているからなのである。つまり、個人は、幾重にも積み重ねられた歴史の中で個人として存在しているのであり、ただ単純に今ある社会構造にその意識を拘束される存在ではなかったからだ。

3. 階層意識のミクロ－マクロ・リンクⅡ：階層帰属意識の性差

前節では、階層帰属意識分布の長期的な変化について、その問題がどのような意味でミクロ－マクロ・リンクを含んでいるのかを検討した。本節では、階層帰属意識分布の性差について、その問題がどのような意味でミクロ－マクロ・リンクを含んでいるのかを検討しよう。

階層帰属意識分布の性差を問題にしているとき、問題とされている現象の１つは、女性の社会的進出に対していまだに抑圧的な私たちの社会の性差別的な構造であった。そのような性差別的な社会構造が再生産されたり、あるいは変動することによって、とうぜん私たちの階層意識も何らかの影響を受けるだろうし、それは結果として階層帰属意識分布の性差という形で反映されるはずである。そのような性差を含んでいるはずの社会全体の階層帰属意識分布が、ここではもう１つの問題にされる現象として理解されている。

すでに確認したように、行為者の行為が異なる現象間に介在し、そしてそうした行為に媒介されることで異なる現象は相互に影響を及ぼしあう。このとき、注意しなければならないことの１つは、異なるマクロ現象に介在する個々の行為者は、それぞれに固有の存在であり、けっして均質ななにかには還元されないということである。そして、注意しなければならないことのもう１つは、それと同時に、そのような行為者間の異質性は実は社会構造に由来することが少なくないということである。具体的にいえば、確かに性差別的な社会構造と性差を含んだ階層帰属意識分布は、女性という行為者と、男性という行為者と、異なる質をもった行為者グループによって生成されている。しかし、そのような性による異質性は、必ずしも生物学的な根拠をもっているわけではないし、あるいは文化的な要因に起因するものとも限らない。そうした異質性が単に社会構造によって形成されているものでしかないケースはけっして少なくないのである。したがって、階層帰属意識分布の性差に注目してミクロ－マクロ・リンクを考えるとき、マクロ－マクロ関係が異質性をもった諸個人に媒介されていると同時に、しかしそのような異質性も実は社会構造に由来するものでしかないことを十分に意識しなければならない。

したがって、本書での階層帰属意識分布の性差を分析する基本的な姿勢は、"社会構造が女性の階層意識を規定する論理と、社会構造が男性の階層意識を規定する論理とを、それぞれ別々に分析し、そのことで両者の違いを明らかにする"というものとはまったく異なったものになった。そうではなく、本書での分析の基本的な姿勢は、"女性と男性に共通する、社会構造が個人の階層意識を規定する単一の論理を分析し、両者の違いが社会構造上の配置の違いに由来するものでしかないことを明らかにする"といったものとなった。確かに、このような姿勢は、生物学的・文化的性差を無視し、個人をあくまでも均質な存在とみなそうとしているといった批判を受ける余地がある。しかし、社会構造によって構造的に再生産されている（差別を含んだ）性差を明らかにするためには、安易に生物学的・文化的性差を前提にするのではなく、いったんそのような性差を括弧に入れて問題を考えることが、分析戦略上、重要だったのである。

ミクロの過程に観察される、女性と男性に共通する所属階層の判断メカニズムとして、本書では、自身の社会的・経済的地位を基礎にして判断するメカニズムを前提にしていた。しかし、問題は"自身"の社会的・経済的地位というときの、"自身"の内容であった。本書では、家族（とうぜん、そこには配偶者も含まれる）のそれぞれに付与されている社会的・経済的地位も、（その個人が女性であるか、男性であるかに関係なく、）"自身"の社会的・経済的地位の一部を構成すると考えた。この社会の中で、個人は、家族から切り離された"単独の個人"として生きているわけではない。個人は、社会の成員の一人であるだけでなく、家族の成員でもあり、その個人のアイデンティティは"自身がどのような家族に属しているか"ということと切り離して考えることなどできないのである。

しかし、家族の社会的・経済的地位も“自身”の社会的・経済的地位の一部を構成しているけれども、それ自身が直接的に個人の階層認知に影響を及ぼしているわけではない。

個人は、自分自身の社会的・経済的地位に対して家族の社会的・経済的地位がどのように配置されているのかを確認し、そしてそれらを総合した上で、自身の所属階層を判断している。したがって、家族の社会的・経済的地位がかりに所属階層の判断に影響を与えるのだとしても、それはその個人本人の社会的・経済的地位との相互作用を含んでおり、いわばその個人本人の社会的・経済的地位を経由した間接的な影響になっている。

そしてこのことは、階層帰属判断に対する、家族の社会的・経済的地位の影響の検出を難しくしている。たとえば、同類婚の傾向が強まり、家族の社会的・経済的地位が自身の社会的・経済的地位と一致してしまうとき、結果としてその個人は自身の社会的・経済的地位だけで自身の所属階層を判断しているのと変わらなくなる。また、自身の主観的な階層的地位をできるだけ高めたいという認知バイアスがかかるなら、家族の社会的・経済的地位が自身の社会的・経済的地位よりも低くなるケースでは、その個人の階層帰属判断メカニズムは個人モデルと同じようなものになってしまう。つまり、このような間接的な形での家族の社会的・経済的地位の影響は、場合によっては（たとえば、分析の対象を男性に限定するようなケースでは）、検出することが困難になる。

しかしこのように考えたとき、性別によって社会構造上の配置が異なる傾向があるために、家族の社会的・経済的地位の影響が検出される度合いに性別で差があったとしても、そのことは、“女性と男性とで階層帰属判断のメカニズムが異なっており、その違いが階層帰属意識分布の違いになっている”ということにはならない。想定される階層帰属判断のメカニズムは、“その個人が女性であるか、男性であるか”に関係なく、同一のものであってかまわない。かりに男性の階層帰属判断メカニズムが女性の判断メカニズムと比較して（自身の社会的・経済的地位のみを重視する）個人モデルにより近いように見えても、あるいはかりに有職女性の階層帰属判断メカニズムが（自身の社会的・経済的地位と配偶者の社会的・経済的地位とを等しく重視する）共有モデルにより近いように見えても、あるいはかりに無職女性の階層帰属判断メカニズムが（配偶者の社会的・

経済的地位を重視する）借用モデルにより近いように見えても、そうした違いは社会構造上の配置の違いによってもたらされているにしかすぎない。

問題は、このように考えたとき、どのようなミクロ過程を経て現象間の対応関係が逆転するのか、このことを明らかにすることだった。この逆転を含んだマクロ－マクロ関係、すなわち“社会的・経済的地位の達成についてさまざまな不利益を被っているはずの女性の階層帰属意識が男性の階層帰属意識よりも高くなる”という逆説は、自身の主観的な階層的地位をできるだけ高くしようとする認知的なバイアスの存在を仮定することで、説明することができた。

たとえば、無職の個人について考えてみよう。無職の個人が自身の社会的・経済的地位を判断する際に配偶者の職業的地位を考慮に入れるか、入れないかは、“それを考慮することで自身の主観的な階層的地位が高まるのか、それとも逆に低くなってしまうのか”という点に依存していた[2]。そして、配偶者の職業的地位をこのように選択的に配慮する結果、配偶者の職業的地位の主観的な地位を低める効果は切り捨てられ、配偶者の職業的地位の主観的な階層的地位を高める効果のみが残る。すなわち、無職の個人について考えると、（職業について積極的な情報を提供できないので）自身の職業的地位は階層帰属意識に対して直接的な効果をもたないが、配偶者の職業的地位を経由した間接的な効果が存在し、しかもその効果は自身の主観的な階層的地位を引き上げるものに限定されていた。

配偶者の職業的地位についてこのような選択的な配慮をおこなっている無職の個人は、階層帰属意識がより高くなる方向へバイアスをかけられている。そして、女性集団は男性集団よりも多くの無職の個人を含んでおり、このように

2　無職であることは、階層帰属判断に積極的な情報を提供していないという意味で中立的である。ちなみに、面接調査法から留置調査法に変えたことで〈中〉が減り、DK/NAが増えたことから、〈中〉という回答は“全体の真ん中”という積極的な意味とは別に、“どこともいえない”といった判断保留の態度を意味している可能性が高いと推測できることを、第1章において指摘しておいた。したがって、ある個人についてとくに情報がなければ、その個人の主観的な階層的地位を（全体の過半を占めるところの）〈中〉ではないかと推測することは、ある意味では合理的な判断である。このような立場に立てば、学生や専業主婦のように職業について情報をもたない無職の個人を〈中〉と判断することには、それなりに根拠がある。もちろん、無職が経済的困難を伴っている場合は、経済的地位の階層帰属意識に対する影響が大きくなり、話は異なってくる。

階層帰属意識がより高くなる方向へバイアスをかけられている個人は、男性よりも女性に多くなる。

こうしたバイアスが蓄積されることで、最終的に階層帰属意識分布の逆転現象が生まれたのである。

このとき注意しなければならないことは、この過程は、“主観的な階層的地位をできるだけ高いものに設定する”という観点からはまったく合理的であり、十分な理解可能性があるということである。しかし、ミクロ過程を仔細に検討すればそこには十分な理解可能性が存在するにもかからず、マクロ現象としての階層帰属意識分布をみたときには、対応関係の逆転という“意図せざる結果”が産出されている。

問題Ⅱで想定されていたマクロ－マクロ関係は、女性の社会的・経済的地位の達成を抑圧する社会構造と、性別によって異なる階層帰属意識分布との対応関係であった。そして、両者の対応関係が問題にされたのは、社会的・経済的地位の達成を抑圧されているにもかかわらず、女性の階層帰属意識分布が男性の階層帰属意識分布よりも上方にシフトしていたからであった。いっけんすると、両者の対応関係はねじれており、女性あるいは男性の階層帰属意識は、自身がおかれている現実に根拠をおいていないかのようにみえる。しかし、現実との対応関係を欠いていた階層意識は、伝統的規範による社会化であったり、あるいは個人の現実に対する認識が誤っていたり、そうしたものによって産出されていたわけではない。2つの現象に介在するミクロ過程上で、個人の諸属性（この属性の中には、家族の社会的・経済的地位も含まれている）が相互に複雑に作用することで、個々の行為・判断を取り上げれば十分に理解可能性があるにもかかわらず、そのような理解可能性をもった行為・判断が積み重ねられることで、結果として、私たちの自然な直観を裏切るような対応関係が形成されていたのだ。

したがって、問題Ⅱで取り上げた階層帰属意識分布の性差は、マクロ－マクロ関係を問題にする場合、両者の関係を機能主義的に解釈するだけでは正確な理解を得られない絶好の例となっている。マクロ－マクロ関係を正確に理解するためには、2つの現象を結びつけるミクロ過程の解明が不可欠なのである。

私たちは、しばしばこの社会において直観的な理解に困難を覚えるような不可解な現象に直面する。ミクローマクロ・リンクの解明によってそうした現象のすべてが説明できるとまではいえないにしても、そうした現象に関与している個人の個々の行為に注目すれば十分な理解可能性があり、実はその現象は“意図せざる結果”であったということは少なくない。ミクローマクロ・リンクの考え方は、このような現象の解明に大きく貢献してくれる。

本章では、ミクローマクロ・リンクの考え方を社会構造と階層意識の関係にあてはめて、現象の理解に努めた。明らかにされたことは、どれほど現実との対応を欠いているように見えても、階層意識は社会構造と無関係に形成されているわけではないということだった。しかし、それと同時に、社会構造と階層意識の関係は必ずしも直接的に対応しているわけでなく、その対応は時間的にずれていたり、あるいはねじれていたりするものだった。そして、そのような対応のずれやねじれが生じる理由は、両者を媒介している個人の社会構造に影響を受ける仕方の複雑性にあった。前節では、個人は、現時点での社会構造に影響を受けるだけでなく、過去の社会構造にも影響を受け、またどのように構造変動を体験したのかにも影響を受けるということを指摘しておいた。そして本節では、前節での知見に加えて、個人は自身の社会構造上の配置に影響をうけるだけでなく、自身に関係する人々の社会構造上の配置にも影響を受け、またその個人がそうした人々と関係しているパターンにも影響を受けているということを指摘した。個人は、この社会において単独の個人として存在しているのではなく、いわば“家族の中の個人”として存在しているのである。

4. 構造の二重性

本書では、社会構造と階層意識の関係を問題にしてきた。そして、階層意識は、社会構造とまったく無関係に形成されているわけではないことを明らかにしてきた。しかし、“社会構造が階層意識を規定する”といった考え方の原型は、すでにマルクスの唯物史観にも見出すことができ（Marx 1859 (1956), Marx & Engels 1846 (1956)）、社会科学においては、ある意味、常識的にすぎる見解でもある。したがって、階層意識が社会構造に規定されていることを確認したからといって、それ自体は新しい発見とはいえない。

にもかかわらず、あえてこのような形で社会構造と階層意識の関係を問題にしてきたのは、階層意識の１つである階層帰属意識については、このような常識的にすぎる見解があてはまらないように見えたからだった。しかし、本書のこれまでの詳細な検討から明らかにされたように、階層帰属意識もまた、社会構造の影響を受けて構成されている階層意識の１つだったのであり、社会科学の常識的な見解を覆すような特異な社会意識ではなかった。

本書の意義は、むしろ社会構造が階層意識を規定する仕方の複雑性の解明にあったといえるだろう。階層意識は、その階層に所属する人々の共通利益の反映だったり、あるいは逆に支配階級の利益を正当化する論理の押し付けだったり、そういった形で社会構造を反映しているわけではなかった。そのような見解は、階層意識に関する、あまりにも単純化された見解だったのである[3]。

ある社会構造から導かれる階層意識は、社会構造と階層意識を媒介する行為によって、私たちが想定していなかったような形で社会構造を反映している場合が少なくない。たとえば階層帰属意識がそうした階層意識の事例になっていたわけだが、本書が取り上げた事例は、階層意識が社会構造に対してどのように機能しているかといったことに関心をもつ機能主義的な発想では、“どのようなメカニズムがそのような階層意識が導いたのか”を正しく解明することなど到底できない事例になっている。メカニズムの解明のためには、現象と現象をつないでいるミクロ過程に注目し、そしてそのミクロ過程を支配していた論理を明らかにすることが必要だったのである。

このように、本書では、社会構造が階層意識を規定するメカニズムの解明にその関心を傾注させていたけれども、しかし改めて問題の構図を振り返るならば、逆のメカニズムを問題にすることも可能だったはずである。つまり、社会構造が階層意識を規定するメカニズムではなく、階層意識が社会構造を規定するメカニズムもまた検討の対象になりえたはずである。そして、本書ではあえて社会構造が階層意識を規定するメカニズムにその関心を集中させたけれども、だからといって“階層意識は社会構造に規定されるばかりで、階層意識が社会構造を規定することなどない”と考えていたわけではない。長い目で見れば、

3　Laumann and Senter（1976）は、階層意識を共有することが仲間意識と結びつく傾向がある一方で、互いを競争的な関係におく側面もあることを指摘している。

社会構造が階層意識を規定していたように、階層意識もまた社会構造を規定しているはずなのである。

しかし、それでは、階層意識は社会構造をどのようにして規定しているのだろうか。本書では、もはやこの問題について詳細に検討するだけの余裕はないが、いくつかの手がかりを示すことはできる。とくに階層帰属意識について考えるならば、階層帰属意識とそのほかの社会意識との関連についていくつかの興味深い事実がすでに明らかにされている。たとえば、階層帰属意識と生活満足感との関連は高く（前田 1998）、“ある個人の階層帰属意識の高さは、その個人の生活に対する満足度を示している”と考えることができる。あるいは、階層帰属意識と社会的公平感の間にも関連が存在し（数土 2003a）、“ある個人の階層帰属意識の高さは、その個人が「社会は公平である」と考える度合いを強めている”と考えることができる。おそらく、階層帰属意識はこれら以外の社会意識とも何らかの関連をもっていると思われるが、とりわけ生活満足感や社会的公平感との間にある関連は、階層帰属意識の高さが“現状を否定的に考える”傾向よりは“現状を肯定的に考える”傾向と結びつきやすいことを示唆している。

戦後日本の階層帰属意識分布は、50年代から70年代にかけて〈中〉が増え、70年代以降は〈中〉が全体の半分という分布を安定して維持している。このような〈中〉に偏った階層帰属意識分布は、当初の〈下〉がもっとも多かった階層帰属意識分布と比較すると、より現状を受け入れやすい心性が社会に形成されていることを意味している。たとえ社会移動の潜在的なパターンは維持されたままであっても（原・盛山 1999, Ishida, Goldthorpe and Erikson 1991）、かつ社会的地位達成の機会格差に劇的な変化がなかったとしても、結果としてそのような心性が形成されているのである。

あるいは、階層帰属意識は、社会的・経済的地位の達成についてさまざまな不利益を被っているはずの女性の方が男性よりも高くなる傾向があった。このような階層帰属意識分布の性差は、さまざまな不利益の存在にもかかわらず、女性においてより現状を受け入れやすい心性が形成されている可能性を示唆する。たとえ、そのような性差が女性と男性を差別的に配置する社会構造によってもたらされていたとしても、結果としてそのような心性が形成されているのである。

社会構造が行為者の行為（態度や判断なども含む）を経由して階層意識を形成する。しかし、そうやって形成された階層意識は、やはり行為者の行為（態度や判断なども含む）を経由して、今度は社会構造に再帰していく。たとえば、階層帰属意識について考えてみよう。ある社会構造が特定の分布をもった階層帰属意識を形成する。そうやって形成された階層帰属意識は、現状を肯定的に捉える社会意識と一緒に、今度は自身を産出した社会構造を強化し、その再生産を容易にする。ここには、構造と意識の循環関係が存在する。構造が意識を形成していたのだが、そのような構造を生産していたのは実は構造が形成したところの意識だったのである。

もちろん、構造が意識を規定する仕方がけっして単純なものでなかったように、意識が構造を規定する仕方もここで述べているほどには単純でない可能性が高い。したがって、意識が構造に影響を与えるマクロ関係もやはりミクロ過程に介在されているなら、今後はこのミクロ過程の解明が重要な課題となろう。

また、マクロ－マクロ関係が、一方向的な因果関係ではなく、相互に影響を与え合う関係だったように、ミクロ－マクロ関係も、一方向的な因果関係でなく、相互に影響を与え合う関係になっている。

すでに、ギデンズが相互に影響を与えあうミクロ－マクロ関係を“構造の二重性”として概念化している（Giddens 1984）。構造の二重性の基本的なアイディアは、“行為者の選択する行為は社会構造の制約の下にあるけども、しかしその行為を制約する構造は行為者が選択する行為によって再生産されている”というものだった。そして、このとき注意しなければならないことは、行為者は自身がこのような過程を担っていることを必ずしも自覚しているわけではなく、それゆえ行為者の行為によって構造が生産されているとしても、そのこと自体は行為者の“意図せざる結果”であったということである。

ギデンズの“構造の二重性”のアイディアは、本書の問題関心であったマクロ－マクロ関係を媒介するミクロ過程に共通する特徴をよく示している。しかし、必ずしも十分なわけではない。

本書の分析によって示されたように、ミクロ－マクロ関係は、その再生産を担っている行為者がその過程を自覚していないだけでなく、その関係が再生産を担っている行為者にとって自身の利益に反する結果になっている場合もある。階層帰属意識の分析を通じて示してきたように、それが行為者によって“意図された”ものではなかったにしても、機会格差を温存したまま産業化が進行する社会を結果として承認することになっていたり、あるいは依然として性による格差を含んだままの社会を結果として（女性が）承認することになっていたり、再生産を担っている行為者の利益とは合致したものには必ずしもなっていないからである。もちろん、ミクローマクロ関係がつねにこのようなねじれを含んでいるわけではない。しかし、そのようなねじれが存在するとき、その関係の再生産が（その関係の再生産を実質的に担っているはずの）行為者にとって明確に自覚されていないがゆえに、その関係が抱えていた問題も巧妙に隠蔽されてしまうのである。

意図せざる結果というとき、“意図せざる”という表現に2つの異なる意味を読み込むことができる。

1つは、意図された結果とは別の結果という意味での“意図せざる結果”である。ある行為が引き起こす結果は1つとは限らない。ある行為によって複数の結果が引き起こされ、そしてその一部のみが当初意図されていた結果だとするなら、それ以外の結果は“意図せざる結果”になる。たとえば、ビジネスの都合である人と知り合いになり、しかしその人との付き合いを通じて自身の視野が拡がったという経験を考えてみよう。自身の視野を拡げることが“その人とコンタクトをとる”最初の目的に含まれていなかったならば、それは私にとっては“意図せざる結果”だったといえるだろう。

もう1つは、意図された結果に反する結果という意味での、“意図せざる結果”である。ある行為が引き起こす結果は、当初の目的を確実に実現してくれるとは限らない。ある行為によってある結果が引き起こされ、そしてその結果が当初の目的にまったく反した結果になったとするなら、その結果は“意図せざる結果”になる。たとえば、ビジネスである人と知り合いに成り、しかしその人との付き合いを通じて、かえって損失を被ってしまったという経験を考えてみよう。私が“その人とコンタクトをとる”目的がその人との付き合いから経済的な利益を引き出すことだったとすれば、その人との関係で経済的な損失を被ることは、当初の目的に反した、“意図せざる結果”だったといえるだろう。

ミクロ－マクロ・リンクにおける“意図せざる結果”は、この2つの意味を同時に帯びうる。それは、ギデンズのいうように、行為者の実践意識を経由して、行為者に明確に自覚されないままに再生産される関係ということで、前者の意味での“意図せざる結果”でありうる。しかし、それと同時に、行為者が自己利益に忠実に行為を選択していたにもかかわらず、導かれた結果が全体として行為者に不利益をもたらしているならば、それは後者の意味での“意図せざる結果”でもありうる。ミクロ－マクロ・リンクを分析する場合には、前者の意味での“意図せざる結果”だけでなく、後者の意味での“意図せざる結果”にも十分に注意を払うことが必要である。

本書では、社会構造と階層意識の関係を主題として取り上げてきた。そして、明らかにされた社会構造と階層意識の関係は、あたかも“実像”と“鏡像”との関係のようである。

階層意識は、どれほど現実との対応が希薄にみえても、社会構造に影響されており、その限りにおいて社会構造を映し出している。また、階層意識に映し出されている社会構造は、社会構造が階層意識に影響を与える過程を丁寧に追いかけるならば、そこにはなにも飛躍はなく、したがって決定的な誤りを含んだ像とはいえなかった。物体の像を映し出す鏡が、映し出されているものの姿をそのままに映し出し、けっして嘘をつかないように、社会構造を映し出している階層意識も、映し出されている社会構造の姿をそのままに映し出しており、その限りにおいて、それは虚偽意識とはいえなかった。

しかし、ここで注意しなければならないことは、かりに鏡が物体の姿をそのまま映し出し、けっして嘘をつかないとしても、にもかかわらず実像と鏡像はけっして一致しないということである。なぜなら、鏡が映し出す像は、つねにその物体を左右逆にした像になっているからである。同じように、かりに階層意識が社会構造の姿を映し出しており、けっして嘘をついていないとしても、にもかかわらず“階層意識に映し出された社会構造”と“現実の社会構造”とが一致するわけではない。実際に、本書は、階層帰属意識分布から予想される社会構造が現実の社会構造と一致していないことを、問題の端緒としていた。したがって、階層意識について議論を展開する場合には、それが虚偽意識ではないということと、にもかかわらずそれは現実と同じではないということと、この2つのことに注意し、そのような“ずれ”を生み出す（ミクロ）過程を明らかにする必要があった。

私たちは自身の全体像を把握する手段として、鏡をもちいる。私たちは、自身の目によっては自身の全体像を直接に視ることができないからである。しかし、私たちが自身の全体像として鏡像しか知らず、しかも鏡がものを映し出すメカニズムを知らなければ、左右逆の自分の姿を現実の自分の姿だと思うようになるだろう。同じように、私たちは社会の全体像を把握する手段として、社会調査を実施し、そうやって得られた人々の階層意識を分析しようとする。私たちは、社会調査のような間接的な方法でもってしか、私たちが生きている社会の全体像を知ることができないからである[4]。しかし、私たちが調査回答を通して示される人々の階層意識しか知らず、かつ人々の階層意識が現実を映し出すメカニズムを知らなければ、社会について誤った全体像を描き出し、それを真実だと信じ込むことになるだろう。階層意識のダイナミクスを問題にするとは、それが現実を映し出すメカニズムを明らかにすることで、階層意識という鏡に映し出された鏡像を補正する作業だったのである。

追記

1955年から2005年の『社会階層と社会移動調査（含む、威信調査）』データ、『2003年仕事と暮らしに関する全国調査』データ、および『2006年中央調査社個人オムニバス調査（2月）』データを使用することについて2005年SSM調査研究会から許可を得ました。心からお礼申し上げます。

4　私たちが直接的に経験する社会は、つねに社会の部分でしかなく、そこから全体像を導くことはできない。

参考文献

1995年SSM調査研究会, 1998,『1995年SSM調査コード・ブック』

Abbott, Pamela, 1987, "Women's Social Class Identification : Does Husband's Occupation Make a Difference?", *Sociology* 21 (1) : 91-103.

Abelmann, Nancy, 1997, "Women's Class Mobility and Identities in South Korea : A Gendered Transnational, Narrative Approach", *The Journal of Asian Studies* 56 (2) : 398-420.

Acker, Joan, 1973, "Women and Social Stratification : A Case of Intellectual Sexism", *The American Journal of Sociology* 78 (4) : 936-45.

Acker, Joan, 1980, "Women and Social Stratification : A Review of Recent Literature", *Contemporary Sociology* 9 (1) : 25-35.

赤川学, 1998,「女性の階層的地位をめぐる四つのモデル——女性の地位独立モデルは有効か？」渡辺秀樹・志田基与師編『階層と結婚・家族——1995年SSM調査シリーズ15』1995年SSM調査研究会, 131-50.

赤川学, 2000,「女性の階層的地位はどのように決まるか？」盛山和夫編『日本の階層システム4——ジェンダー・市場・家族』東京：東京大学出版会, 47-63.

Baxter, Janeen, 1992, "Domestic Labour and Income Inequality", *Work, Employment and Society* 6 (2) : 229-49.

Baxter, Janeen, 1994, "Is Husband's Class Enough? Class Location and Class Identity in the United States, Sweden, Norway, and Australia", *American Sociological Review* 59 (2) : 220-235.

Becker, Gary S., 1964, *Human Capital, : A Theoretical and Empirical Analysis, with Special Reference to Education*, New York : National Bureau of Economic Research.（佐野陽子訳, 1976,『人的資本　教育を中心とした理論的・経験的分析』東洋経済新報社）

Becker, Rolf, 2003, "Educational Expansion and Persistent Inequalities of Education : Utilizing Subjective Expected Utility Theory to Explain Increasing Participation Rates in Upper Secondary School in the Federal Republic Germany", *European Sociological Review* 19 (1) : 1-24.

Beeghley, Leonard and John Cochran, 1988, "Class Identification and Gender Role Norms among Employed Married Women", *Journal of Marriage and the Family* 50 (3) : 719-29.

Beller, Emily and Michael Hout, 2006, "Intergenerational Social Mobility : The United States in Comparative Perspective", *THE FUTURE OF CHILDREN* 16 (2) : 19-36.

Bernstein, Basil B., 1996, *Pedagogy, Symbolic control, and Identity : Theory, Research, Critique*, London ; Washington, D. C. : Taylor & Francis.（久冨善之ほか訳，2000，『「教育」の社会学理論：象徴統制，「教育（ペダゴジー）」の言説，アイデンティティ』法政大学出版局）

Bian, Yanjie, 2002, "Chinese Social Stratification and Social Mobility", *Annual Review of Sociology* 28 : 91-116.

Biblarz, Timothy, Adrian E. Raftery and Alexander Bucur, 1997, "Family Structure and Social Mobility", *Social Forces* 75 (4) : 1319-39.

Boudon, Raymond, 1973, *Mathematical Structure of Social Mobility*, Amsterdam : Elsevier Scientific Publishing Company.

Bourdieu, Pierre, 1979, *La distinction : critique sociale du jugement*, Paris : Editions de Minuit.（石井洋二郎訳，1989，『ディスタンクシオン　社会的判断力批判　1/2』藤原書店）

Bourdieu, Pierre, 1980, *Le sens pratique*, Paris : Editions de Minuit.（今村仁司ほか訳，1988/1990，『実践感覚』みすず書房）

Bourdieu, Pierre, 1987, *Choses dites*, Paris : Editions de Minuit.（石崎晴己訳，1991，『構造と実践　ブルデュー自身によるブルデュー』藤原書店）

Bourdieu, Pierre（加藤晴久編：加藤晴久ほか訳），1990，『超領域の人間学』藤原書店

Bourdieu, Pierre and Jean-Claude Passeron, 1970, *La reproduction : elements pour une theorie du systeme d'enseignement*, Paris : Editions de Minuit.（宮島喬訳，1991，『再生産　教育・社会・文化』藤原書店）

Breen, Richard, 1997, "Inequality, Economic Growth and Social Mobility", *The British Journal of Sociology* 48 (3) : 429-49.

Breen, Richard and John H. Goldthorpe, 1997, "Explaining Educational Differentials : Toward a Formal Rational Action Theory", *Rationality and Society* 9 (3) : 275-305.

Breen, Richard and John H. Goldthorpe, 2001, "Class, Moblility and Merit : The Experience of Two British Birth Cohorts", *European Sociological Review* 17 (2) : 81-101.

Breen, Richard and Jan O. Jonsson, 2000, "Analyzing Educational Careers : A Multinomial Transitional Model", *American Sociological Review* 65 : 754-72.

Breen, Richard and Jan O. Jonsson, 2005, "Inequality of opportunity in comparative perspective : Recent research on educational attainment and social mobility", *Annual Review of Sociology* 31 : 223-243.

Breen, Richard and Christopher T. Whelan, 1993, "From Ascription to Achievement? : Origins, Education and Entry to the Labour Force in the Republic of Ireland during the Twentieth Century", *Acta Sociologica* 36 : 3-17.

Brine, Jacky and Richard Waller, 2004, "Working-class Women on an Access Course : Risk, Opportunity and (Re) constructing Identities", *Gender and Education* 16 (1) : 97-113.

Burtless, Gary, 1999, "Effects of Growing Wage Disparities and Changing Family Composition on the U. S. Income Distribution, " *European Economic Review* 43 : 853-65.

Cameron, Stephen V. and James J. Heckman, 1998, "Life Cycle Schooling and Dynamic Selection Bias : Models and Evidence for Five Cohorts of American Males", *The Journal of Political Economy* 106 (2) : 262-333.

Cancian, Maria and Deborah Reed, 1998, "Assessing the Effects of Wives' Earnings on Family Income Inequality, " *The Review of Economics and Statistics* 80 (1) : 73-9.

Cancian, Maria and Deborah Reed, 1999, "The Impact of Wives' Earning on Income Inequality : Issues and Estimates, " *Demography* 36 (2) : 173-84.

Carter, Valerie J., 1994, "The Family, the Workplace, and Work Technology : An Integrated Model of Class Identification among Women Office Workers", *Work and Occupations* 21 (3) : 308-34.

Chan, Tak Wing, 1995, "A Comparative Analysis of Social Mobility in Hong Kong", *European Sociological Review* 11 (2) : 135-55.

Checchi, Daniele, Andrea Ichino and Aldo Rustichini, 1999, "More Equal but Less Mobile? : Education Financing and Intergenerational Mobility in Italy and in the US", *Journal of Public Economics* 74 : 351-393.

Cheng, Yuan and Jianzhong Dai, 1995, "Intergenerational Mobility in Modern China", *European Sociological Review* 11 (1) : 17-35.

Coleman, James S., 1984, *Foundations of Social Theory*, Cambridge, Mass. : Belknap Press of Harvard University Press. (久慈利武監訳, 2004-2006, 『社会理論の基礎』青木書店)

Dale, Angela G., Nigel Gilbert and Sara Arber, 1985, "Integrating Women into Class Theory", *Sociology* 19 (3) : 384-409.

Dale, Stacy Berg and Alan B. Krueger, 2002, "Estimating the Payoff to Attending a more Selective College : An Application of Selection on Observables and Unobservables", *The Quarterly Journal of Economics* November 2002 : 1491-1527.

Danziger, Sheldon, 1980, "Do Working Wives Increase Family Income Inequality?" *The Journal of Human Resources* 15 (3) : 444-51.

Davies, Richard, Eskil Heinesen and Anders Holm, 2002, "The Relative Risk Aversion Hypothesis of Educational Choice ", *Journal of Population and Economics* 15 : 683-713.

Davis, Nancy and Robert V. Robinson, 1988, "Class Identification of Men and Women in the 1970s and 1980s", *American Sociological Review* 53 (1) : 103-12.

Davis, Nancy and Robert V. Robinson, 1998, "Do Wives Matter? : Class Identities of Wives and Husbands in the United States, 1974-1994", *Social Forces* 76 (3) : 1063-86.

De Graaf, Nan Dirk, Paul M. De Graaf and Gerber Kraaykamp, 2000, "Parental Cultural Capital and Educational Attainment in the Netherlands : A Refinement of the Cultural Capital Perspective", *Sociology of Education* 73 : 92-111.

DiMaggio, Paul, 1982, "Cultural Capital and School Success : The Impact of Status Culture Participation on the Grades of U. S. High School Students", *American Sociologi-*

cal Review 47 (2) : 189-201.

DiMaggio, Paul and John Mohr, 1985, "Cultural Capital, Educational Attainment, and Marital Selection", *American Journal of Sociology* 90 (6) : 1231-61.

Edlund, Jonas, 2003, "The Influence of the Class Situations of Husbands and Wives on Class Identity, Partly Preference and Attitudes Towards Redistribution : Sweden, Germany and the United States", *Acta Sociologica* 46 (3) : 195-214.

Erikson, Robert, 1984, "Social Class of Men, Women and Families", *Sociology* 18 (4) : 500-14.

Erikson, Robert, 2006, "Social Class Assignment and Mortality in Sweden", *Social Science and Medicine* 62 : 2151-2160.

Erikson, Robert and John H. Goldthorpe, 1988, "Women at Class Crossroads : A Critical Note", *Sociology* 22 (4) : 545-53.

Erikson, Rober and John H. Goldthorpe, 1992, *The Constant Flux : A Study of Class Mobility in Industrial Societies*, Oxford [England] : Clarendon Press.

Erikson, Robert and John H. Goldthorpe, 1992, "Individual or Family? Results from Two Approaches to Class Assignment", *Acta Sociologica* 35 : 95-105.

Erikson, Robert and Jan O. Jonsson, 1998, "Social Origin as an Interest-bearing Asset : Family Background and Labour-market Rewards among Employees in Sweden", *Acta Sociologica* 41 : 19-36.

Evans, M. D. R. and Fonathan Kelly, 2004, "Subjective Social Location : Data from 21 Nations", *International Journal of Public Opinion Research* 16 (1) : 3-37.

Fararo, Thomas J. and Kenji Kosaka, 1992, "Generating Images of the Shape of a Class System", *Journal of Mathematical Sociology* 17 (2-3) : 195-216.

Fararo, Thomas J. and Kenji Kosaka, 2003, *Generating Images of Stratification : A Formal Theory*, Dordrecht ; Boston, [Mass.] : Kluwer Academic.

Featherman, David L., F. Lancaster Jones and Robert M. Hauser, 1975, "Assumptions of Social Mobility Research in the U. S : The Case of Occupational Status, " *Social Science Research* 4 (4) : 329-60.

Felson, Marcus and David Knoke, 1974, "Social Status and the Married Woman", *Journal of Marriage and the Family* 36 (3) : 516-21.

Galor, Oded and Joseph Zeira, 1993, "Income Distribution and Macroeconomics", *The Review of Economics Studies* 60 (1) : 35-52.

Ganzeboom, Harry B., Donald J. Treiman and Wout C. Ultee, 1991, "Comparative Intergenerational Stratification Research : Three Generations and Beyond", *Annual Review of Sociology* 17 : 277-302.

Ganzeboom, Harry B. and Donald J. Treiman, 1996, "Internationally Comparable Measures of Occupational Status for the 1988 International Standard Classification of Occupations", *Social Science Research* 25 : 201-239.

Garner, Catherine L. and Stephen W. Raudenbush, 1991, "Neighborhood Effects on Educational Attainment : A Multilevel Analysis", *Sociology of Education* 64 (4) : 251-

62.

Gerber, Theodore, 2000, "Educational Stratification in Contemporary Russia : Statibility and Change in the Face of Economic and Institutional Crisis", *Sociology of Education* 73 (4) : 219-46.

Gerber, Theodore, 2003, "Loosening Links? School-to-Work Transitions and Institutional Change in Russia since 1970", *Social Forces* 82 (1) : 241-76.

Gerber, Theodore P. and Michael Hout, 1995, "Educational Stratification in Russia during the Soviet Period", *American Journal of Sociology* 101 (3) : 611-60.

Giddens, Anthony, 1976, *New Rules of Sociological Method : A Positive Critique of Interpretative Sociologies*, New York : Basic Bokks. (＝松尾精文ほか訳, 1987,『社会学の新しい方法規準　理解社会学の共感的批判』而立書房)

Giddens, Anthony, 1979, *Central Problems in Social Theory : Action, Structure, and Contradiction in Social Analysis*, Basingstoke : Macmillan. (＝友枝敏雄・今田高俊・森重雄訳, 1989,『社会理論の最前線』ハーベスト社)

Giddens, Anthony, 1984, *The Constitution of Society : Outline of the Theory of Structuration*, Cambridge : Polity Press.

Goldthorpe, John H., 1983, "Women and Class Analysis : In Defence of the Conventional View", *Sociology* 17 (4) : 465-88.

Goldthorpe, John H., 1984, "Women and Class Analysis : A Reply to the Replies", *Sociology* 18 (4) : 491-9.

Goldthorpe, John H., 1997, "The Integration of Sociological Research and Theory : Grounds for Optimism at the End of the Twentieth Century", *Rationality and Society* 9 (4) : 405-426.

Goldthorpe, John H. and Gordon Marshall, 1992, "The Promising Future of Class Analysis : A Response to Recent Critiques", *Sociology* 26 (3) : 381-40.

Goux, Dominique and Eric Maurin, 1997, "Meritocracy and Social Heredity in France : Some Aspects and Trends", *European Sociological Review* 13 (2) : 159-77.

Grawe, Nathen D. and Casey B. Mulligan, 2002, "Economic Interpretations of Intergenerational Correlations", *Journal of Economic Perspectives* 16 (3) : 45-58.

Grusky, David B. and Robert M. Hauser, 1984, "Comparative Social Mobility Revisited : Models of Convergence and Divergence in 16 Countries", *American Sociological Review* 49 (1) : 19-38.

Hammond, John L., 1987, "Wife's Status and Family Social Standing", *Sociological Perspectives* 30 (1) : 71-92.

原純輔, 1990,「序論」原　純輔（編）『現代日本の階層構造 2　階層意識の動態』東京大学出版会

原純輔・肥和野桂子, 1990,「性別役割意識と主婦の地位評価」岡本英雄・直井道子（編）『現代日本の階層構造 4　女性と社会階層』東京大学出版会

原純輔・盛山和夫, 1999,『社会階層　豊かさの中の不平等』東京大学出版会

Hauser, Robert and Peter A. Mossel, 1985, "Fraternal Resemblance in Educational At-

tainment and Occupational Status", *American Journal of Sociology* 91 (3) : 650-73.
Hauser, Robert and John Robert Warren, 1997, "Socioeconomic Indexes for Occupations : A Review, Update, and Critique", *Sociological Methodology* 27 : 177-298.
Hayes, Bernadette C. and F. L. Jones, 1992, "Marriage and Political Partisanship in Australia : Do Wives' Characteristics Make a Difference?", *Sociology* 26 (1) : 81-101.
Heath, Anthony and Nicky Britten, 1984, "Women's Jobs do Make a Difference : A Reply to Goldthorpe", *Sociology* 18 (4) : 475-90.
Hillmert, Steffen and Marita Jacob, 2003, "Social Inequality in Higher Education : Is Vocational Training a Pathway Leading to or Away from University?", *European Sociological Review* 19 (3) : 319-34.
Hodge, Robert W. and Donald J. Trieman, 1968, "Class Identification in the United States", *The American Journal of Sociology* 73 (5) : 535-547.
星 敦士, 2000,「階層帰属意識の判断基準と比較基準：準拠枠としてのネットワークの機能」『社会学評論』51 (1) : 120-35.
Hout, Michael and Harvey Rosen, 2000, "Self-Employment, Family : Background, and Race", *The Journal of Human Resources* 35 (4) : 670-92.
Illich, Ivan, 1981, *Shadow Work*, Boston ; London : M. Boyars.（玉野井芳郎・栗原彬訳, 1982,『シャドウ・ワーク生活のあり方を問う』岩波書店）
今田高俊, 1989,『社会階層と政治』東京大学出版会
今田高俊・原純輔, 1979,「社会的地位の一貫性と非一貫性」富永健一（編）『日本の階層構造』東京大学出版会
石田淳, 2003,「認識の効率性と階層イメージ：スキャニング打ち切り条件を課したFKモデル」『理論と方法』18 (2) : 211-28.
Ishida, Hiroshi, 1993, *Social Mobility in Contemporary Japan : Educational Credentials, Class and the Labour Market in a Cross-national Perspective*, London : Macmillan in association with St. Antony's College, Oxford.
Ishida, Hiroshi, John H. Goldthorpe and Robert Erikson, 1991, "Intergenerational Class Mobility in Postwar Japan", *American Journal of Sociology* 96 (4) : 954-92.
Ishida, Hiroshi, Walter Muller and John M. Ridge, 1995, "Class, Origin, Class Destination, and Education : A Cross-National Study of Industrial Nations", *American Journal of Sociology* 101 (1) : 145-93.
石井洋二郎, 1993,『差異と欲望 ブルデュー『ディスタンクシオン』を読む』藤原書店
Jackman, Mary R., 1979, "The Subjective Meaning of Social Class Identification in the United States", *The Public Opinion Quarterly* 43 (4) : 443-62.
Jones, F. L., Hideo Kojima and Gary Marks, 1994, "Comparative Social Fluidity : Trends over Time in Father-to-Son Mobility in Japan and Australia, 1965-1985", *Social Forces* 72 (3) : 775-98.
神林博史, 2004,「階層意識とジェンダーに関する計量社会学的研究」2004年度東北大学大学院文学研究科博士学位論文

神林博史, 2008,「階層帰属意識とジェンダー　分布の差に関する判断基準説と判断水準説の検討」轟亮編『階層意識の現在（2005年SSM調査シリーズ8)』: 67-85.

鹿又伸夫, 2004,「移動機会格差の変動分析　ロジスティック回帰モデルの応用」『理論と方法』19（2）: 251-64.

苅谷剛彦, 1995,『大衆教育社会のゆくえ』中央公論社

苅谷剛彦, 2001,『階層化日本と教育危機　不平等再生産から意欲格差社会（インセンティブ・ディバイド）へ』有信堂高文社

Karoly, Lynn A. and Gary Burtless, 1995, "Demographic Change, Rising Earnings Inequality, and the Distribution of Personal Well-Being, 1959-1989," *Demography* 32 (3): 379-405.

Kerckhoff, Alan C., 1995, "Institutional Arrangements and Stratification Processes in Industrial Societies", *Annual Review of Sociology* 15 : 323-47.

吉川徹, 1999,「『中』意識の静かな変容」,『社会学評論』50（2）: 216-30.

Kikkawa, Toru, 2000, "Changes in the Determinant of Class Identification in Japan", *International Journal of Sociology* 30 (2): 34-51.

吉川徹, 2006,『学歴と格差・不平等一成熟する日本型学歴社会』東京大学出版会

小原美紀, 2001,「専業主婦は裕福な家庭の象徴か？：妻の就業と所得不平等に税制が与える影響」『日本労働研究雑誌』493 : 15-29.

小林大祐, 2004,「階層帰属意識に対する地域特性の効果：準拠集団か認識空間か」『社会学評論』55（3）: 348-66.

小林大祐, 2008,「階層帰属意識についての基礎分析　時点比較のための注意点」三輪哲・小林大祐編『2005年SSM日本調査の基礎分析　構造・趨勢・方法（SSM調査シリーズ1)』: 11-126.

近藤博之, 2001,「オッズ比の変化をどう読むか」『理論と方法』16（2）: 245-52.

Korupp, Sylvia, Harry B. G. Ganzeboom and Tanja van der Lippe, 2002, "Do Mothers Matter? A Comparison of Models of the Influence of Mothers' and Fathers' Educational Attainment", *Quality and Quantity* 36 : 17-42.

厚生労働省, 2006a,『平成17年人口動態調査』(http://wwwdbtk. mhlw. go. jp/toukei/index. html)

厚生労働省, 2006b,『労働力調査調査結果』(http://www. stat. go. jp/data/roudou/2. htm).

高坂健次, 1988,「階層イメージの形成と階層帰属意識」『1985年社会階層と社会移動全国調査報告書　第2巻階層意識の動態』1985年社会階層と社会移動全国調査委員会

高坂健次, 2000,『社会学におけるフォーマル・セオリー――階層イメージに関するFKモデル』東京：ハーベスト社

高坂健次・宮野勝, 1990,「階層イメージ」原純輔（編）『現代日本の階層構造2　階層意識の動態』東京大学出版会

Kurz, Karin and Walter Muller, 1987, "Class Mobility in the Industrial World", *Annual Review of Sociology* 13 : 417-42.

Laumann, Edward O. and Richard Senter, 1976, "Subjective Social Distance, Occupational Stratification, and Forms of Status and Class Consciousness : A Cross-national Replication and Extension", *The American Journal of Sociology* 81 (6) : 1304-38.

Lawler, Steph, 1999, "'Getting Out and Getting Away': Women's Narratives of Class Mobility", *Feminist Review* (*on-Line*) 63 (1) : 3-24.

Leiulfsrud, Hakon and Alison Woodward, 1987, "Women at Class Crossroads : Repudiating Conventional Theories of Family Class", *Sociology* 21 (3) : 393-412.

Lindbekk, Tore, 1998, "The Education Backlash Hypothesis : The Norwegian Experience 1960-92", *Acta Sociologica* 41 : 151-62.

Lucas, Samuel R., 2001, "Effectively Maintained Inequality : Education Transitions, Track Mobility, and Social Background Effects", *American Journal of Sociology* 106 (6) : 1642-90.

Lukacs, Gyorgy, 1923, *Geschichte und Klassenbewusstsein : Studien uber Marxistische Dialektik*, Berlin : Malik.（城塚登・古田光訳, 1975,『歴史と階級意識』白水社）

前田忠彦, 1998,「階層帰属意識と生活満足感」間々田孝夫編『現代日本の階層意識（1995年SSM調査シリーズ6)』: 89-112.

間々田孝夫, 1988,「日本経済の変動と「中」意識」『1985年社会階層と社会移動全国調査報告書　第2巻階層意識の動態』1985年社会階層と社会移動全国調査委員会

間々田孝夫, 1990,「階層帰属意識」原純輔（編)『現代日本の階層構造2　階層意識の動態』東京大学出版会

Mare, Robert D., 1981, "Change and Stability in Educational Stratification", *American Sociological Review* 46 (1) : 72-87.

Marsh, Robert M., 2003, "How Important Is Social Class Identification in Taiwan?", *The Sociological Quarterly* 43 (1) : 37-59.

Marshall, Gordon, Svetlana Sydorenko and Stephen Roberts, 1995, "Intergenerational Social Mobility in Communist Russia", *Work, Employment & Society* 9 (1) : 1-27.

Marx, Karl, 1859, *Zur Kritik Politischen Oekonomie*.（武田隆夫ほか訳, 1956,『経済学批判』岩波書店）

Marx, Karl and Friedrich Engels, 1846, *Die Deutsche Ideologie*.（古在由重訳, 1956,『ドイツ・イデオロギー』岩波書店）

Mayer, Susan, 2002, "How Economic Segregation Affects Children's Educational Attainment", *Social Forces* 81 (1) : 153-76.

McDowell, Linda, 2006, "Reconfigurations of Gender and Class Relations : Class Differences, Class Condescension and the Changing Place of Class Relations", *Antipode* 38 (4) : 825-850.

McPherson, Andrew and J. Douglas Willms, 1987, "Equalisation and Improvement : Some Effects of Comprehensive Reorganisation in Scotland", *Sociology* 21 (4) : 509-39.

三隅一人・三輪哲, 2008,「2005 SSM日本調査の欠票・回収状況の分析」三輪哲・小林大祐編『2005年SSM日本調査の基礎分析　構造・趨勢・方法（SSM調査シリーズ1)』: 17-

29.

Morgan, Stephen L., 1998, "Adolescent Educational Expectations : Rationalized, Fantasized, or Both?", *Rationality and Society* 10 (2) : 131-62.

Morgan, Stephen L., 2001, "Counterfactuals, Causal Effect Heterogeneity, and the Catholic School Effect on Learning", *Sociology of Education* 74 (4) : 341-74.

Morgan, Stephen L., 2002, "Modeling Preparatory Commitment and Non-Repeatable Decisions : Information-processing, Preference Formation and Educational Attainment", *Rationality and Society* 14 (4) : 387-429.

文部科学省, 2006,『平成 18 年度学校基本調査』(http://www. mext. go. jp/b_menu/toukei/001/index01. htm)

三浦展, 2005,『下流社会　新たな階層集団の出現』光文社

宮島喬, 1994,『文化的再生産の社会学　ブルデュー理論からの展開』藤原書店

宮野勝, 1988,「階層構造認知と階層帰属意識」『1985 年社会階層と社会移動全国調査報告書第 2 巻階層意識の動態』1985 年社会階層と社会移動全国調査委員会

Muller, Walter and Wolfgang Karle, 1992, "Social Selection in Educational Systems in Europe", *European Sociological Review* 9 (1) : 1-23.

村上泰亮, 1984,『新中間大衆の時代　戦後日本の解剖学』中央公論社

内閣府, 2007,『国民生活に関する世論調査（平成 19 年 7 月）』(http://www8. cao. go. jp/survey/index-ko. html)

直井優・盛山和夫（編), 1990,『現代日本の階層構造 1　社会階層の構造と過程』東京大学出版会

直井道子, 1979,「階層意識と階級意識」富永健一（編）『日本の階層構造』東京大学出版会

直井道子, 1990,「階層意識」岡本英雄・直井道子編『現代日本の階層構造 4——女性と社会階層』東京：東京大学出版会, 147-64.

Need, Arlana and Uulkje de Jong, 2001, "Educational Differentials in the Netherlands : Testing Rational Action Theory", *Rationality and Society* 13 (1) : 71-98.

大竹文雄, 2005,『日本の不平等　格差社会の幻想と未来』東京：日本経済新聞社.

Parsons, Talcott, 1942, "Age and Sex in the Social Structure of the United States", *American Sociological Review* 7 (5) : 604-616.

Parsons, Talcott, 1943, "The Kinship Systems of the Contemporary Unites States", *American Anthropologist* 45 (1) : 22-38.

Pisati, Maurizio, 1997, "Mobility Regimes and Generative Mechanisms : A Comparative Analysis of Italy and the United States", *European Sociological Review* 13 (2) : 179-98.

Plutzer, Eric and John F. Zipp, 2001, "Class, Gender, and the Family Unit : A Dynamic Model of Stratification and Class Politics", *Social Science Research* 30 : 426-48.

Richardson, John G. and E. R. Mahoney, 1981, "The Perceived Social Status of Husbands and Wives in Dual-Work Families as a Function of Achieved and Derived Occupational Status", *Sex Roles* 7 (12) : 1189-1198.

Ritter, Kathleen V. and Lowell L. Hargens, 1975, "Occupational Positions and Class

Identifications of Married Working Women : A Test of the Asymmetry Hypothesis", *The American Journal of Sociology* 80 (4): 934-48.

斎藤貴男, 2000, 『機会不平等』文藝春秋

Sampson, Robert J., Jeffrey D Morenoff and Thomas Gannon-Rowley, 2002, "Assessing "Neighborhood Effects": Social Processes and New Directions in Research", *Annual Review of Sociology* 28 : 443-78.

Savage, Mike and Muriel Egerton, 1997, "Social Mobility, Individual Ability and the Inheritance of Class Inequality", *Sociology* 31 (4): 645-72.

佐藤俊樹, 2000, 『不平等社会日本　さよなら総中流』中央公論新社

Scott, John, 2002, "Social Class and Stratification in Late Modernity", *Acta Sociologica* 45 : 23-35.

盛山和夫, 1990, 「中意識の意味」『理論と方法』5 (2) : 51-71.

盛山和夫, 1994, 「階層研究における『女性問題』」『理論と方法』9 (2) : 109-26.

盛山和夫, 1998, 「階層帰属意識の準拠構造におけるジェンダー差」尾嶋史章編『ジェンダーと階層意識──1995年SSM調査シリーズ14』1995年SSM調査研究会, 93-113.

盛山和夫・原純輔, 1999, 『社会階層　豊かさの中の不平等』東京大学出版会

Shavit, Yassi and Karin Westerbeek, 1998, "Educational Stratification in Italy : Reforms, Expansion, and Equality of Opportunity", *European Sociological Review* 14 (1): 33-47.

Shirahase, Sawako, 2001, "Women and Class Structure in Contemporary Japan", *British Journal of Sociology* 52 (3): 391-408.

Sieben, Inge, Jobannes Huinink and Paul M. de Graaf, 2000, "Family Background and Sibling Resemblance in Educational Attainment : Trends in the Former FRG, the Former GDR, and the Netherlands", *European Sociological Review* 17 (4): 401-30.

Sieben, Inge and Paul M. De Graaf, 2001, "Testing the Modernization Hypothesis and the Socialist Ideology Hypothesis : A Comparative Sibling Analysis of Educational Attainment and Occupational Status", *British Journal of Sociology* 52 (3): 441-467.

Sieben, Inge and Paul M. De Graaf, 2003, "The Total Impact of the Family on Educational Attainment : A Comparative Sibling Analysis", *European Societies* 5 (1): 33-68.

Simpson, Ida Harper, David Stark and Robert A. Jackson, 1988, "Class Identification Processes of Married, Working Men and Women", *American Sociological Review* 53 (2): 284-93.

Small, Mario Luis and Katherine Newman, 2001, "Urban Poverty after the Truly Disadvantaged : The Rediscovery of the Family, the Neighborhood, and Culture", *Annual Review of Sociology* 27 : 23-45.

Smits, Jeroen, Wout Ultee and Jan Lammers, 1996, "Effects on Occupational Status Differences between Spouse on the Wife's Labor Force Participation and Occupational Achievement : Findings from 12 European Countries", *Journal of Marriage and the Family* 58 (1): 101-15.

Sobel, Michael E. and Mark P. Becker, 1998, "Origins, Destinations, and Association in Occupational Mobility", *American Journal of Sociology* 104 (3): 687-721.

Sobel, Michael E., Nan Dirk De Graaf, Anthony Heath and Ying Zou, 2004, "Men Matter More : The Social Class Identity of Married British Women, 1985-1991", *Journal of the Royal Statistical Society* 167 : 37-52.

Sokoloff, Natalie J., 1980, *Between Money and Love : The Dialectics of Women's Home and Market Work*, New York : Praeger.（江原由美子ほか訳, 1987,『お金と愛情の間 マルクス主義フェミニズムの展開』勁草書房）

Solon, Gary, Marianne E. Page and Greg J. Duncan, 2000, "Correlations between Neighboring Children in Their Subsequent Educational Attainment", *The Review of Economics and Statistics* 82 (3): 383-92.

Solon, Gary, 2002, "Cross-Country Differences in Intergenerational Earnings Mobility", *Journal of Economic Perspectives* 16 (3): 59-66.

総務省統計局, 2006,『平成 17 年国勢調査』(http://www.stat.go.jp/data/kokusei/index.htm)

Sorensen, Annemette, 1994, "Women, Family and Class", *Annual Review of Sociology* 20 : 27-47.

SRDQ 事務局（編),『SRDQ：質問紙法にもとづく社会調査データベース』(http://srdq.hus.osaka-u.ac.jp)

Stanworth, Michelle, 1984, "Women and Class Analysis : A Reply to John Goldthorpe", *Sociology* 18 (2): 159-70.

Stuber, Jenny M., 2006, "Talk of Class : The Discursive Repertoires of White Working- and Upper-Middle-Class College Students", *Journal of Contemporary Ethnography*, 35 (3): 285-318.

数土直紀, 1998,「学歴と階層意識　学歴が階層帰属意識の形成におよぼす二つの効果」間々田孝夫編『現代日本の階層意識（1995 年 SSM 調査シリーズ 6)』: 23-45.

数土直紀, 1999,「男性の階層帰属意識に対する社会的地位の複合的な効果」『行動計量学』26 (2) : 125-132.

数土直紀, 2003a,「社会階層による社会認識の歪み」『学習院大学法学会雑誌』38 (2) : 49-70.

数土直紀, 2003b,「階層意識に現れる性-権力」『学習院大学法学会雑誌』39 (1) : 15-38.

数土直紀, 2006,「ジェンダーと合理的選択」『ジェンダーの社会理論』有斐閣

数土直紀, 2007,「階層帰属意識と結婚　『個人・家族』論争が見落としたもの」『第 43 回数理社会学会大会研究報告要旨集』

数土直紀, 2008,「学歴移動と階層意識　継承される階層帰属意識」轟亮編『階層意識の現在（2005 年 SSM 調査シリーズ 8)』: 1-35.

数土直紀・今田高俊, 2005,『数理社会学入門』勁草書房

橘木俊詔, 1998,『日本の経済格差　所得と資産から考える』岩波書店

太郎丸博, 2002,「社会階層論とミクロ・マクロ・リンク　John H. Goldthorpe と合理的選択理論」『社会学評論』52 (4) : 504-21.

Titma, Mikk, Nancy Brandon Tuma and Kadi Roosma, 2003, "Education as a Factor in Intergenerational Mobility in Soviet Society", *European Sociological Review* 19 (3): 281-97.

富永健一編, 1979,『日本の階層構造』東京大学出版会

上野千鶴子, 1990,『家父長制と資本制　マルクス主義フェミニズムの地平』岩波書店

United Nations Development Program, 2006, *Human Development Report 2006*, New York : Macmillan.

Van Velsor, Ellen and Leonard Beeghley, 1979, "The Process of Class Identification among Employed Married Women : A Replication and Reanalysis", *Journal of Marriage and the Family* 41 (4): 771-8.

Walsh, Katherine Cramer, M. Kent Jennings and Laura Stoker, 2004, "The Effects of Social Class Identification on Participatory Orientation towards Government", *British Journal of Populations Studies* 34 : 469-95.

Warren, John Robert, Jennifer T. Sheridan and Robert M. Hauser, 2002, "Occupational Stratification across the Life Course : Evidence from the Wisconsin Longitudinal Study", *American Sociological Review* 67 (3): 432-55.

渡辺勉・土場学, 1995,「階層イメージと社会移動：ファラロ＝高坂モデルの拡張の試み」『理論と方法』17 : 45-52.

Wegener, Bernd, 1992, "Concepts and Measurement of Prestige", *Annual Review of Sociology* 18 : 253-80.

Western, Mark, 1999, "Class Attainment among British Men : A Multivariate Extension of the CASMIN Model of Intergenerational Class Mobility", *European Sociological Review* 15 (4): 431-54.

Western, Mark and Erik Olin Wright, 1994, "The Permeability of Class Boundaries to Intergenerational Mobility among Men in the United States, Canada, Norway and Sweden", *American Sociological Review* 59 (4): 606-29.

Whelan, Christopher T. and Richard Layte, 2001, "Late Industrialization and the Increased Merit Selection Hypothesis : Ireland as a Test Case", *European Sociological Review* 18 (1): 35-50.

Xie, Yu, 1992, "The Log-multplicative Layer Effect Model for Comparing Mobility Tables", *American Sociological Review* 57 (3): 380-95.

山田昌弘, 2004,『格差社会日本　「負け組」の絶望感が日本を引き裂く』筑摩書房

Yamaguchi, Kazuo, 1987, "Models for Comparing Mobility Tables : Toward Parsimony and Substance", *American Sociological Review* 52 : 482-94.

Yamaguchi, Kazuo, 2002, "Regression Models with Parametrically Weighted Explanatory Variables", *Sociological Methodology* 32 : 219-245.

Yamaguchi, Kazuo and Yantao Wang, 2002, "Class Identification of Married Employed Women and Men in America", *American Journal of Sociology* 108 (2): 440-75.

Yasuda, Saburo, 1964, "A Methodological Inquiry into Social Mobility", *American Sociological Review* 29 : 16-23.

安田三郎，1971，『社会移動の研究』東京大学出版会

Yodanis, Carrie L., 2002, "Producing Social Class Representations : Women's Work in a Rural Town", *Gender and Society* 16 (3) : 323-44.

与謝野有紀，1996，「階層評価の多様化と階層意識」『理論と方法』11 (1) : 21-36.

Zhou, Xueguang, 2005, "The Institutional Logic of Occupational Prestige Ranking : Reconceptualization and Reanalyses", *The American Journal of Sociology* 111 (1) : 90-140.

Zipp, John F. and Eric Plutzer, 1996, "Wives and Husbands : Social Class, Gender, and Class Identification in the U. S. ", *Sociology* 30 (2) : 235-52.

Zipp, John F. and Eric Plutzer, 2000, "From Housework to Paid Work : The Implications of Women's Labor Force Experiences on Class Identity", *Social Science Quarterly* 81 (2) : 538-54.

索引

あ行

か行

さ行

た行

な行

は行

ま行

や行

ら行

著者略歴

1965年　メキシコに生まれる（神奈川県で育つ）
1994年　東京大学大学院社会学研究科博士課程単位取得退学
1995年　東京大学にて博士（社会学）取得
現　在　学習院大学法学部教授
著　書　『自由の社会理論』（多賀出版，2000年），『理解できない他者と理解されない自己』（勁草書房，2001年），『自由という服従』（光文社，2005年）ほか

階層意識のダイナミクス　なぜ、それは現実からずれるのか

2009年1月10日　第1版第1刷発行

著　者　数《す》土《ど》直《なお》紀《き》

発行者　井　村　寿　人

発行所　株式会社　勁《けい》草《そう》書　房

112-0005 東京都文京区水道 2-1-1　振替 00150-2-175253
（編集）電話 03-3815-5277／FAX 03-3814-6968
（営業）電話 03-3814-6861／FAX 03-3814-6854
大日本法令印刷・鈴木製本

http://www.keisoshobo.co.jp

階層意識のダイナミクス
なぜ、それは現実からずれるのか

2017年7月1日 オンデマンド版発行

著者 数土直紀

発行者 井村寿人

発行所 株式会社 勁《けい》草《そう》書房

112-0005 東京都文京区水道2-1-1 振替 00150-2-175253
(編集) 電話03-3815-5277／FAX 03-3814-6968
(営業) 電話03-3814-6861／FAX 03-3814-6854

印刷・製本 (株)デジタルパブリッシングサービス http://www.d-pub.co.jp

AJ984

ISBN978-4-326-98309-4 Printed in Japan